应用型人才培养规划教材·经济管理系列

ERP生产制造
管理实务

郑荆陵　颜忠娥　邱丽萍　陈铠敏◎编著

清华大学出版社

北京

内 容 简 介

本书将企业的 ERP 生产制造管理系统解决方案搬进了课堂，以企业信息化的管理思想为主线，按照"管理目标、应用模式、业务流程、平台操作"的规则，搭建了一个科学的企业信息化的教学平台，通过该平台培养学生的企业管理素质与管理能力。

本书采用项目教学方式，参照企业信息化建设的项目管理方法，设有生产制造管理系统平台建设、系统管理、基础数据管理、产品数据管理、采购管理、生产管理、销售管理、生产计划管理、综合管理实务多个子项目。每个子项目的设计均以完整的跨部门的业务和集成式的数据处理为主导，力求管理先进、数据真实、算法简单、流程清晰，易学、易懂、易操作、易教学。

本书的第 1 章介绍系统平台建设，第 2 章介绍系统管理，第 3 章介绍基础数据管理，第 4 章至第 8 章介绍单元管理技术，第 9 章介绍综合管理技术，即模拟企业管理信息系统常态运行。通过 ERP 生产制造管理系统的"实践"学习，学生可以深入地理解知识，理解职业行为，从而掌握"生产一线"管理的基本技能。

本书既可作为大学本科或高职高专院校的工商管理、物流管理、电子商务、信息管理与信息系统、计算机应用软件等专业的教学用书，也可以作为广大的 ERP 爱好者，以及企业管理者进行企业管理学习的工具书。

图书在版编目（CIP）数据

ERP 生产制造管理实务 / 郑荆陵等编著. —北京：清华大学出版社，2019
（应用型人才培养规划教材·经济管理系列）
ISBN 978-7-302-51984-3

I. ① E… II. ①郑… III. ①企业管理 – 生产管理 – 计算机管理系统 – 高等学校 – 教材 IV. ① F273-39

中国版本图书馆 CIP 数据核字（2019）第 000304 号

责任编辑：邓 婷
封面设计：刘 超
版式设计：王凤杰
责任校对：马军令
责任印制：从怀宇

出版发行：清华大学出版社
   网　　址：http://www.tup.com.cn，http://www.wqbook.com
   地　　址：北京清华大学学研大厦 A 座　　　邮　　编：100084
   社 总 机：010-62770175　　　　　　　　邮　　购：010-62786544
   投稿与读者服务：010-62776969，c-service@tup.tsinghua.edu.cn
   质 量 反 馈：010-62772015，zhiliang@tup.tsinghua.edu.cn
印 装 者：北京国马印刷厂
经　　销：全国新华书店
开　　本：185mm×260mm　　　　印　　张：15.75　　　字　　数：395 千字
版　　次：2019 年 6 月第 1 版　　　　　　　　　印　　次：2019 年 6 月第 1 次印刷
定　　价：49.80 元

产品编号：081160-01

前 言 | Foreword

本书是一个典型的"ERP生产制造管理"的解决方案。该方案描述了企业管理信息系统的平台建设、生产运作管理、企业资源计划处理，以及平台应用的过程及实现。本书通过企业真实的典型案例"还原现场、模拟实务、系统实操、知识与实践相互融合"的教学方式，培养企业"生产一线"管理的基本素质及企业管理信息系统应用的能力，从而使教学顺应"智能制造"环境下企业对人才的需求。

本书共九章，从认知 ERP 系统平台开始；接下来尝试"系统后台"，即系统管理；然后进入"系统前台"，即企业的管理进程：基础数据、产品资料、采购、生产、销售和生产计划。本书展示了一个完整、典型的企业生产运作管理，即实务演练的过程。

每章书写顺序为：背景知识，即实务知识，包括应用模式、业务流程、系统构成及名词解释；实务实操指导，即实务，包括工作任务的要求、资料的准备、学习情境；模拟指南，即平台实务实操的过程，是一个完整的企业信息化实现过程。

各章内容及学习目标如下：

第1章，系统平台建设，掌握生产制造企业信息化建设的基本技能。

第2章，系统管理，掌握 ERP 系统管理的内容和技能。

第3章，基础数据管理，掌握 ERP 系统初始化的技能。

第4章，产品资料管理，掌握产品结构数据管理的技能。

第5章，采购管理，掌握普通采购业务管理的技能。

第6章，生产管理，掌握产品生产加工管理的技能。

第7章，销售管理，掌握普通销售管理的技能。

第8章，生产计划管理，掌握企业资源计划逻辑处理的技能。

第9章，综合管理实务，掌握一个完整的生产制造管理的技能。

本书最大的亮点在于课堂上指导学生模拟"企业管理实务"。当采用"单用户"的教学方法时，帮助学生体验"个人掌控企业"的感觉；当采用"多用户"的教学方法时，帮助学生体验"生产一线"实务操作、业务流程、物流、信息流、团队、岗位群、管理规范、平台操作等复杂的管理关系和职业行为。

特别是"多用户"模拟的实训，它如同一场真实的企业产品制造管理游戏，让学生感同身受，激发他们的团队精神、学习热情与参与意识，并使他们在参与过程中产生成就感。总之，通过模拟企业的实践，不仅能培养学生的团队精神，还有助于培养学生的社会责任感。

　　本书由广东东软学院的郑荆陵、邱丽萍、陈铠敏，顺德职业技术学院经济管理学院的颜忠娥编著，郑荆陵负责整体策划统稿。本书的编写分工如下：郑荆陵撰写了第 1 章，邱丽萍撰写了第 8、9 章，陈铠敏撰写了第 2、3、4 章，颜忠娥撰写了第 5、6、7 章。

　　限于编者的经验和水平，书中不妥之处在所难免，敬请广大读者批评指正，以便再版时修订完善。

编　者

2019 年 3 月

一、课程开发目的

现代装备的更新，特别是智能制造的发展使我国向世界制造业强国的行列迈进，接踵而至的是人才需求的巨大挑战。一方面，现代装备急需技术人才；另一方面，现代装备淘汰了大批传统装备的技术人员。更严峻的考验是，智能制造对管理的要求是面向资源活动的，它对人才的素质和技能的需求已经颠覆了我国传统的教育体系，例如，新学科的产生、人才培养计划、课程设计、校企合作、实训建设、教材编写和教师培训等，都向我国的高等教育提出了新的挑战。

早在 20 世纪 90 年代初，我国实施"科教兴国"战略初期，有一些理工科大学就建立了现代集成管理系统——CIMS 实验中心，在实验中心安装一些知名企业的 ERP 软件进行教学研究。特别是从 2003 年起，一些大学、职业技术学院纷纷开始建立 ERP 实训中心，并相继开发了一些 ERP 实训课程，希望解决经济管理专业模拟企业实践的问题。

目前相继开发的课程有"ERP 沙盘实训""ERP 财务管理系统""企业资源规划""ERP 物流管理""客户关系管理"等课程，尝试解决大学人才培养无法与企业人才需求"对接"的问题。写作本书的目的是实现 ERP 课程的教材与 ERP 实验室课程、与企业人才需求对接。

二、课程开发思路

仔细分析当前的经济管理课程设计，不难发现其具有传统管理的印迹：从系统的角度观察，有"信息孤岛"为证；从管理的角度观察，信息处理仍在部门中；从职业教育的角度观察，以单一专业为主。这与企业目前的人才需求目标相差甚远。

由于现代装配与管理信息系统捆绑在一起，并支撑跨专业、跨部门，甚至跨企业的"业务过程管理"（见表 0-1），因此可以达到满足客户需求，提高工作效率和效益，并满足市场需求的目的。

了解企业经营的人都知道，当一个企业的经营性质确定后，其业务就被固化了。如表 0-1 所示，销售型企业的核心业务为采购和销售业务，一个控制业务，即产品管理控制；而制造型企业的核心业务为采购业务、制造业务和销售业务，一个控制业务，即生产计划控制。

因为 ERP 管理信息支撑"业务过程管理"，所以企业资源的信息可以被动态地采集、存储、传递与处理。这一功能的实现，不仅给企业的管理提供了方便，同时也给职业技术教育提供了机会，也就是说，工商管理专业可以进行在线职业技术培训，也可以进行离线职业技术培训。

表 0-1 现代企业管理的业务过程管理

企业类型	控制业务	核心业务	业务过程管理	参与部门
销售型	产品管理控制	采购业务	物料、成本、资金	采购部门、成本管理部门、财务部门
		销售业务	物料、成本、资金	销售部门、成本管理部门、财务部门
		其他业务	物料	销售部门、产品计划部门、采购部门
制造型	生产计划控制	采购业务	物料、成本、资金	采购部门、成本管理部门、财务部门
		制造业务	物料、成本、资金	生产计划部门、工作中心、成本管理部门
		销售业务	物料、成本、资金	销售部门、成本管理部门、财务部门
		其他业务	物料	销售部门、工作中心、采购部门

不少 ERP 软件提供商以"解决方案"为卖点，这是因为对改善企业管理而言，"解决方案"的价值比 ERP 软件本身的价值更高。因此，利用典型的"解决方案"进行教学设计，有利于拉近企业与学校人才培养的距离。

可见，直接选择全球认同的管理工具——ERP 系统来开发经济管理的课程，并尝试采用 ERP 教学系统模拟"企业资源活动"进行教学，具备智能教学的意义且与时俱进。本书以"ERP 生产制造管理解决方案"作为工商管理专业的学习模块之一，如图 0-1 所示。

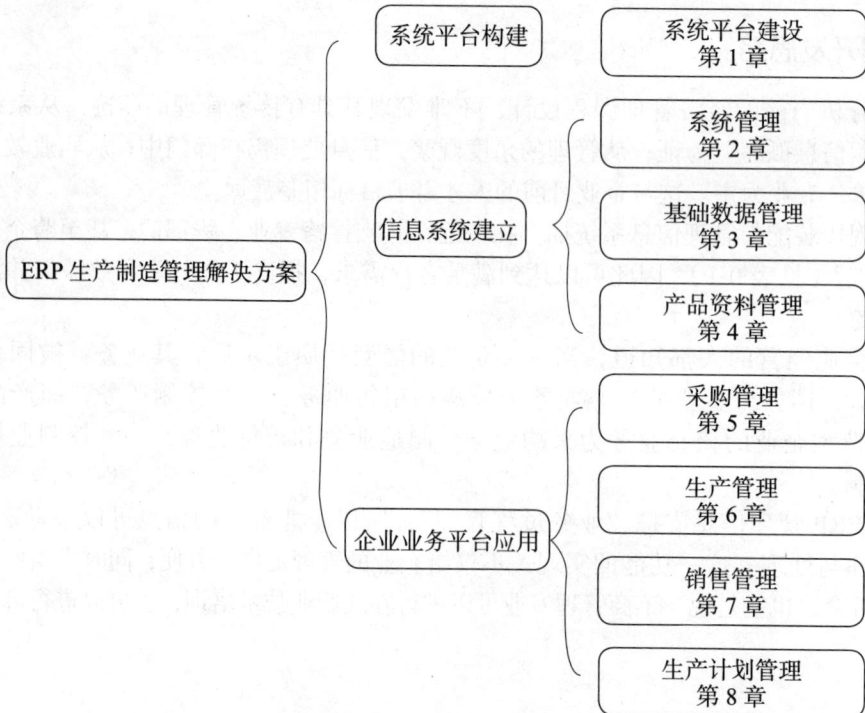

图 0-1 ERP 生产制造管理解决方案

由图 0-1 可见，"ERP 生产制造管理解决方案"包括系统平台构建、信息系统建立、企业业务平台应用三个方面。其中，"系统平台构建"是解决跨专业、跨部门业务的"信息支撑环境"问题；"信息系统建立"是解决企业如何建设 ERP 系统的问题；"企业业务平台应用"是解决应该怎样在平台上处理企业的日常业务的问题。

掌握了"ERP 生产制造管理解决方案"的知识，还应该理解企业 ERP 系统建设是一个漫长的过程，需要经历多次解决方案的推进，例如生产制造管理、物料管理、成本核算、财务管理、人力资源管理、客户关系管理等"解决方案"，要一步步地去实施，直至覆盖企业管理的方方面面。

三、技术要点

"解决方案"也是有规律的，主要包括应用模式、业务流程和操作指南三个方面。

（1）应用模式。当筹划一个解决方案时，可按企业需求进行"总体设计"，即本书所称的应用模式，如图 0-2 所示。

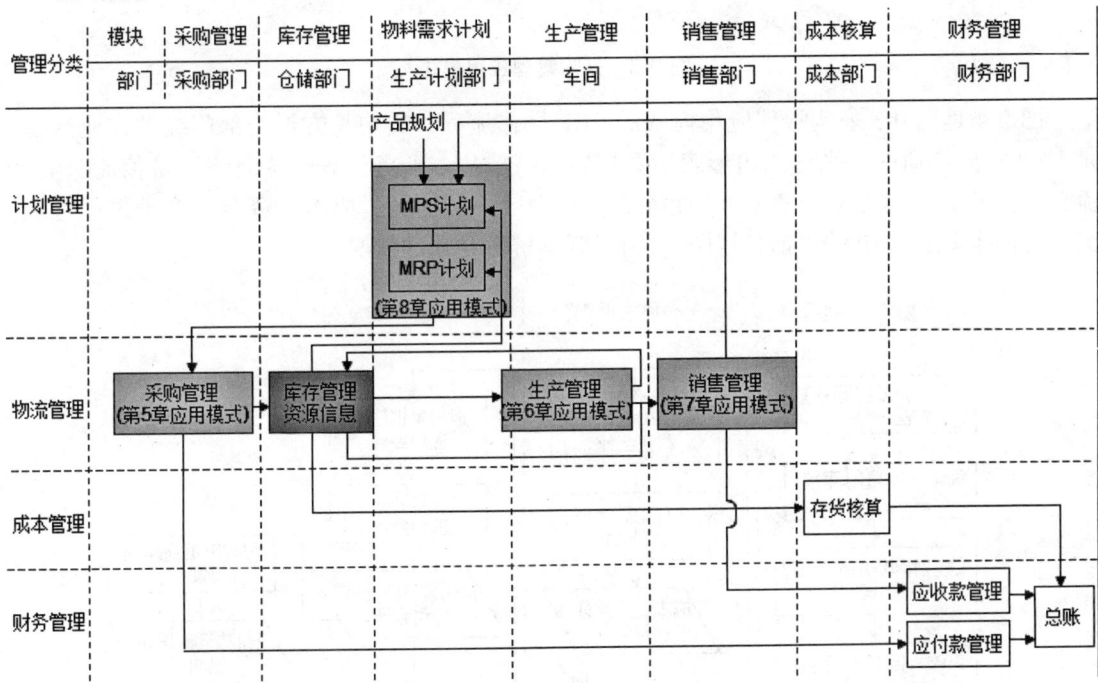

图 0-2　生产制造管理应用模式

图 0-2 的应用模式包括采购管理、生产管理、销售管理和 MPS/MRP 计划管理四个子应用模式，可分别参考第 5、6、7、8 章。设计应用模式的目的，一方面可以帮助企业锁定需求，另一方面还可以帮助企业选择 ERP 功能模块。

（2）业务流程。业务流程又称为"蓝图设计"，它实际上是企业级的业务流程，由图 0-2 分解出来采购管理、生产管理、销售管理和 MPS/MRP 计划管理应用模式。例如采购管理应用模式，如图 0-3 所示。

模块	采购管理	库存管理	存货核算	应付款管理	总账
部门	采购部门	仓储部门	成本部门	财务部门	财务部门

各部门 → 请购单

采购订单

采购到货单 → 采购入库单

采购发票

采购发票审核

存货核算　应付款处理

总账处理

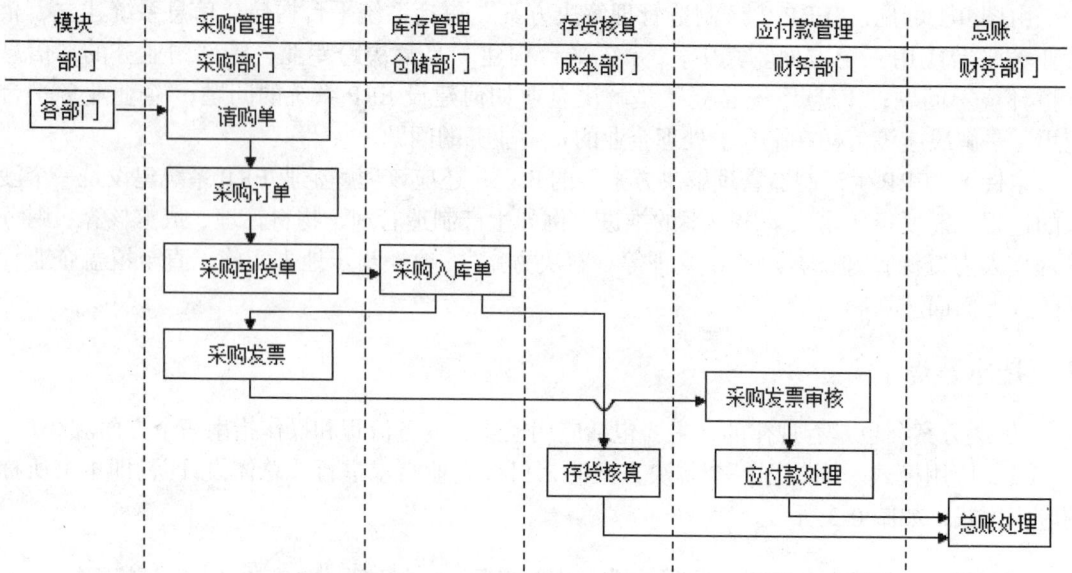

图 0-3　采购管理应用模式

图 0-4 是图 0-3 采购管理应用模式的 ERP 操作流程，其中长方形为部门级的作业活动，是 ERP 的操作命令，平行四边形表示数据输入或输出。业务流程分为物流、价值流、资金流三个过程，一方面对应表 0-1 "业务流程管理"中的物料、成本、资金三个子过程管理，另一方面也对应 ERP 的"信息视图"，可以观察资源变化的情况。

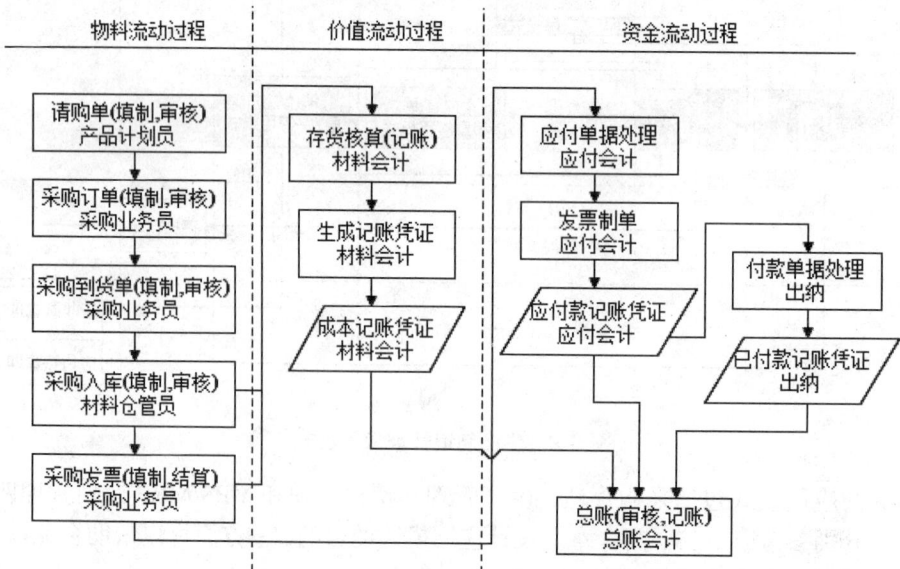

物料流动过程	价值流动过程	资金流动过程

请购单(填制,审核) 产品计划员

采购订单(填制,审核) 采购业务员

采购到货单(填制,审核) 采购业务员

采购入库(填制,审核) 材料仓管员

采购发票(填制,结算) 采购业务员

存货核算(记账) 材料会计

生成记账凭证 材料会计

成本记账凭证 材料会计

应付单据处理 应付会计

发票制单 应付会计

应付款记账凭证 应付会计

付款单据处理 出纳

已付款记账凭证 出纳

总账(审核,记账) 总账会计

图 0-4　采购业务流程

（3）操作指南。许多企业在操作 ERP 系统时都会编写操作指南。本书中的典型案例便是按采购、生产和销售三大核心业务，另加上主生产计划，即典型的通过主生产计划控制的采购、生产、销售作业的控制系统，是目前企业普遍适用的管理信息系统。学习本书不仅可以帮助企业中的相关人员提高这一环节的管理水平，还可以帮助其完成"ERP 系统操作指南"的编写。

四、在线课程介绍

本书已在制学网（http://www.zxlearning.com/course/90）、超星尔雅网（http://i.mooc.chaoxing.com/space/index.shtml）开发了在线视频课程，如图 0-5 所示。本书的在线课程通过信息化系统还原场景，手把手教学的方式，指导学生学习 ERP 系统平台的应用知识及企业实务实操。同时《ERP 生产制造管理实务》的教师团队将会在线教学、答疑。

加入时可以发邮件至 zhengjingling12@163.com，发邮件时请注明"ERP 爱好者"。

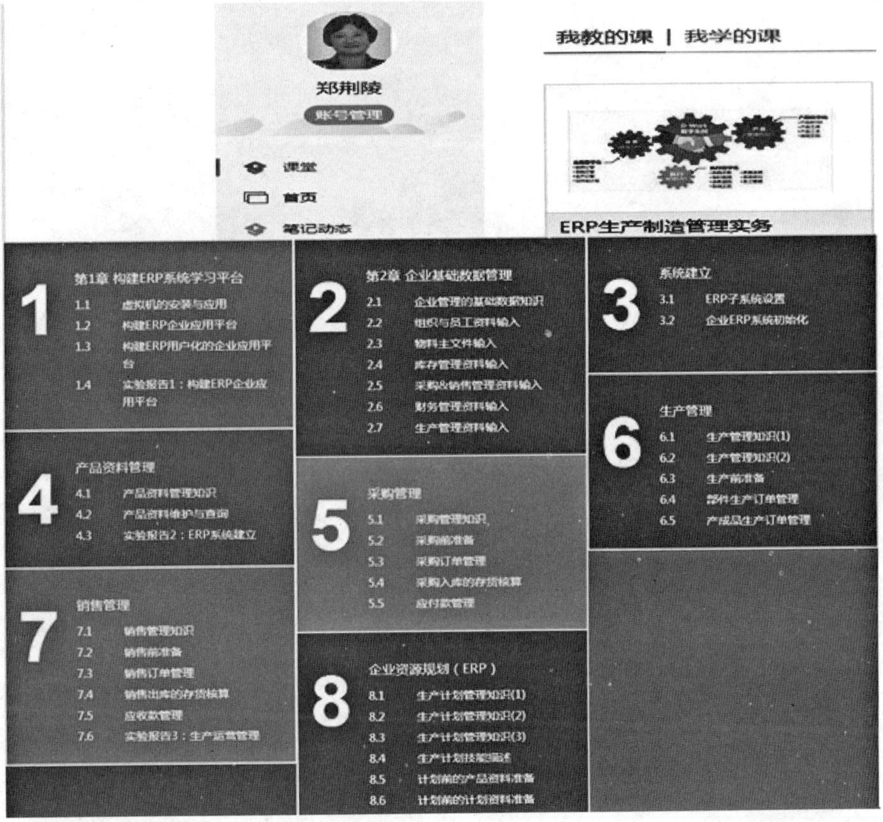

图 0-5　在线课程

目　录 | Contents

第1章 系统平台建设

1.1 背 景 知 识

1.1.1 生产制造管理概述

1. 生产类型的定义

生产是在经济上和管理上有效地建立起来的一个过程，它将一些输入转换成商品或服务。一般将生产分为开采、提炼、制造、分配、服务五种类型。

（1）开采。开采是指以自然资源得到的物料进行加工生产的过程，如采矿、捕鱼等。这类生产一般都要投入大量的资金，它的物料储运与管理十分重要，需要编制长期计划，生产提前期较长。

（2）提炼。提炼是指专门改变物料化学特性的生产过程，当然在这个过程中也可能改变了物料的物理特性。

（3）制造。制造通常指改变物料的物理形态，是对零件的加工制造或装配。制造产品种类繁多，计划与管理非常复杂，生产与库存管理的研讨是其重点。

（4）分配。分配是改变某项目存放位置的过程。在某些情况下，分配的任务可能比生产这种最终产品本身的过程更重要，成本也更高。

（5）服务。服务是指提供改进或提供服务，常见的有心理、美学、生理和教育等服务。

2. 生产技术的类型

针对产品的生产过程可以分为两类：流程式生产和离散式生产。离散式生产也常称为车间作业式生产。流程式生产是用连续的或流水线的方式制造离散零件或装配件，也称为重复生产或大批量生产。离散式生产与流程式生产的分类如表 1-1 所示。

表 1-1 离散式生产与流程式生产的分类

生产类型	离散式生产	流程式生产
工程项目型生产	建筑、造船	化工
车间任务型生产	机械制造	制药
流水生产	计算机、电视、空调（重复生产）	配料（连续生产）

3. 生产制造管理技术

现代生产制造管理希望通过企业资源计划（Enterprise Resource Planning，ERP）帮助企业不断地提升管理，而 ERP 的核心技术是从物料需求计划（Material Requirement Planning，MRP）、闭环式 MRP，即制造资源计划（Manufacturing Resources Planning，MRP II）发展过来的。在使用 ERP 系统之前，我们先来了解它们内在的管理思路与处理逻辑。

1）MRP 的处理逻辑

（1）MRP 的特点。制造管理的核心是库存问题，要求处理好物料的需求计划。因此，MRP 的初衷是："在需要的时候，提供需要的数量。"需从以下几个方面来分析。

① MRP 的思想：理论是从产品的主生产计划中，获取所有的物料需求的品种、需求数量、需求时间等信息，即掌握如何配套生产的技术。

② MRP 的数量计算：计算净需求，即从物料需求中扣除它们的现有资源，例如库存量，提供建议订单量。算法是，净需求量 = 毛需求量 – 现有资源。

③ MRP 的时间计算：计算物料的需求时间，即扣除物料需求的提前期，提供建议订货的时间。算法是，需求时间 = 计划时间 – 提前期。

④ MRP 的逻辑处理：MRP 的逻辑处理流程如图 1-1 所示。

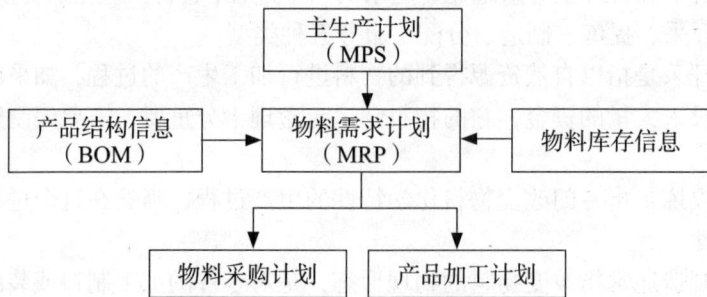

图 1-1 MRP 逻辑处理流程

（2）MRP 运行需要满足以下条件。

① 有一个主生产计划。

② 每一物料要有唯一的物料编码。

③ 有一个通过编码表示的产品结构，即物料清单（BOM）。

④ 有完整的物料库存记录。

（3）MRP 解决以下问题。

① 生产什么？生产多少？（来源于 MPS）

② 要用到什么？（由 BOM 展开可知）

③ 已经有了什么？（由库存记录可知）

④ 还缺什么？（计算出结果可知）

⑤ 何时需要？（根据需求时间可测算）

2）闭环式 MRP 的处理逻辑

（1）闭环式 MRP 原理。闭环式 MRP 原理认为，主生产计划（Master Production Scheduling，MPS）与物料需求计划（MRP）可行的话，还要考虑生产能力，或者对生产能力提出需求计划，在满足能力需求的前提下，才能保证物料需求的执行和实现。在这种思想的要求下，企业必须对投入与产出进行控制，也就是对企业的能力进行校检和执行控制。闭环式 MRP 逻辑处理流程如图 1-2 所示。

（2）闭环式 MRP 有以下 4 个特点。

① MPS 来源于企业的生产经营规划与市场需求（如合同、订单等）。

② MPS 与 MRP 的运行伴随着能力与负荷的运行，从而保证计划是可靠的。

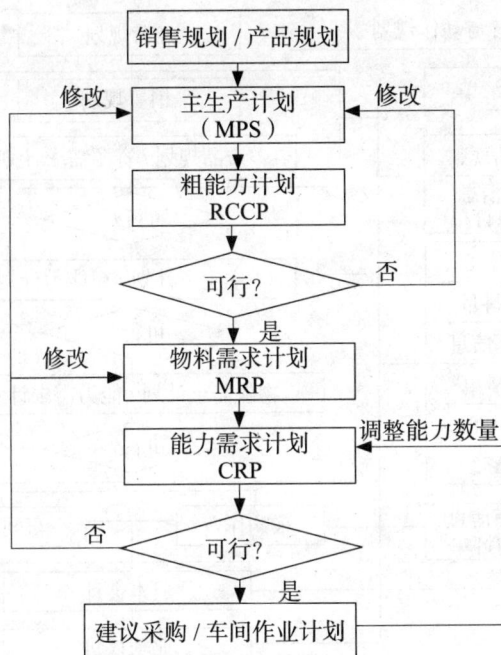

图 1-2 闭环式 MRP 逻辑处理流程

③ 采购、车间作业计划的执行是物料变化的过程，也是物流变化的过程，同时又是控制能力的投入与产出过程。

④ 能力的执行情况最终反馈到计划制订层，整个过程是能力不断执行与调整的过程。

（3）闭环式 MRP 需要满足以下 5 个条件。

① MRP 的计算结果。

② 工作中心的划分与定义。

③ 工厂日历。

④ 工艺路线的划分和定义。

⑤ 闭环式 MRP 能较好地解决计划与控制问题，是计划理论的一次大飞跃，但是它仍然未能彻底解决计划与控制问题。

3）MRP II 的处理逻辑

MRP II 是紧紧地围绕产品的制造资源计划展开管理活动的，以生产计划为主线，对企业中的制造资源进行动态控制。

（1）MRP II 的逻辑处理流程如图 1-3 所示。

（2）MRP II 具有以下 6 个特点。

① MRP II 是一种计划主导型管理模式，计划层次从宏观到微观、从战略到技术、由粗到细逐层优化，据此保证与企业经营战略目标的一致性。

② MRP II 是一项系统工程，它把企业所有与生产经营直接相关部门的工作联结成一个整体。

③ MRP II 是一种制造企业管理信息系统，企业各部门都依据同一数据信息进行管理，任何一种数据变动都能及时地反映给所有部门，做到数据共享。

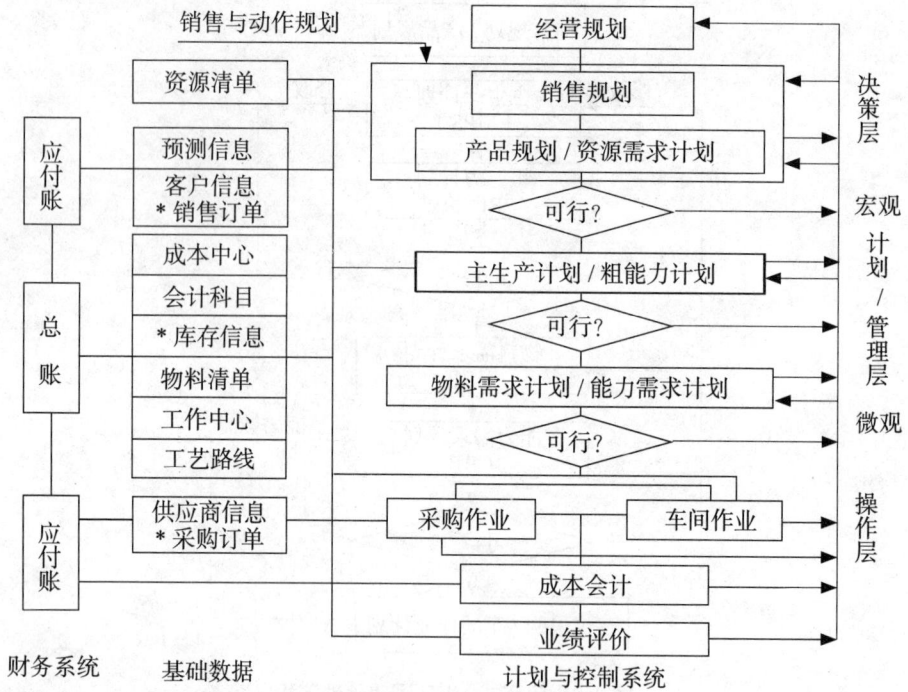

图 1-3　MRP II 逻辑处理流程

④ MRP II 是一个闭环系统，它要求跟踪、控制和反馈瞬息万变的实际情况，管理人员可随时根据企业内外环境条件的变化迅速响应，及时调整决策，保证生产正常进行。

⑤ MRP II 的模拟功能可以解决"如果怎样……将会怎样？"的问题，预见在相当长的计划期内可能发生的问题，事先采取措施消除隐患，而不是等问题已经发生了再花几倍的精力去处理。

⑥ MRP II 包含了成本会计和财务功能，可以由制造活动直接产生财务数据，把实物形态的物料流动直接转换为价值形态的资金流动，保证生产和财务数据一致。

4）ERP 的管理思想

（1）企业流程重组（Business Process Reengineering，BPR）以业务流程为改造对象，以作业流程为中心，打破传统的金字塔形组织结构，转向扁平型结构管理，从而获得在成本、质量、服务和速度等方面业绩的显著性改善。

（2）供应链管理的概念（Supply Chain Management，SCM）围绕核心企业，主要通过信息手段，对供应各环节中的各种物料、资金、信息等资源进行计划、调度、控制与利用，形成客户、零售商、分销商、制造商、采购供应商的全部供应构成的功能整体。

（3）推行"只在必要的时间以必要的数量生产必要的物料"准时生产（Just In Time，JIT）管理。

（4）推行精益生产（Lean Production，LP），消除一切不增值的作业与活动，提高快速响应能力，强调合作伙伴关系，以满足客户需求为前提，拉动个性化产品生产，用大量客户化定制改变传统的大批量生产方式。

很明显，ERP 是一套信息系统，是一个系统管理工程，更是一个战略工具，它通过集成业务流程帮助企业优化可以利用的资源，从而提高经营和管理水平。但是，图 1-3 所示的 MRP II 的逻辑处理流程仍然是 ERP 的核心管理技术。

4．企业资源规划的定位

1）管理层次定位

分析图 1-3 中 MRP II 逻辑处理，不难看出有三个系统：计划与控制系统、基础数据管理系统和财务系统；三个层面：决策层、计划 / 管理层、操作层。

因此，在实际应用中会有两类信息支持系统：决策层的商务智能（Business Intelligence，BI），即商务智能系统，另一个是计划 / 管理层与操作层的管理信息系统。

本教材的 ERP 生产制造管理系统定位在计划 / 管理层与操作层。计划与控制系统是从"主生产计划 / 粗能力计划"开始，到"业绩评价"为止，并涵盖基础数据与财务系统。

2）资源要素定位

众所周知，目前 ERP 的应用已经普及各行各业。不同的行业、不同的企业且在企业不同的生命周期，其管理需求是不同的。然而针对相对固定的 ERP 系统，需建立在企业长期的发展观上，如三到五年，或者更长。因此，对企业资源要素管理的定位，需要站在决策的角度来研究。

在传统的企业管理中常常论述企业的资源"人、财、物"三要素，而在现代企业管理中有"人、财、物、信息、时间"五要素。

例如，在服务行业中管理目标是"以人为本"的。显然企业的资源规划处理和信息管理都是围绕着"人力资源"规划、运作与管理的。因此，企业的管理信息"基础数据"的设计是"以员工为主文件"。

但是对于"制造"业而言，是以物料为主的，它的资源规划是针对"物料和产品"的。因此，它的基础数据是"以物料为主文件"的。

本教材的资源规划管理定位为后者，称为 ERP 生产制造管理系统。

1.1.2　生产制造管理系统构建

1．企业管理需求分析

我们知道企业是有生命周期的，在不同的生命周期中对其资源的管理需求也不同，有的企业希望建设财务管理系统，有的企业希望建设生产制造管理系统，也有的企业希望建设生产计划系统。

本书以 ABC 电脑制造公司作为典型案例，构建企业的 ERP 生产制造管理系统。

2．企业背景分析

企业制造的特点：企业是生产电脑的，典型的离散式生产类型，使用流水生产线，采用重复计划（订单）的生产方式。

1）生产运作管理

（1）作业管理。传统的生产制造方式：从采购订单开始，接着进行生产订单管理，最后进入销售订单管理。

（2）物流管理。生产物料是从采购开始，到部件加工，再到总装配的物流管理方式。

（3）库存管理。先将材料采购进来，暂时存放在材料仓库里，再依据生产订单领料、加工为成品，完工入库到成品仓库暂存起来，待客户需要时，再销售出去。

2）企业常见的问题

计划/管理层与操作层的信息不同步。两个层次的管理思维不能同步。计划/管理层面临"计划的执行率不高"，操作层面临"生产订单是否能正常完成"，因为：

（1）各部门都可以申请材料的采购，使得原材料仓库的库存不断增加，但是还会因采购不配套，生产线常常由于缺料停工。

（2）销售与计划信息不同步，常常造成产品的生产计划放大，使得产品的库存不断地增加。但是，即便是产品的库存增多了，客户需要的产品也未必能准时交货，因为操作层未必能精准地按照客户订单生产。

显然企业因信息不同步，造成的资源规划的数据处理与调配的工作量是极大的。结果是：满足了客户需求，便放大了产品的生产计划，库存增多，成本升高，资金周转困难；相反，控制了生产计划，又影响到了客户的交货期，面临损失客户的风险。

面临上述生产运作的"死循环"，ABC 电脑制造公司（以下简称 ABC 公司）提出了建设 ERP 生产制造管理系统的需求（以下简称为 ERP 系统的需求）。

3. 企业对 ERP 系统的需求

（1）主生产计划与"决策层"链接，起到"承上启下"的作用。解决方案："承上"可通过主生产计划模块衔接"产品规划"；"启下"可通过 MRP 的处理结果连接采购作业和车间作业，参考图 1-3 中逻辑处理流程。

（2）既能做物料配套，又能控制库存，降低成本。解决方案：可通过物料需求处理驱动采购作业和车间作业，既控制了物流，又减少了库存，还降低了成本，参考图 1-3 中物料需求后的采购作业和车间作业。

（3）满足客户订单发货率 100%。解决方案：动态跟踪"销售订单"。

（4）采购业务、销售业务与财务系统关联。解决方案：财务管理自动衔接采购业务和销售业务。

以上企业对 ERP 系统的需求与解决方案，必须先设计好企业的 ERP 系统管理的应用模式，确保让企业的需求信息包含在应用模式之中。

4. 应用模式设计

根据上述企业需求的分析所设计的 ABC 公司的生产制造管理系统应用模式包括企业的管理分类、生产制造业务流程、计划与控制，如图 1-4 所示。

1）管理分类

站在管理的角度将图 1-4 中的业务流程分为以下 4 类。

（1）计划管理：即 MPS 计划，集中管理产品规划（来自决策层）和客户需求，MRP 通过 ERP 系统集中地计算采购计划和生产计划，详细内容可参考本书第 8 章。

（2）物流管理：即集中式的物流管理系统，包括材料采购入库，物料生产投入与产出、产品的销售（即生产运作中的三大核心业务），系统地保证了它们与库存的无缝连接，详细内容可参考本书第 8 章。

（3）成本管理：即基于采购、生产、销售业务环节的成本管理，实现成本核算与库存信息的无缝连接，详细内容可参考本书第 5 章、第 6 章和第 8 章。

平台模块	采购管理	库存管理	物料需求计划	生产管理	销售管理	成本管理	财务管理
管理分类 部门	采购部门	仓储部门	生产计划部门	车间	销售部门	成本部门	财务部门

图 1-4 以物流管理为界的生产制造管理系统应用模式图

（计划管理行：产品规划 → MPS 计划 → MRP 计划）
（物流管理行：采购管理 → 库存管理 → 生产管理 → 销售管理）
（成本管理行：存货核算）
（财务管理行：应收款管理、应收款管理 → 总账）

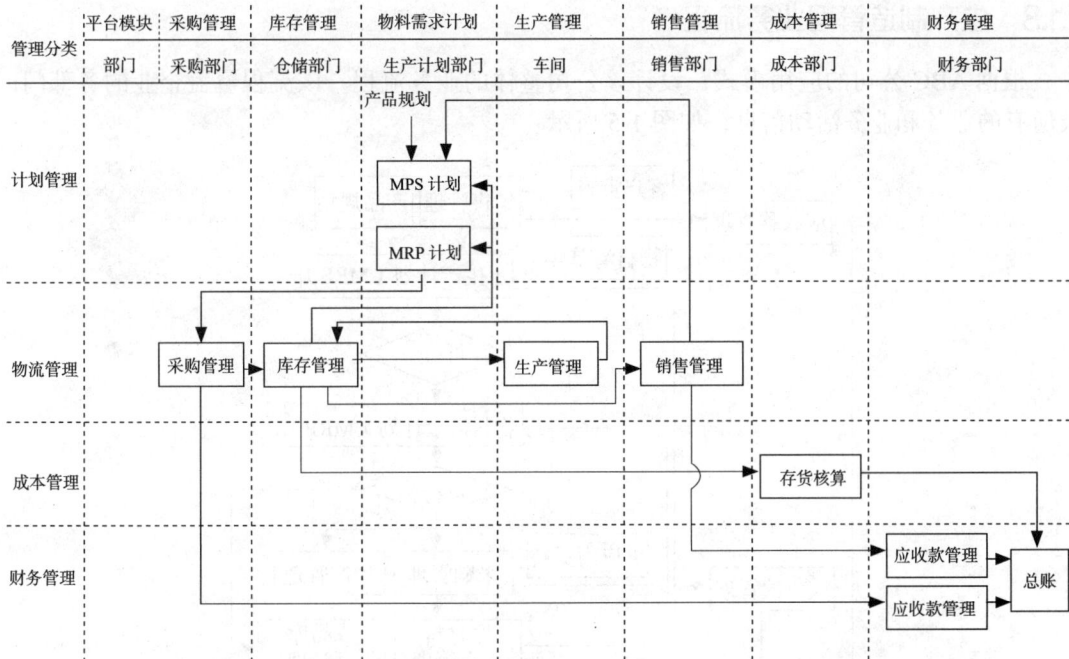

图 1-4 ABC 公司生产制造管理系统应用模式

（4）财务管理：即基于采购、销售业务的应付款/应收款管理，实现了采购业务、销售业务与信息的无缝连接。在以作业驱动的前提下，保证产品的成本核算、应付款、应收款、总账处理信息的及时性和完整性，详细内容可参考本书第5章和第7章。

2）生产制造业务流程

生产制造业务流程主要有采购、生产、销售三个核心业务流程。

（1）采购管理业务流程，详细内容可参考本书第5章。

（2）生产管理业务流程，详细内容可参考本书第6章。

（3）销售管理业务流程，详细内容可参考本书第7章。

3）计划与控制

（1）MPS 计划流程。它是企业内部与市场之间产品供应链的节点，也是产品规划/资源需求计划的节点。产品规划可将销售业务与生产管理有机地连接在一起，进行产品主生产计划的运算，并提交客户对产品需求的结果。

（2）MRP 计划流程。它是企业内部原材料采购与产品加工之间的供应链节点。它将主生产计划、生产管理与采购业务有机地连接在一起，进行产品的物料需求计算，并提供建议的采购需求计划、零部件生产需求计划。详细内容可参考本书第8章。

图 1-4 以物流管理为界，它的上方是计划的信息；下方是成本的信息以及应收款/应付款的信息。由此而见，ABC 公司的生产制造管理应用模式，可以通过两条主线来控制企业的资源。其一是通过生产计划集中计算、调整控制企业的资源计划；其二是通过对物流的过程管理来控制企业的资源，详细内容可参考本书第8章。

1.1.3 生产制造管理业务流程

根据 ABC 公司的应用模式，设计该公司整体的业务流程。该流程覆盖企业的各部门以及所有的业务和业务活动信息，如图 1-5 所示。

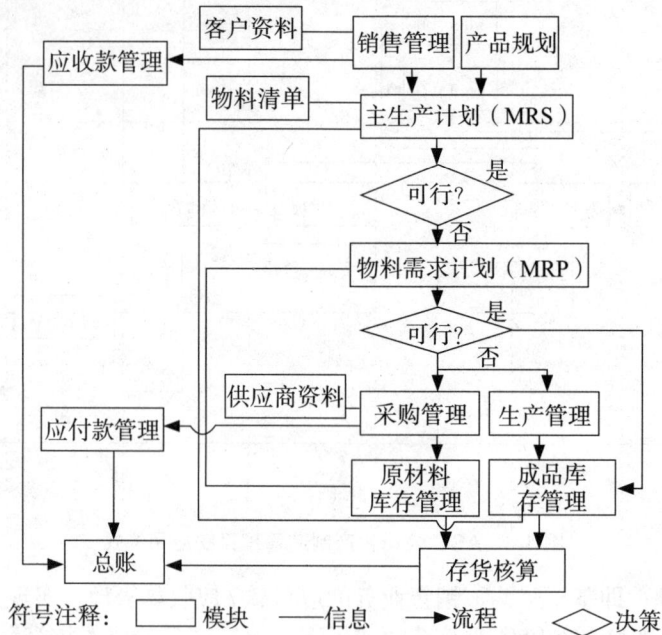

图 1-5 ABC 公司的业务流程

图 1-5 中的 MPS/MRP 计划是企业内部的供应链节点，是生产制造管理的主线（参考图 1-3）。它的输入需求来源于两个方面，一是销售管理，二是产品规划。

MPS/MRP 的运算回答了：企业将要生产什么？生产多少？要用到什么？已经有了什么？还缺什么？何时安排？（参考图 1-1）

1.1.4 生产制造管理系统构成

生产制造管理系统主要由物料清单、主生产计划、物料需求计划、采购管理、生产管理、销售管理、库存管理、存货核算、财务管理（应收款管理、应付款管理、总账管理）等模块组成。

1. 物料清单

物料清单（Bill of Material，BOM）定义了产成品、零部件及原材料的产品结构情况，它定义了产品基本信息。

（1）最终产品（又称产成品或成品）的组成、用量、生效日期等。

（2）标准成本累计计算，包括物料、人工、制造费等。

（3）新产品的成本，为拟定销售价做参考。

（4）物料需求计划，MRP 运算的选择。

（5）计划品、模型及选项物料需求展开的依据。

（6）生产订单领料、发料的依据等。

2. 主生产计划

MPS 用来定义关键物料的预期生产计划。MPS 是协调生产与销售的依据，是采购、生产业务的数据源。企业日常对销售、生产和采购三种业务的精细排程，都是依据 MPS 的日程加以计算而得到的。系统通过计算独立需求，考虑现有库存、考虑工作中心正在生产的订单、考虑目前还没有交货的客户订单等信息，计算出产品生产的数量和时间，提供产品生产决策的信息。

3. 物料需求计划

物料需求计划（MRP）是针对相关需求的计划。例如依据 MPS 的结果对物料清单的分解，得到产品的相关需求，考虑现有库存、工作中心正在生产的订单，考虑未完成的采购订单，计算出相关需求的数量和时间等，提供采购和零部件加工决策的信息。

4. 采购管理

采购管理是主要针对普通采购业务过程的管理。普通采购业务过程包括请购、订货、到货、入库、发票、采购结算等活动。企业必须根据自身的实际情况设计好采购管理的应用模式、业务流程，才能采集到采购业务活动的信息。

5. 生产管理

生产管理主要是针对车间作业（即生产订单）过程的管理。生产订单的过程包括生成、锁定、审核、领料、加工、关闭等活动。企业必须根据自身的实际情况设计好生产管理的应用模式、业务流程，才能采集到产品生产中的活动信息。

6. 销售管理

销售管理主要是针对普通销售业务过程的管理。普通销售业务过程包括报价、订货、发货、出库、采购发票等活动。企业必须根据自身的实际情况设计好销售管理的应用模式、业务流程，才能采集到销售业务活动的信息。

7. 库存管理

库存管理是从数量的角度管理存货的出库或入库的交易活动。库存管理提供了多种存货交易事务处理方式。例如，采购入库、销售出库、产成品入库、材料出库、盘点管理等，并提供仓库及货位管理、批次管理、保质期管理、可用量管理等精细的管理功能。库存存货是生产制造企业的重要资源，是 MPS/MRP 主要共享的数据。

8. 存货核算

存货核算是从成本的角度管理存货的出库或入库情况。通过存货核算可跟踪到存货的耗用情况，并能及时地将存货成本准确地归集到相应的成本对象上。存货核算有入库成本核算、出库成本核算、结余成本核算等。

9. 财务管理

财务管理包括应收款、应付款管理和总账处理。应付款 / 应收款分别是采购和销售业务的一部分，传统管理将它们分为实物、资金处理两个部分，而在 ERP 环境下，系统直接将采购或将销售管理系统中的发票信息拽过来，从而形成一个完整的业务过程，并且实现及时、准确的收付处理。

　　ERP 总账处理将采购、生产、销售过程中产生的资金信息顺理成章地归集到相应的会计科目之下。这样做一方面能为管理者提供清晰的资金数据；另一方面又能为财务报表提供明细账的数据来源。总账系统的普及与应用，将结束传统的靠手工统计数据管理企业的状况。及时、准确、快捷的资金流动信息将帮助企业经营者理智地执行资金计划，果断地做出经营决策。

1.1.5　生产制造管理系统工作原理

　　ABC 公司的生产制造管理系统是一个完整的制造管理解决方案。它依靠 ERP 信息工具将企业的业务流程贯穿到业务的每一个环节，贯穿各业务部门的每一次活动之中，而不是传统管理中的只依据单据或凭证来延续部门的业务活动。

　　生产制造管理系统采用简单的逻辑处理方法。图 1-5 中，MPS 计划有两个数据来源，一个是产品规划，另一个是销售管理。两个来源在应用中有三种可能：按产品规划管理，按（客户订单）销售订单管理，或者两个方面都考虑，如何应用由企业的资源计划的管理目标来决定。下面来描述按客户订单管理，只考虑销售订单的工作原理。

　　1．计划管理

　　（1）销售管理中的销售订单自动传递至 MPS 计划，作为 MPS 计划的输入数据。

　　（2）MPS 计划将销售订单的需求量与其库存量进行运算，计算出产品的实际需求量，提交产品的供需报告，即产品的建议生产计划。

　　（3）MRP 依据产品的建议生产计划，分解出物料的相关需求，并与其库存量进行运算，计算出物料的实际需求量，提交建议采购计划和建议零部件生产计划。

　　2．物流管理

　　（1）采购管理参照 MRP 计划的建议采购计划编制采购订单，并执行之。采购管理的采购入库交易后触发库存管理记增值账。

　　（2）生产管理参照 MRP 计划的建议生产计划自动生成生产任务单，并执行之，制造成本传递至成本核算系统中。

　　（3）销售订单按期进行销售出库后，完成销售交易，触发库存管理记减值账。

　　3．成本管理

　　（1）存货核算接收库存管理的入库数据、出库数据后，形成成本记账记录。成本核算记账凭证自动传送到总账系统中。

　　（2）存货核算接收生产管理的制造成本数据，进行成本记账处理，并将记账凭证传送到总账系统中。

　　4．财务管理

　　（1）采购管理的发票传送到应付款管理，应付款管理收到相应的信息进行记账处理，并将记账凭证传送到总账系统中。

　　（2）销售管理的发票传送到应收款管理，应收款管理收到相应的信息进行记账处理，并将应收款凭证传送到总账系统中。

（3）最终应付款、应收款、制造成本的处理数据都将归集在总账相应的科目之下，可为财务报表提供特定产品经营的数据。

1.1.6　生产制造管理系统平台应用

1. 信息平台的应用现状

目前企业对信息系统的应用已经非常普及，但是应用的水平参差不齐，主要存在两种应用方式，如图 1-6 所示。

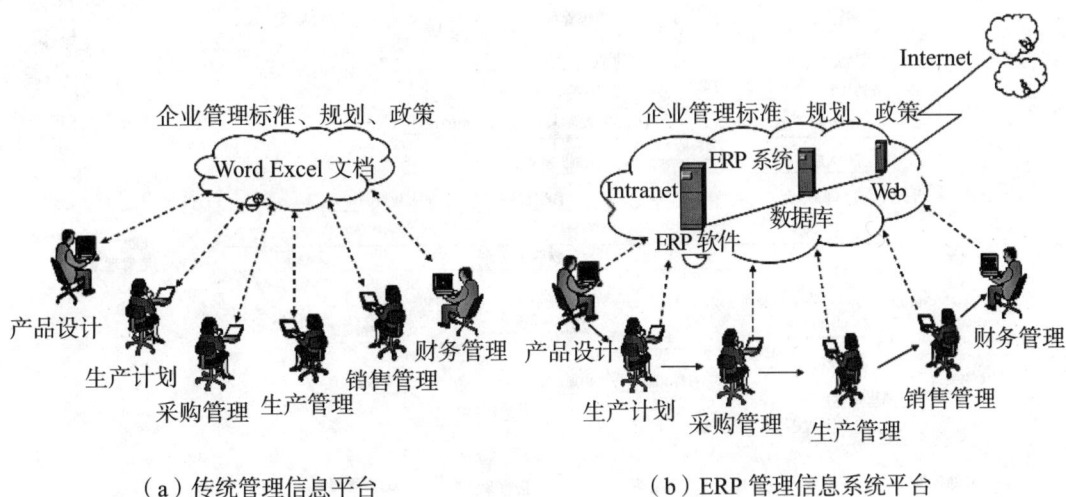

（a）传统管理信息平台　　　　　　　　（b）ERP 管理信息系统平台

图 1-6　企业对信息系统的应用方式

1）传统管理信息平台

图 1-6（a）所示为传统管理信息平台的应用，简称传统信息平台。它的基础数据主要是一系列的被存放在各个部门电脑里的标准文档，人们最熟悉的莫过于 ISO 9000 质量标准体系，一系列的企业规定、规则、政策、表单、报表、报告、模板，还有大量的原始凭证等，构成了企业管理标准。

传统信息平台应用是通过复制、转发、分享，对比标准管理是否符合管理规则，是一种定性的管理方式，而在生产计划资源调配时，需要的是采集、归类、汇总、处理和编制报表、发送、接收、数据分析后，进行定位资源配置。显然这样的信息流程时间长，处理成本高，且工作量非常大。关键是该平台不支持"在线"生产计划的处理，常常会因业务变化或紧急事件调整企业的业务流程，久而久之，企业的业务流程就乱了，其 ISO 9000 标准执行文件也很难推行与实施。

2）ERP 管理信息系统平台

图 1-6（b）所示是 ERP 管理信息系统平台，简称 ERP 系统平台。该平台是由 ERP 软件、数据库支撑的，ERP 系统平台应用是捆绑在业务流程上的，当然业务流程也会捆绑企业管理标准、规则和政策。ERP 系统平台的特点是，基础数据与原始记录信息同步，业务活动"在线"采集，存储、处理、传递、信息共享。任何业务变化和紧急事件，都可以通过生产计划调配，

通过业务流程实施。原因是，所有的原始记录都存放在系统里，主生产计划可以通过提取数据，用计算机快速处理，故生产计划可以"在线"管理，动态控制与配置资源。

2.　ERP 系统设计

观察图 1-4 中 ABC 公司的应用模式，我们了解了企业的管理需求，又通过资源定位的知识，我们了解了 ABC 公司的资源规划对象选择的是"物料"。

例如，ABC 公司的 ERP 生产制造管理系统，我们先设计好企业的"物料主文件"。图 1-7 所示的鱼刺图的箭头表示构建一个"以物料主文件为主线"的 ERP 生产制造管理系统。鱼刺图的上侧是 ABC 公司的生产计划和业务管理；下侧是公司的基础管理。

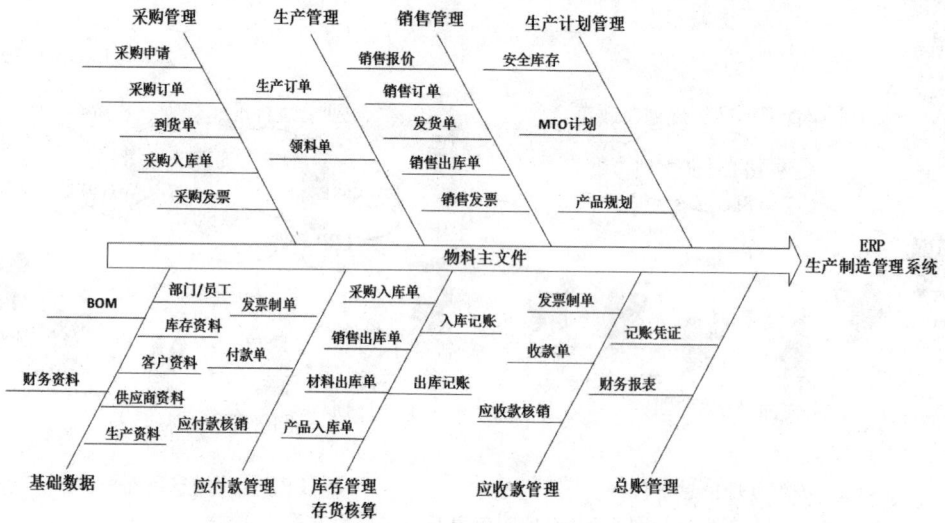

图 1-7　ABC 公司的 ERP 生产制造管理系统鱼刺图

（1）物料主文件。它包括物料的基本资料、计划、库存、成本、MPS/MRP 计划等数据的设置，详细内容可参考本书第 3 章。

（2）计划 / 管理。它包括 MPS/MRP 计划、供需政策、计划方法、允许 BOM 子件等的设置，详细内容可参考本书第 8 章。

（3）业务管理。它包括采购、生产、销售业务管理。它们是物流管理中的核心业务，将产生大量的原始的"入库、出库"的记录，详细内容可参考本书第 5 章、第 6 章和第 7 章。

（4）基础管理。它包括基础数据、库存管理、存货核算、应付款管理、应收款管理、总账管理。（关于成本管理，因为它涉及另一个学科的知识与应用，不在本书的讨论范畴）

1.1.7　ERP 软件概述

1.　ERP 软件介绍

1）ERP 软件的主要模块

关于 ERP 的软件模块，根据美国生产与库存控制协会的研究，我们从 MRP II 逻辑处理流程中，认知软件的主要功能模块，参考图 1-3。

BOM—Bill Of Materials（物料清单）。

PP—Production Planning（生产计划大纲）。

MPS—Master Production Scheduling（主生产计划）。

RCCP—Rough Cut Capacity Planning（粗能力需求计划）。

MRP—Master Requirements Planning（物料需求计划）。

CRP—Capacity Requirements Planning（能力需求计划）。

PAC—Production Activity Control（车间作业管理）。

IM—Inventory Management（库存管理）。

SO—Sales Order（销售订单）。

PO—Purchase Order（采购订单）。

WO—Work Order（生产订单）。

GL—General Ledger（总账）。

AR—Accounts Receivable（应收账）。

AP—Accounts Payable（应付账）。

PC—Product Costing（产品成本，或 Cost Control（成本管理）、Cost Accounting（成本计算））。

2）ERP 系统的应用

目前企业常用的应用方案有财务管理、供应链管理、生产制造管理、客户关系管理、人力资源管理、商务智能、电子商务等。

2. ERP 的软件体系结构

ERP 的软件体系结构的发展与应用经历了三个阶段。

1）主机 / 终端模式

20 世纪 80 年代以前，企业管理软件是主机 / 终端（Host/Terminal）模式的。当时的终端机相当于一台打字机，每输入一个字母都要通过主机解释。该模式是命令行执行方式。当然在图形系统广泛应用的今天，企业管理软件是面向对象的应用或 Windows 操作系统模式，因此主机 / 终端模式的企业管理应用已经消失了。

2）C/S 模式

C/S（Client/Server，客户机 / 服务器）模式又称 C/S 结构，是 20 世纪 80 年代末逐步成长起来的一种模式。服务器通常采用高性能的 PC 机、工作站或小型机，采用大型数据库系统，如 Oracle、Sybase、Informix 或 SQL Server。

C/S 模式的特点是：

（1）客户机上需要安装专用的客户端软件。

（2）企业内部专用网络（Intranet）的应用，不依赖企业外网环境，无论企业是否能够上网都不会影响应用，需投资企业专用网建设。

（3）用户群相对固定，信息安全的控制能力很强。

（4）C/S 多是建立在 Windows 平台上，二次开发对程序员普遍要求较高，开发成本较高。

C/S 模式普遍地用于制造型企业中。

3）B/S 模式

B/S（Browser/Server，浏览器 / 服务器）模式又称 B/S 结构，是 20 世纪 90 年代末逐步成长起来的另一种模式。服务器通常采用高性能的 PC 机、工作站或小型机，采用大型数据库系统，如 Oracle、Sybase、Informix 或 SQL Server。

B/S 模式的特点是：

（1）客户机上不必安装客户端软件，只要安装浏览器即可，客户端零维护。

（2）B/S 建立在广域网之上，不必建设专门的网络，只需上 Internet 网，不需要建设企业专用网络，但是需要考虑使用网络的费用。

（3）面向不可知的用户，信息安全的控制能力相对弱。

（4）B/S 建立在浏览器上，有丰富、生动的用户交流方式，二次开发成本较低。

B/S 该模式普遍应用于集团式的企业、银行、服务业中。

1.2   实务实操指导

1.2.1   实操内容

（1）创建企业账套。

（2）创建企业应用平台。

（3）启用系统模块。

（4）熟悉企业应用平台。

1.2.2   实操要求

（1）学会创建账套的基本技能。

（2）学会登录企业应用平台。

（3）学会启用系统模块。

（4）熟悉企业应用平台上的 ERP 软件模块。

1.2.3   实操准备

（1）理解企业的管理需求。

（2）理解图 1-4 所示的 ABC 公司的应用模式。

（3）理解图 1-5 所示的 ABC 公司的总业务流程。

1.3   生产制造管理系统平台构建

1.3.1   典型案例

模拟 ABC 公司供应链管理系统的建立日期为：2013 年 1 月 1 日。

案例流程：

（1）调整系统日历为 2013 年 1 月 1 日。双击"桌面"的屏幕右下角"时间"处，弹出系统的"日期和时间 属性"对话框，修改日历。

（2）创建用户。用户编码：1000；用户名：张健。

（3）创建企业账套。账套号：666；账套名称：ABC 电脑制造公司账套。

（4）系统启用。熟悉 ABC 电脑制造公司的 ERP 系统平台。

1.3.2　调整系统日历

因为本书的案例是模拟 ABC 公司的 ERP 系统，所以需将系统日历调回到 2013 年 1 月 1 日。

操作步骤：

（1）双击"桌面"屏幕右下角"时间"处，弹出系统的"日期和时间 属性"对话框，修改日历。

（2）调整系统日历为 2013-01-01，如图 1-8 所示。

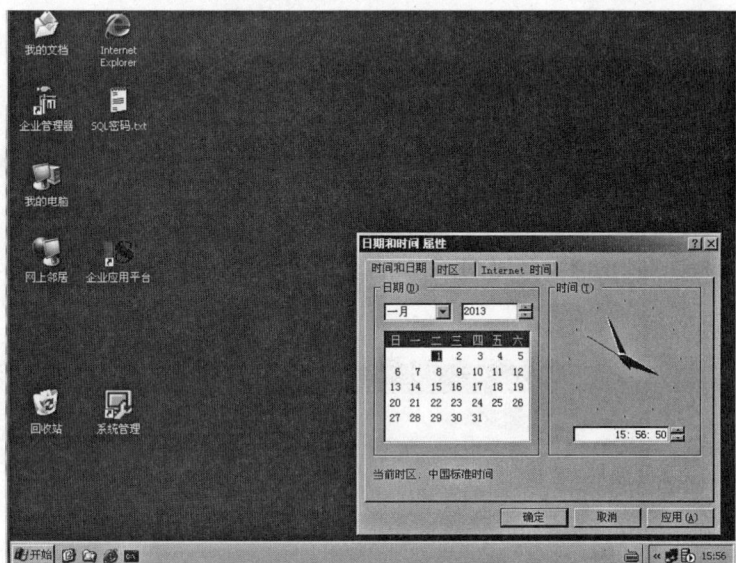

图 1-8　调整系统日历

（3）单击"应用"按钮。

提示：

（1）图 1-8 中屏幕右下角的 MSSQL 数据库服务器为绿色时，再调整日历。

（2）关注桌面上的"系统管理"图标和"企业应用平台"图标。

1.3.3　登录系统管理平台

1. 登录系统管理平台——ERP 系统的后台

操作步骤：

（1）双击桌面的"系统管理"图标，打开"用友 U8 [系统管理]"窗口。

（2）单击"系统"菜单按钮，选择"注册"命令，如图 1-9 所示。

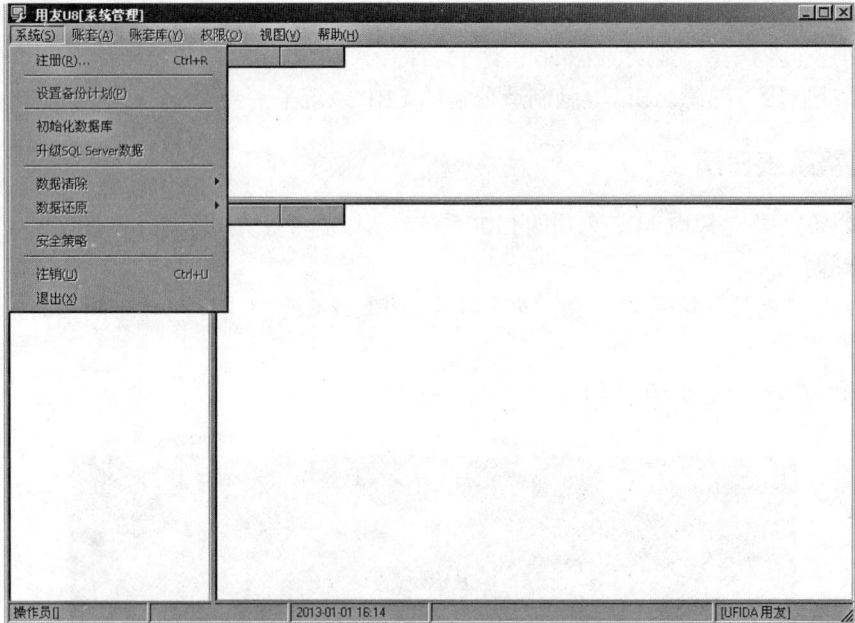

图 1-9 "用友 U8 [系统管理]"窗口

（3）弹出"登录"对话框，输入"操作员：admin；密码：无；账套：（default）"，如图 1-10 所示。

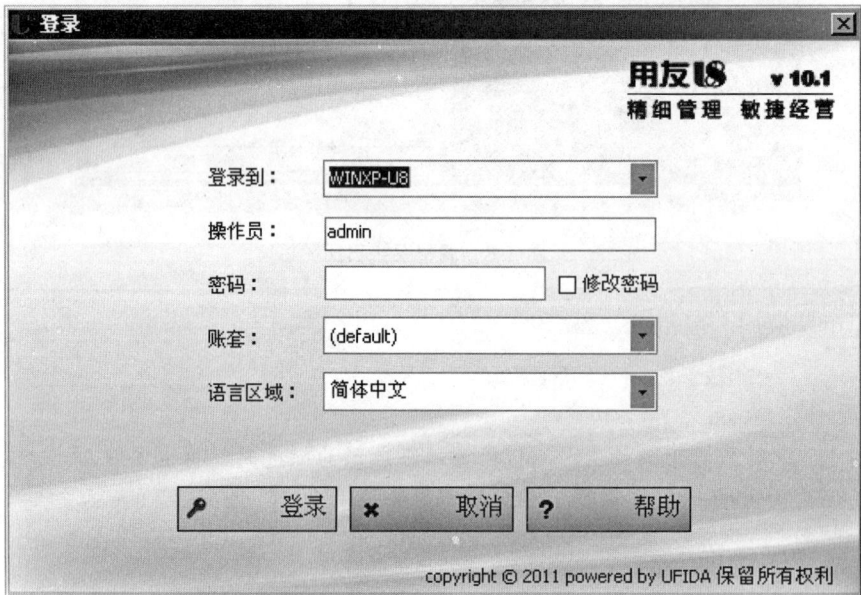

图 1-10 "登录"对话框

（4）单击"登录"按钮，进入"系统管理"平台，如图 1-11 所示。

图 1-11 "系统管理"平台

📢 提示：

（1）也可以通过"开始"→"所有程序"→"用友 ERP-U8V10.1"→"系统服务"→"系统管理"命令，打开"用友 U8［系统管理］"窗口。

（2）因为本系统是学习用的，所以图 1-10 中的"登录到：WINXP-U8"，是个人电脑的计算机名，或"127.0.0.1"。

（3）操作员：admin 的密码为无，实际应用时必须加密。

（4）账套：default，是指向应用软件数据源的。

（5）"系统管理"只允许两种用户登录该平台，一种是 admin，另一种是账套主管。

2. 增加用户

增加用户"张健"并设置为账套主管。

操作步骤：

（1）以 admin 的身份进入"系统管理"平台，选择"权限"→"用户"命令，打开"用户管理"窗口，如图 1-12 所示。

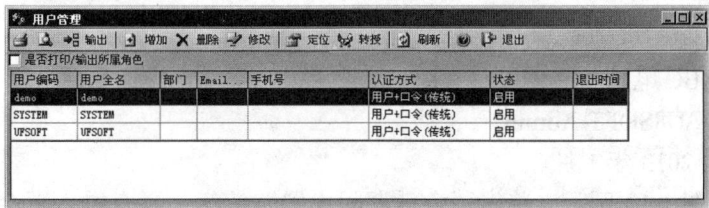

图 1-12 "用户管理"窗口

（2）单击"增加"按钮，打开"操作员详细情况"对话框，输入"编号：1000；姓名张健；口令：无"；所属角色勾选"账套主管"复选框，如图 1-13 所示。

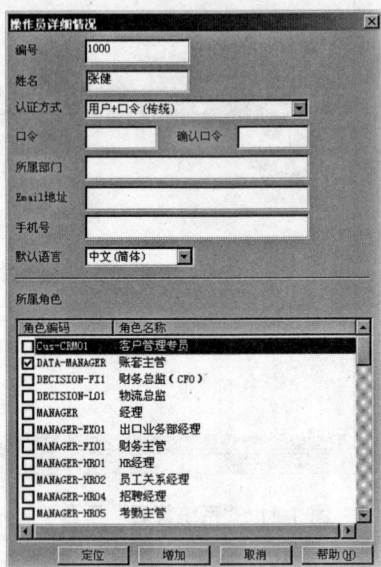

图 1-13　增加用户

（3）单击"增加"按钮，保存新增设置。

（4）单击"取消"按钮。

1.3.4　创建账套

由于企业的数据在系统内是以会计主体的形式表现的，因此系统构建首先必须创建企业的财务账套。

典型案例的账套号：666，账套名称：ABC 电脑制造公司。

操作步骤：

（1）以 admin 的身份进入"系统管理"平台，选择"账套"→"建立"命令，打开"创建账套"对话框，按照建账向导操作。在初次建立账套时，会先进入"建账方式"，默认"新建空白账套"。单击"下一步"按钮。

（2）进入"账套信息"对话框。

输入以下信息：

账套号：666。

账套名称：ABC 电脑制造公司。

账套路径：D:\U8SOFT\Admin。

启用会计期：2013 年 1 月。

以上操作如图 1-14 所示，单击"会计期间设置"按钮，再查看一下会计月历的设置，如图 1-15 所示，单击"确定"按钮。

图 1-14 建立账套信息

图 1-15 会计月历设置

（3）返回"账套信息"对话框，单击"下一步"按钮，进入"单位信息"对话框。
输入以下信息：

单位名称：ABC 电脑制造公司。

单位简称：ABC 公司。

单位地址：广东省佛山市顺德区。

法人代表：王建国。

税号：123456789123。

以上操作如图 1-16 所示，单击"下一步"按钮。

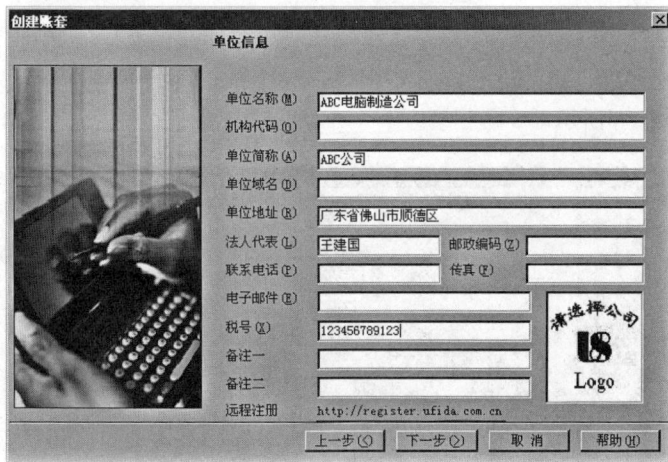

图 1-16 设置单位信息

（4）进入"核算类型"对话框。

输入以下信息：

本币代码：RMB。

本币名称：人民币。

企业类型：工业。

行业性质：2007 年新会计制度科目。

账套主管：[1000] 张健。

以上操作如图 1-17 所示，单击"下一步"按钮。

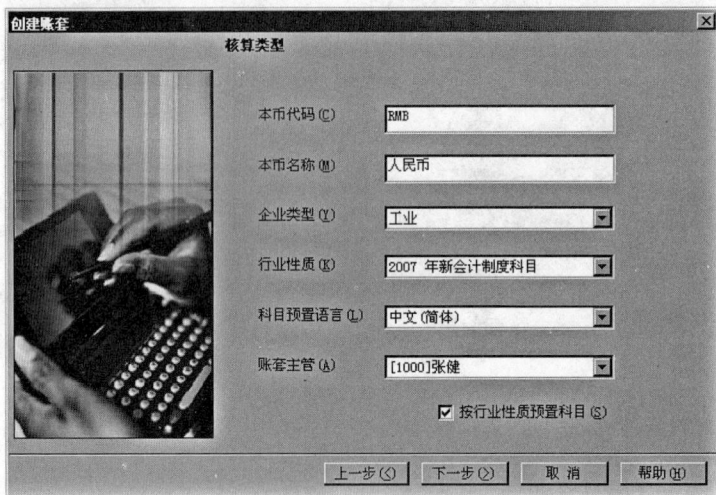

图 1-17   设置核算类型

（5）进入"基础信息"对话框。

输入以下信息：

存货是否分类：是。

客户是否分类：是。

供应商是否分类：是。

有无外币核算：否。

以上操作如图 1-18 所示。

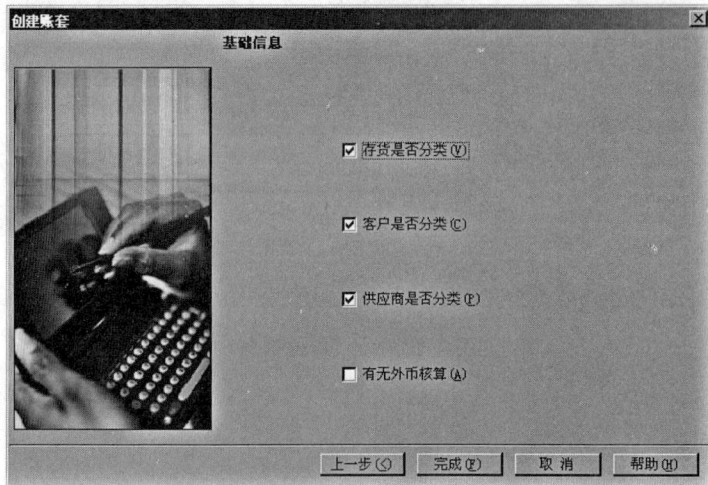

图 1-18   设置基础信息

　　单击"完成"按钮，系统提示"可以创建账套了么"，单击"是"按钮。系统后台开始进行创建账套的工作。

　　（6）系统弹出"编码方案"对话框。

　　修改"科目编码级次"：4-2-2。

　　其他默认设置。

　　以上操作如图 1-19 所示，单击"确定"按钮后，关闭该编码方案。

　　（7）系统弹出"数据精度"对话框，默认设置如图 1-20 所示。

编码方案

项目	最大级数	最大长度	单级最大长度	第1级	第2级	第3级	第4级	第5级	第6级	第7级	第8级	第9级
科目编码级次	9	15	9	4	2	2						
客户分类编码级次	5	12	9	2	3	4						
供应商分类编码级次	5	12	9	2	3	4						
存货分类编码级次	8	12	9	2	2	2	2	3				
部门编码级次	5	12	9	1	2							
地区分类编码级次	5	12	9	2	3	4						
费用项目分类	5	12	9	1	2							
结算方式编码级次	2	3	3	1	2							
货位编码级次	8	20	9	2	3	4						
收发类别编码级次	3	5	5	1	1	1						
项目设备	8	30	9	2	2							
责任中心分类档案	5	30	9	2	2							
项目要素分类档案	6	30	9	2	2							
客户权限组级次	5	12	9	2	3	4						
意向客户权限组级次	5	12	9	2	3	4						

确定(O)　取消(C)　帮助(F)

数据精度

请按您单位的需要认真填写

存货数量小数位	2
存货体积小数位	2
存货重量小数位	2
存货单价小数位	2
开票单价小数位	2
件数小数位	2
换算率小数位	2
税率小数位	2

确定(O)　取消(C)　帮助(F)

图 1-19　设置编码方案　　　　　　图 1-20　设置数据精度

　　关闭"数据精度"对话框，弹出"ABC 电脑制造公司：666 账套创建成功"的提示框，单击"否"按钮，弹出"请进入企业应用平台进行业务操作！"，单击"确定"按钮。单击"退出"按钮创建账套。返回"系统管理"平台。

1.3.5　系统启用

　　由于 ERP 软件是按照多模块功能设计的，因此企业在建设 ERP 系统时，可以根据企业的应用模式，选择相应的模块进行组合应用，称为系统启用，参考图 1-4。

　　1．登录"企业应用平台"

　　操作步骤：

　　（1）单击"企业应用平台"图标，弹出"登录"对话框。

　　（2）输入"登录到：WINXP-U8，操作员：1000，密码：无，账套：［666］（default）ABC 电脑制造公司，操作日期：2013-01-01"，如图 1-21 所示。

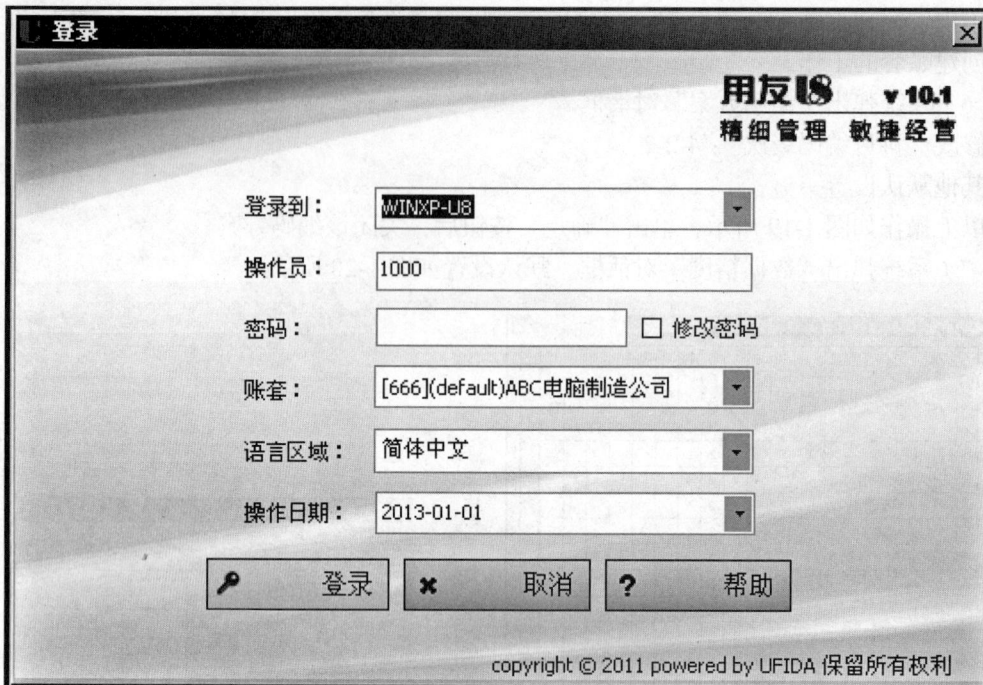

图 1-21 登录"企业应用平台"

（3）单击"登录"按钮，登录"企业应用平台"，进入"企业应用平台"界面，如图 1-22 所示。

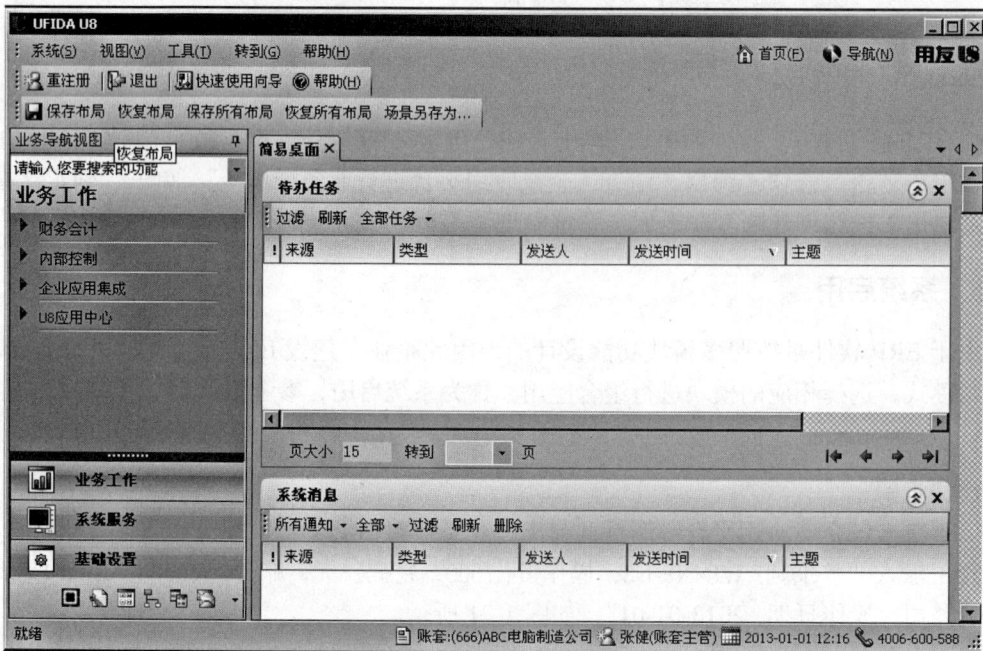

图 1-22 "企业应用平台"界面

2. 系统启用

参考图 1-4 所示的 ABC 公司应用模式，启用以下模块：销售管理、采购管理、库存管理、存货核算、应收款管理、应付款管理、总账、物料清单、主生产计划、需求规划、生产订单、车间管理、工程变更。

操作步骤：

（1）以账套主管的身份进入"企业应用平台"，选择"基础设置"→"基本信息"→"系统启用"命令，弹出"系统启用"对话框。参照启用模块，选择对应的"系统编码"，逐一启用。

（2）单击日历⊙和⊙按钮，可以选择系统启用的年度，再从下拉列表中选择系统启用的月份，最后从日历表中单击选择系统启用的日期。

（3）选择启用日历为"2013-01-01"。

（4）单击"今天"按钮，系统提示"确定要启用当前系统吗？"，单击"是"按钮，完成系统启用，系统自动记录启用的日期和启用人，如图 1-23 所示。

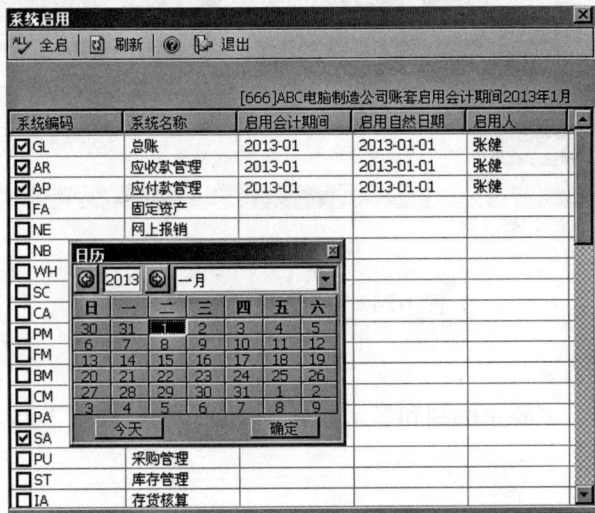

图 1-23 系统启用操作

（5）按上面系统启用的操作步骤，启用销售管理、采购管理、库存管理、存货核算、应收账管理、应付账管理、总账、物料清单、主生产计划、需求规划、生产订单、车间管理、工程变更。

由于在建账过程中已设定账套的启用会计期间为 2013 年 1 月 1 日，但是每个模块的启用日期与账套启用日期可能不同。账套启用日期必须大于等于账套的创建日期。

1.3.6 平台操作术语

为了方便 ERP 系统的学习、沟通与交流，这里简单地介绍一下本书的平台操作术语。

1. 平台界面

"平台界面"用于比较复杂的人机对话中，如用户成功地登录"企业应用平台"，便弹出平台界面，如图 1-24 所示。以下是本书的平台界面操作术语。

（1）窗口：窗口的标志在右上角 ▭▯✕ 。

（2）登录信息：在窗口的底部，即用户的登录信息。

（3）菜单：在窗口的上方。

（4）窗格：在窗口的中部。左边的窗格为"业务导航视图"，图中设有三类软件模块，分别是基础设置、业务工作和系统服务，本书中描述为页签。右边的窗格为"待办任务"，是企业业务过程中的单据与信息。

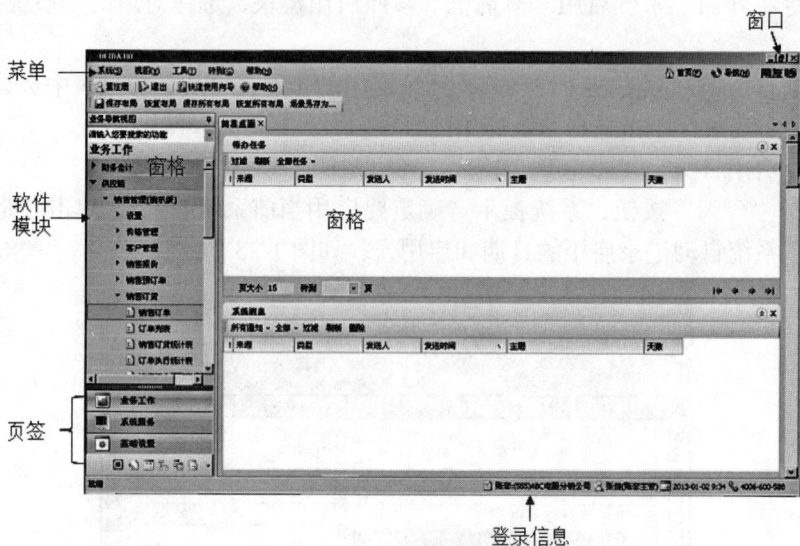

图 1-24　平台界面操作术语

2. 任务界面

"待办任务"窗格，主要是编制和显示业务"单据"的，如图 1-25 所示。任务界面操作术语如下。

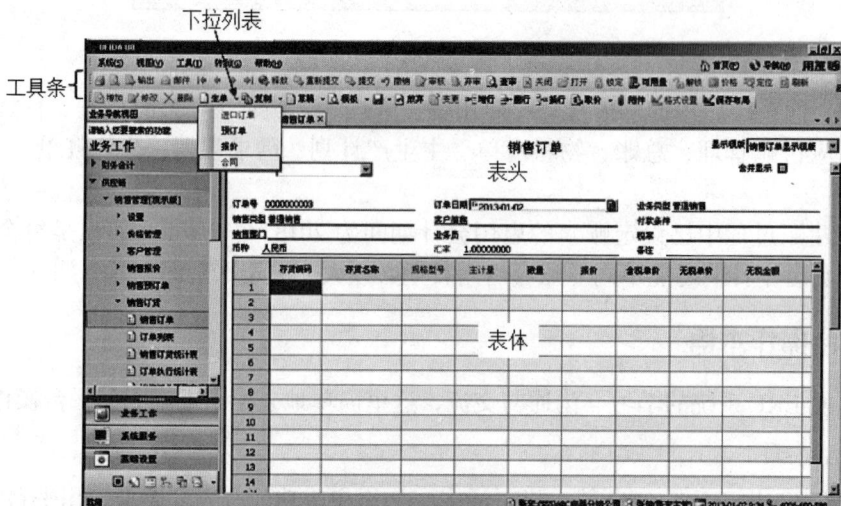

图 1-25　任务界面操作术语

（1）工具条：在窗口的上方，有编制单据的操作按钮。

（2）下拉列表：例如"生单"下三角按钮，单击显示列表。

（3）表头：编制单据表头的信息。

（4）表体：编制单据表体的信息。

3．对话框

在查询、登录时系统会弹出对话框，进行简单的人机对话。对话框的标志在右上角：⊠，参考图 1-10。

4．系统提示

在任务执行的关键环节，系统常常会出现一些提示，提醒该任务"是否"继续执行下去。"系统提示"的标志为 ⓘ。

思考题

1．简述五大生产类型、生产技术的类型以及生产制造管理的逻辑处理。

2．生产制造管理系统主要由哪几个模块组成？

3．简述生产制造管理系统的工作原理。

4．企业有哪些资源要素？资源要素对 ERP 系统的作用有哪些？

5．比较传统信息平台与 ERP 系统信息平台的不同。

练习题

1．创建"222 南方小家电制造公司"的账套，账套主管：董佳；用户编码：1001。

2．网上调研常用的 ERP 品牌并进行功能对比。

3．网上调研三家成功应用 ERP 系统的企业并分析其账套的创建及设置。

第2章 系统管理

2.1 背景知识

2.1.1 系统建设简介

当企业初次建设管理信息系统时常常会感到困惑,如此庞大的系统从何处动手,从哪里开始? 又怎样做呢? 回答是:从对系统的管理与维护开始,即先建立企业的账套,增加角色、增加用户并给它们授权,再以用户的身份登录"企业应用平台",维护基础数据,建立一个适合企业业务运行的环境。前者称为系统建立,在"用友 U8V10.1"软件中称为"系统管理"。

"系统管理"是企业信息系统的"后台",而"企业应用平台"是企业 ERP 系统的"前台"。"后台"是维护和管理信息系统正常运行的;"前台"对应的是企业业务平台,通俗地说是做业务的。"系统管理"的主要工作内容是备份账套、增加角色、增加用户、给角色授权、给用户授权。

(1)备份账套。我们知道,账套存储的是企业所有日常的经营数据,随时备份可以预防系统故障带来的巨大损失。

(2)增加角色。"系统管理"中的角色是虚拟企业的岗位。我们知道企业为了完成经营运作,通常会设置许多岗位,每个岗位由一个人或多个人从事工作。

(3)增加用户。"系统管理"中的用户,是"企业应用平台"的操作员,这些操作员可与对应的岗位关联起来,以便在未来的业务流程中分析用户(操作员)、角色(岗位)的平台作业情况。

2.1.2 系统维护流程

为了方便记忆,我们将用友 U8 系统分为两个平台,一个称为"系统管理"平台,另一个称为"企业应用平台"。

由于企业的信息系统是 360 天每天 24 小时不停地运行的,难免碰到意外事件,因此维护系统的安全、排除"异常"、规避风险是系统管理的日常任务。

系统管理需要一定的信息专业技术,企业通常规定由信息部门的系统管理员来承担,本书称为 admin。

操作步骤是:先由系统用户"admin"登录到"系统管理"平台上;再在"系统管理"平台上学习备份账套,操作流程是先引入(第 1 章的)账套,再删除账套,最后输出账套;接下来学习增加角色和用户;然后学习对角色的授权和用户的授权,只有被授权的用户才能登录"企业应用平台",进行日常业务操作,如图 2-1 所示。

```
┌────────┐      ┌────────┐
│ 系统管理 │─────▶│ 引入账套 │
└────────┘      └────────┘
                     │
                     ▼
                ┌────────┐
                │ 删除账套 │
                └────────┘
                     │
                     ▼
                ┌────────┐      ┌────────┐
                │ 输出账套 │─────▶│ 增加角色 │
                └────────┘      └────────┘
                                     │
                                     ▼
                                ┌────────┐      ┌────────┐
                                │ 增加用户 │─────▶│ 授权角色 │
                                └────────┘      └────────┘
                                                     │
                                                     ▼
                                                ┌────────┐      ┌──────────┐
                                                │ 授权用户 │─────▶│ 企业应用平台 │
                                                └────────┘      └──────────┘
```

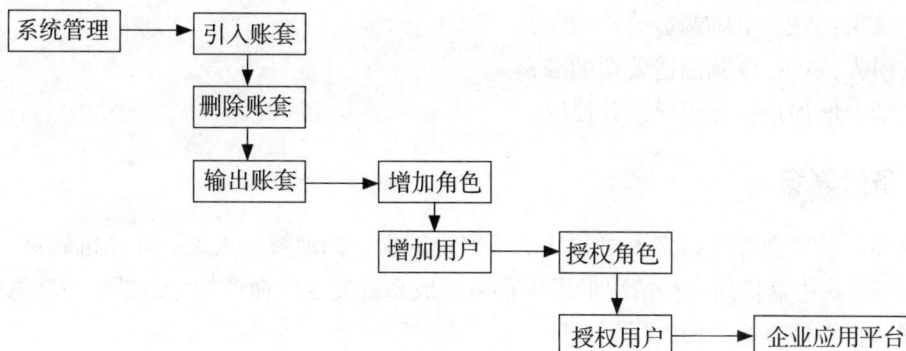

图 2-1　系统维护流程

2.2　实践实操指导

2.2.1　实操内容

（1）备份企业的账套。
（2）增加角色。
（3）增加用户。
（4）授权管理。
（5）备份账套。

2.2.2　实操要求

（1）学会账套的备份：输出、引入、删除操作技能。
（2）学会增加角色、增加用户的操作技能。
（3）学会授权管理的操作技能。

2.2.3　实操准备

（1）ABC 电脑制造公司的账套。
（2）用户与角色资料。
（3）以"系统用户（admin）"的身份登录"系统管理"平台。

2.3　系统管理实务

2.3.1　典型案例

备份 ABC 电脑制造公司账套。
操作步骤：
（1）系统日历调到 2013 年 1 月 1 日，登录"系统管理"。

（2）输出：ABC 电脑制造公司的账套。

（3）引入：ABC 电脑制造公司的账套。

（4）学会增加角色和用户，并授权。

2.3.2   备份账套

企业在运营中会存在很多不可预知的不安全因素，如地震、火灾、计算机病毒、人为的失误操作等。其中的任何一种情况的发生都将造成系统安全致命性的"灾难"。一旦意外发生，备份的账套将会使企业的损失降到最低。

因此对于系统管理员来讲，定时定期地将企业的账套备份出来，存储到不同的介质上，例如硬盘、磁带机、光盘、网络磁盘等，这项工作是非常重要的。它是信息系统安全保障机制中的一个重要环节。

备份账套，一方面可以用于必要时恢复系统；另一方面，也可以用于多家公司的数据审计、数据汇总、合并报表等。

备份账套的操作功能，有账套输出、账套删除和账套引入。

1. 账套输出

账套输出是将指定的账套数据从"系统管理"中输出到系统外指定的地方，永久性地存放起来，如存入 D 盘、磁带机中。当系统出现异常时，账套备份可用来恢复系统，避免账套在系统遭受不可预测性"灾难"时毁于一旦，给企业造成不可挽救的损失。

将［666］账套备份到"D:\ABC 电脑制造公司"文件夹中。

操作步骤：

（1）以 admin 的身份进入"系统管理"平台，选择"账套"→"输出"命令，弹出"账套输出"对话框。

（2）输入"账套号：［666］ABC 电脑制造公司"，如图 2-2 所示。

（3）单击"输出文件位置"文本框后的按钮，弹出"请选择账套备份路径"对话框，拉动滚动条，选中 D 盘，如图 2-3 所示。

（4）单击"新建文件夹"按钮，输入新建的文件夹名称为"ABC 电脑制造公司"，单击"确定"按钮，如图 2-4 所示。

（5）回到"请选择账套备份路径"对话框，选中"ABC 电脑制造公司"文件夹，如图 2-5 所示。

（6）单击"确定"按钮，回到"账套输出"对话框，如图 2-6 所示。单击"确认"按钮，系统后台备份。系统提示"输出成功"，单击"确定"按钮，账套备份完成。

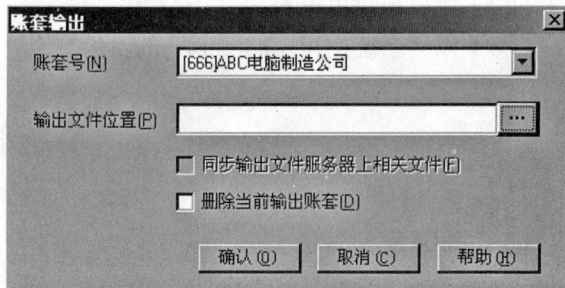

图 2-2   账套输出

图2-3 选择D盘

图2-4 新建备份文件名

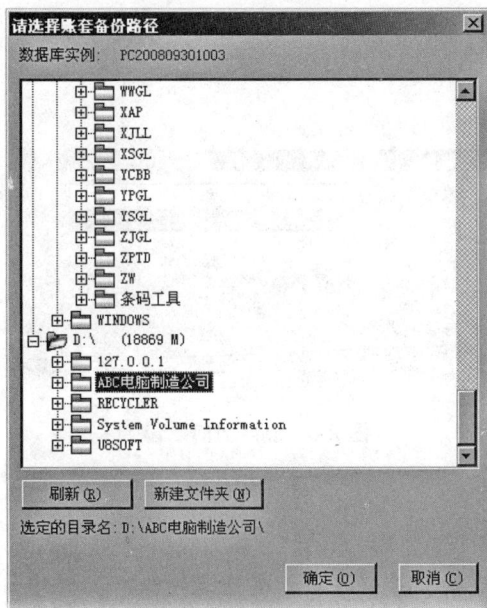

图2-5 选择"ABC电脑制造公司"文件夹

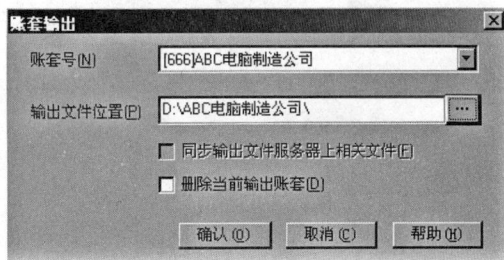

图2-6 确定输出文件位置

📢 提示：

（1）只有系统管理员（admin）有权进行账套输出。

（2）一个目录下只能存放一个账套备份的数据。如果备份时所选择的文件夹中已有账套备份，则会将新备份账套的数据覆盖原有备份账套的数据。

2. 账套删除

如果某个账套长期不用了，最好将它从"系统管理"中删除。将［666］ABC 电脑制造公司账套从"系统管理"平台中删除。

操作步骤：

（1）以 admin 的身份进入"系统管理"平台，选择"账套"→"输出"命令，打开"账套输出"对话框。

（2）参考图 2-2 和图 2-3 新建文件夹"备份"。

（3）选中"备份"文件夹，如图 2-7 所示，单击"确定"按钮。

（4）回到"账套输出"对话框，勾选"删除当前输出账套"复选框，如图 2-8 所示。

（5）单击"确认"按钮，系统后台备份，系统提示"真要删除该账套吗"，单击"是"按钮，系统提示"输出成功"，单击"确定"按钮，该账套从"系统管理"中删除。

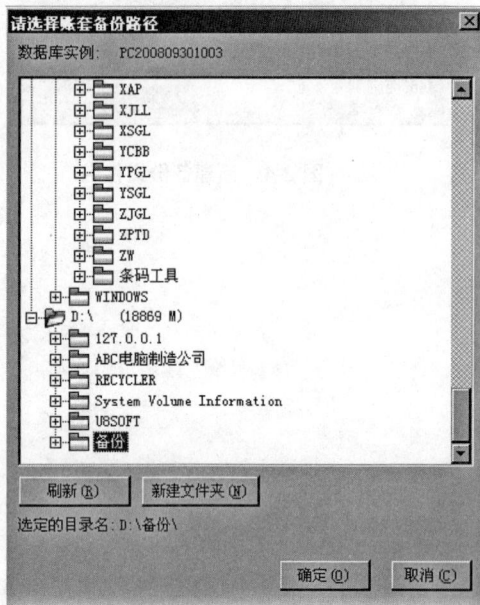

图 2-7　选中"备份"文件夹　　　　图 2-8　删除当前账套

提示：

（1）账套删除是一件危险的工作，要求非常谨慎，最好在企业管理者授权后再操作，避免造成企业的重大损失。

（2）挽救的方法。当删除的账套出错时，立刻从 D 盘"备份"文件夹中引入。如果做了 D 盘备份账套删除，则无法恢复。因此为了保险起见，企业通常都会将这些历史的账套备份在磁带机里或刻录在光盘上，慎重地保管起来。

3. 账套引入

账套引入是将指定的账套从"系统管理"外存，例如硬盘的 D 盘，或磁带机中引入"系统管理"中。该功能帮助系统在处理完硬件、系统故障后，重新恢复系统使用，也有利于集团公司的深度应用，例如定期将各子公司的账套数据引入集团公司系统中，进行数据的分析和合并工作，便于及时地掌握各子公司产品经营运作情况。

将［666］账套从"D:\ABC 电脑制造公司"文件夹中引至"管理系统"。

操作步骤：

（1）以 admin 的身份进入"系统管理"平台，选择"账套"→"引入"命令，如图 2-9 所示，弹出"请选择账套备份文件"对话框。

图 2-9　引入账套

（2）选择"D:\ABC 电脑制造公司"文件夹，选中"UfErpAct.Lst"文件，单击"确定"按钮，如图 2-10 所示。

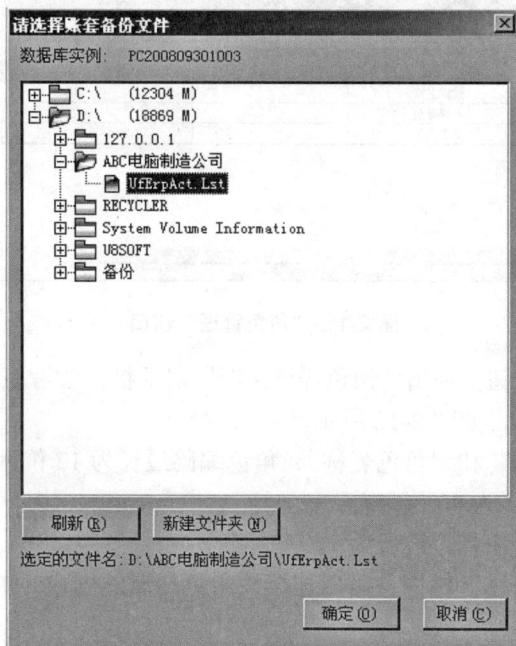

图 2-10　选择账套备份文件

（3）弹出"请选择账套引入目录当前默认路径为 C:\U8SOFT\"，单击"确定"按钮；弹出"账套引入：正在引入［666］的［2013-1013］账套库，请稍等"对话框。

（4）系统提示"账套［666］引入成功"，单击"确定"按钮，系统提示"账套引入"。

2.3.3　角色管理

1. 增加角色

角色资料如表 2-1 所示。

表 2-1　角色资料

序　　号	角色编码	角色名称
1	MANAGER-PP	生产计划主管
2	OPER-01	仓库管理员
3	OPER-02	采购业务员
4	OPER-03	销售业务员

操作步骤：

（1）以 admin 的身份进入"系统管理"平台，选择"权限"→"角色"命令，进入"角色管理"窗口，如图 2-11 所示。为了设置权限方便，系统已按照企业中常规岗位预置了一些角色，如果仍然不能满足要求，可以再增加或修改。

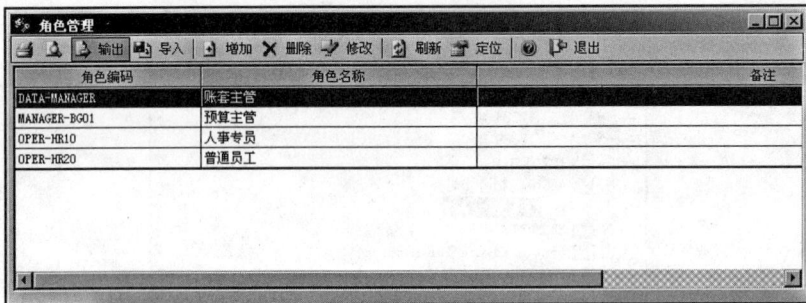

图 2-11　"角色管理"窗口

（2）单击"增加"按钮，弹出"角色详细情况"对话框。参考表 2-1，增加"MANAGER-PP，生产计划主管"角色，如图 2-12 所示。

（3）输入"角色编码"和"角色名称"，角色编码最长为 12 位字符。

（4）"角色名称"最多为 40 位字符。

（5）备注中可以加入注释，最长为 119 位字符。

（6）在"所属用户名称"栏中，可以连接该角色归属的用户，单击"增加"按钮，完成表 2-1 资料的输入。

（7）单击"取消"按钮，回到"角色管理"窗口，可以看到新增角色的资料，如图 2-13 所示。

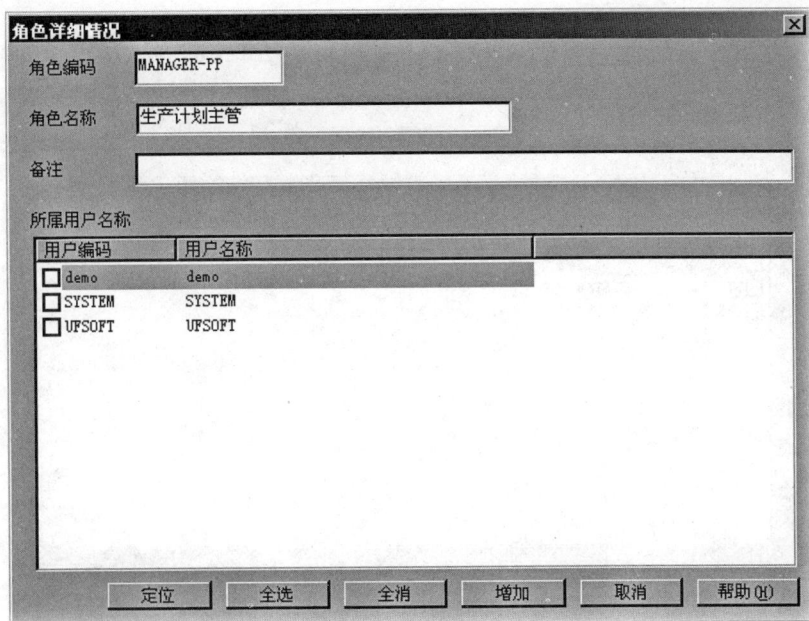

图 2-12 新增角色输入

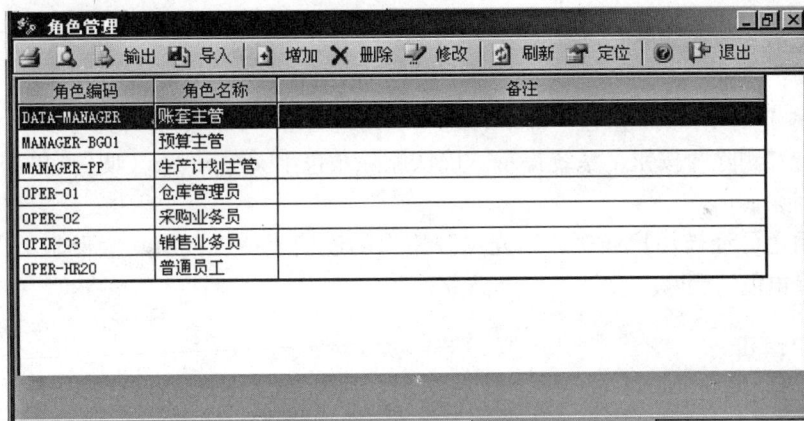

图 2-13 新增角色的情况

2. 修改角色授权

操作步骤：

（1）以 admin 的身份进入"系统管理"平台，选择"权限"→"角色"命令，进入"角色管理"窗口，选中需要修改的角色。

（2）单击"修改"按钮，弹出"角色详细情况"对话框，可修改"角色名称"和"备注"，"角色编码"是不可以修改的，如图 2-14 所示。

（3）单击"修改"按钮，回到"角色管理"窗口。

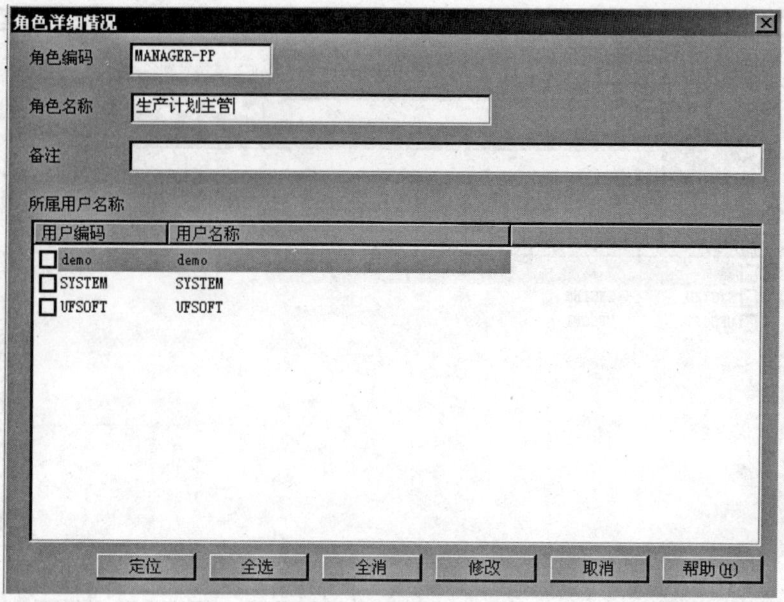

图 2-14　角色资料修改

3. 删除角色

删除角色前必须先删除它的权限。

操作步骤：

（1）选择"权限"→"角色"命令，进入"角色管理"窗口，选中需要删除的角色。

（2）单击"删除"按钮，系统提示"确认删除角色［×××–×］吗"，单击"是"按钮则该角色便删除了。

如果该角色已经被用户连接，须先修改用户的连接或授权，使其置于非用户连接状态，然后才能进行角色的删除。

2.3.4　用户管理

1. 增加用户

增加如表 2-2 所示的"用户资料"。

表 2-2　用户资料

序　　号	用户编号	密　　码	用户姓名
1	2000	1	李亮
2	2001	1	周华
3	2002	1	李想
4	2003	1	董丽

操作步骤：

（1）以 admin 的身份进入"系统管理"平台，选择"权限"→"用户"命令，进入"用户管理"窗口，如图 2-15 所示，其中用户"demo""SYSTEM""UFSOFT"是系统预置的用户，"1000"是我们第 1 章增加的用户。

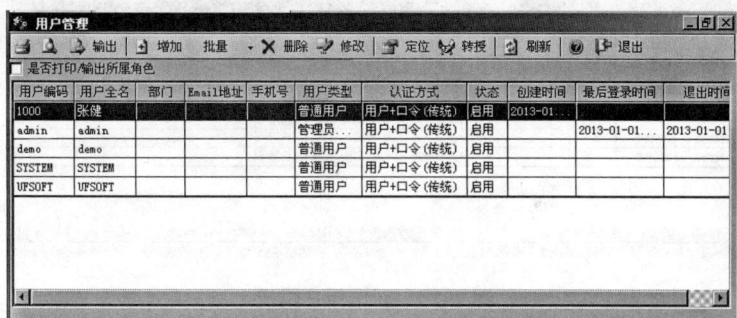

图 2-15 "用户管理"窗口

（2）单击"增加"按钮，打开"操作员详细情况"对话框，输入"编号：2000；姓名：李亮；口令：无"，如图 2-16 所示。

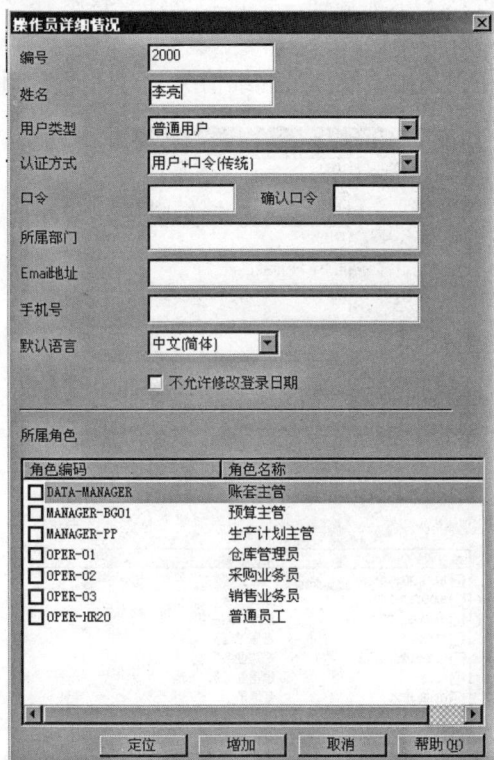

图 2-16 新增未连接角色的用户

（3）单击"增加"按钮，完成用户"李亮"的增加。

（4）按照以上步骤继续增加用户"周华""李想""董丽"，单击"取消"按钮，回到"用户管理"窗口，新增用户情况如图 2-17 所示。

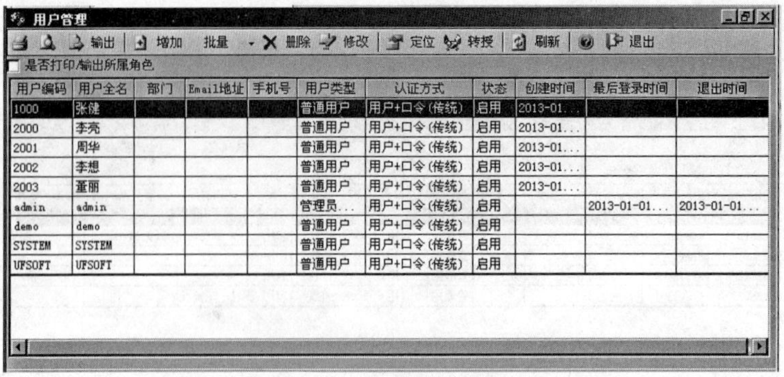

图 2-17   新增用户情况

2. 修改用户

如果用户的信息需要变更，是可以修改的。

操作步骤：

（1）以 admin 的身份进入"系统管理"平台，选择"权限"→"用户"命令，进入"用户管理"窗口，选中需要修改的用户。

（2）单击"修改"按钮，弹出"操作员详细情况"对话框，如图 2-18 所示。

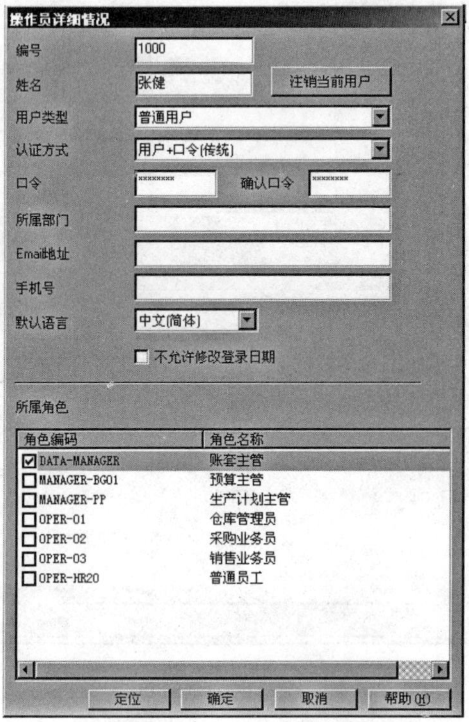

图 2-18   修改用户

（3）修改：姓名、注销当前用户、口令等。用户编号是不能修改的，对已经启用过的用户，只能修改口令、所属部门、E-mail 地址、手机号和所属角色等信息。

对于需要停止使用的用户，可以单击"注销当前用户"按钮进行注销。

3. 删除用户

操作步骤：

（1）以 admin 的身份进入"系统管理"平台，选择"权限"→"用户"命令，进入"用户管理"窗口，选中需要删除的用户。

（2）单击"删除"按钮，系统弹出提示，需要确认。

在删除用户之前，需要先去掉用户连接的角色信息。已经进行过业务操作的用户是不能删除的。

2.3.5　权限管理

这里的授权是指对岗位（或用户）对信息资源享有的权限。授权管理是系统管理的一项重要的工作。不难理解企业在发展中，员工的变动、岗位的调整、业务流程的优化等都会影响到角色（岗位）、用户的平台操作。系统的权限管理，即权限设置有三种：功能级、数据级和金额级。

（1）功能级权限管理。功能级权限设置包括功能模块的权限分配。例如，赋予生产计划主管李某对［666］账套中库存管理模块只有入库/出库操作的权限。

（2）数据级权限管理。数据级权限可以通过两个方面进行控制：一个是字段级权限控制，另一个是记录级的权限控制。例如，设定采购业务员张某，只能对他授权的供应商填制采购单据。

（3）金额级权限管理。对具体金额划分级别进行权限管理。对不同岗位和职位的操作员进行金额级别控制，限制他们在授权金额级别范围内填制单据。例如，操作员只能输入金额在 20 000 元以下的凭证。

🔊 **提示：**

（1）功能级权限的分配在"系统管理"平台上的"权限"→"权限"中设置。

（2）数据级权限和金额级权限在系统管理的功能级权限分配之后，在"企业应用平台"→"设置"→"基础信息"→"数据级权限"中进行设置。

（3）账套主管不参加数据权限分配。

授权资料如表 2-3 所示。

表 2-3　授权资料

序号	角色编码	角色名称	用户编码	姓名	授权管理
1	MANAGER-PP	生产计划主管	2000	李亮	物料清单查询，MPS 计划，MRP 计划，生产订单
2	OPER-01	仓库管理员	2001	周华	物料清单查询，库存管理功能
3	OPER-02	采购业务员	2002	李想	物料清单查询，采购管理功能
4			2003	董丽	物料清单查询，采购查询功能
5			1001	张志	授权为［666］账套主管

1. 角色授权与应用

角色授权，即岗位授权。根据岗位的定义，一个角色授权后，可以连接一个或多个用户。

只有授权的用户才能登录"企业用户平台"。

1）角色授权

操作步骤：

（1）以 admin 的身份进入"系统管理"平台，选择"权限"→"权限"命令，弹出"操作员权限"窗口，窗口左侧列表中是角色和用户（操作员编码）；右侧列表的树形结构图是系统功能模块。

（2）依据表 2-3，选择"MANAGER-PP"角色；在窗口右上方的下拉列表中选择账套"［666］ABC 电脑制造公司"。

（3）单击"修改"按钮，在窗口右侧系统功能模块中，单击"生产制造"，勾选"物料清单查询报表""主生产计划""需求规划""生产订单"复选框，如图 2-19 所示。

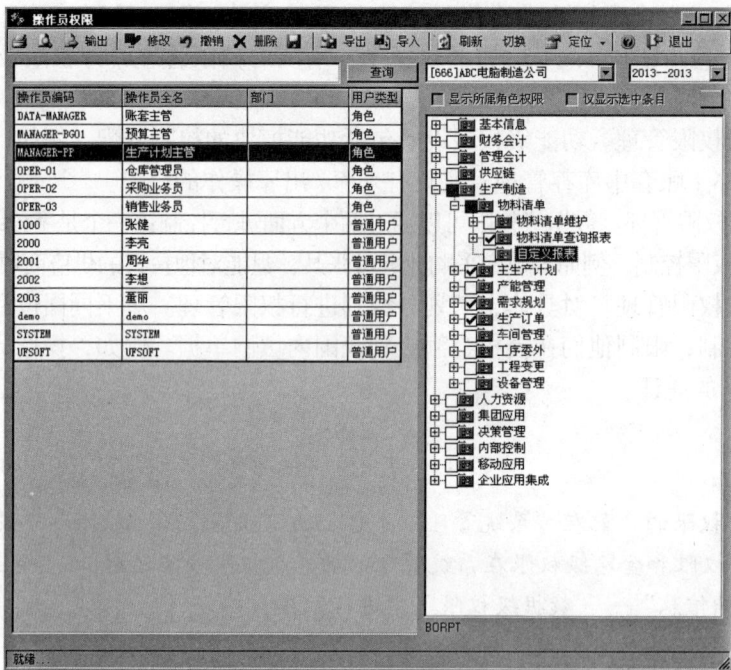

图 2-19　角色权限设置

（4）依次单击"保存""退出"按钮，回到"系统管理"窗口。

2）用户连接角色

用户授权有两种方式，一种是用户直接授权；另一种是用户连接授权的角色。后者可以多个用户连接某个已授权的角色，比单个用户授权减少了许多工作量。

操作步骤：

（1）以 admin 的身份进入"系统管理"平台，选择"权限"→"用户"命令，弹出"用户管理"窗口。

（2）单击"修改"按钮，连接所属角色，如图 2-20 所示。

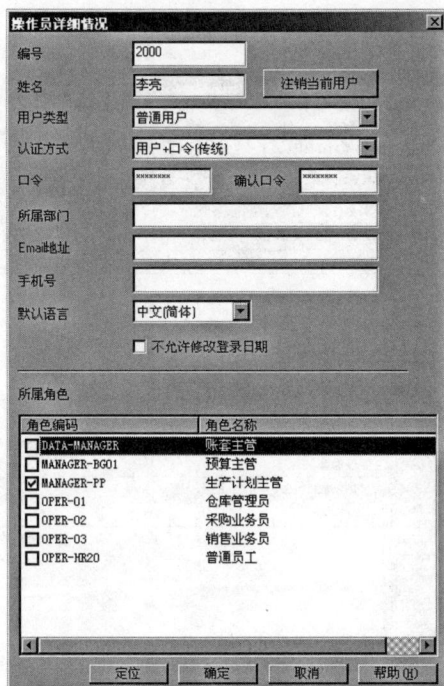

图 2-20 用户连接角色

（3）单击"确定"按钮，回到"用户管理"窗口。

3）检验用户授权效果

操作步骤：

（1）单击桌面上的"企业应用平台"图标，打开"登录"对话框。

（2）输入"操作员：2000；账套：[666]（default）ABC 电脑制造公司"，单击"登录"按钮，如图 2-21 所示。

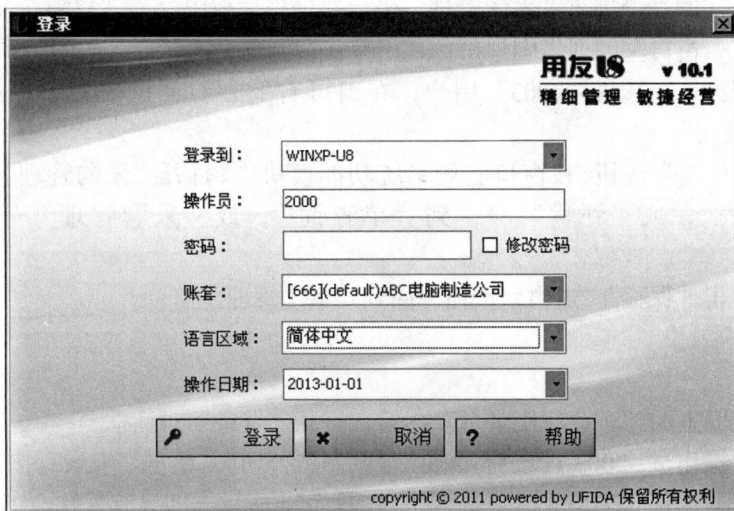

图 2-21 指定用户登录

（3）打开生产计划主管的"企业应用平台"，如图 2-22 所示。

图 2-22　指定用户业务平台

2. 普通用户的授权与应用

如果公司要求对一些普通用户只授权查询功能。例如，2003 用户董丽，采购主管只授予查询采购业务的权限。

1）用户授权

操作步骤：

（1）以 admin 的身份进入"系统管理"平台，选择"权限"→"权限"命令，弹出"操作员权限"窗口，窗口左侧列表中是角色和用户；右侧列表的树形结构图是系统功能模块。

（2）依据表 2-3，选择"2003"用户；在窗口右上方的下拉列表中选择账套"[666] ABC 电脑制造公司"。

（3）单击"修改"按钮，在窗口右侧系统功能模块中，打开"采购管理"→"订货"→"采购订单列表"，或"到货"→"到货单查询"；或"采购管理"→"报表"，如图 2-23 所示。

（4）依次单击"保存""退出"按钮，回到"系统管理"窗口。

2）检验授权效果

操作步骤：

（1）单击桌面上的"企业应用平台"图标，打开"登录"对话框。

（2）输入"操作员：2003；账套：ABC 电脑制造公司"，单击"登录"按钮。

（3）打开采购主管的"企业应用平台"，如图 2-24 所示，即只有采购业务查询的功能。

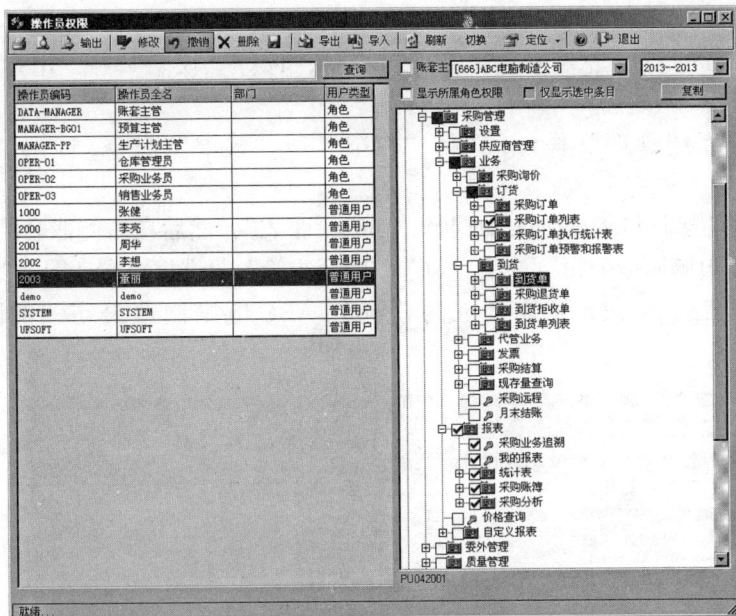

图 2-23　查询权限设置

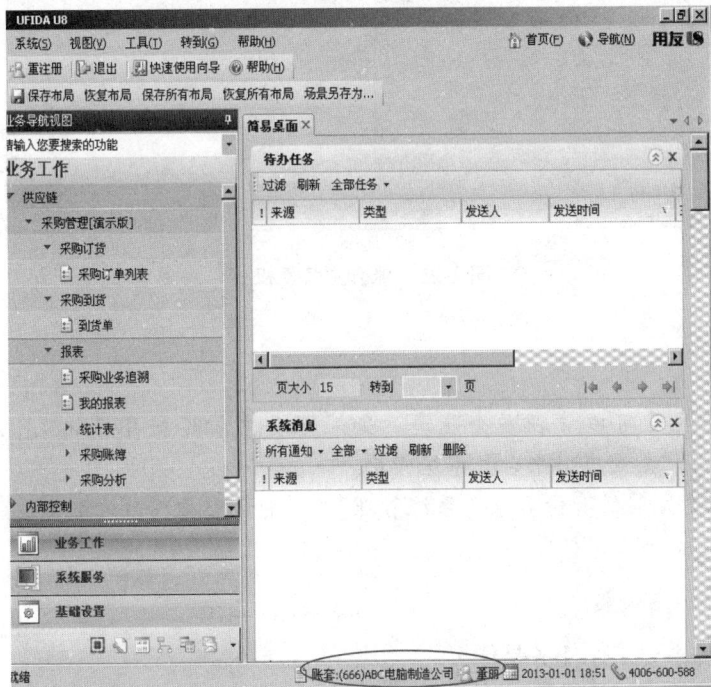

图 2-24　采购主管的应用平台

3. 账套主管授权

如果企业调整了账套主管，参考表 2-3，新增一个用户：1001，张志，再授权为"[666] ABC 电脑制造公司"的账套主管。

操作步骤：

（1）以 admin 的身份进入"系统管理"平台，选择"权限"→"用户"命令，弹出"用户管理"窗口，新增用户。

（2）回到"系统管理"平台，选择"权限"→"权限"命令，弹出"操作员权限"窗口。

（3）在左侧的操作员编码列表中选择"1001，张志"，然后在右侧账套的下拉列表中选择"［666］ABC 电脑制造公司"选项，勾选"账套主管"复选框，参考图 2-23。

（4）单击"是"按钮，张志便成为"［666］ABC 电脑制造公司"的账套主管，如图 2-25 所示。

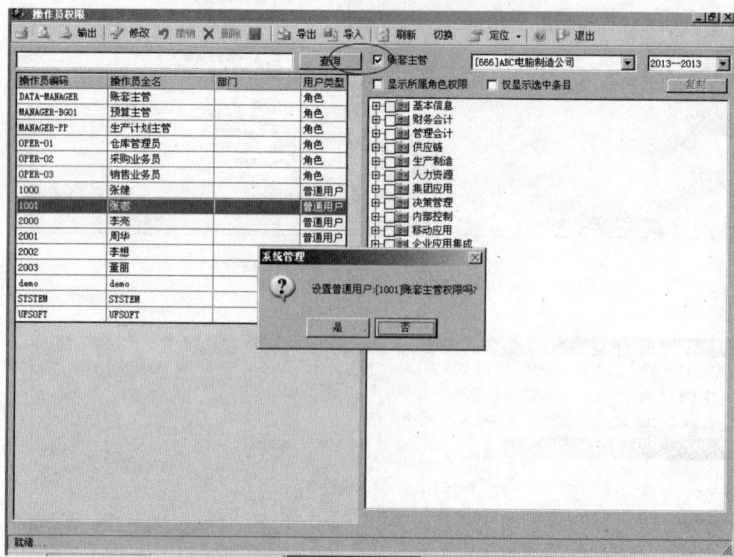

图 2-25 账套主管授权

◀》 **提示：**

（1）一个账套主管可以管理多个账套。如果账套主管连接了"［666］ABC 电脑制造公司"，便有权启用"企业应用平台"系统模块。

（2）如果以账套主管的身份登录"系统管理"，只能调整被授权的账套。

思考题

1．系统管理的主要工作任务是什么？

2．如果一个新用户不能登录"企业应用平台"，应该如何处理？

3．什么用户可以进入"系统管理"平台？

4．什么用户可以登录"企业应用平台"？

5．当增加"2004 用户赵敏想"时，如果不连接角色，也不授权，请问用户 2004 能登录"企业应用平台"吗？请给出解决方案。

6. 增加生产计划主管角色，不授权；再增加用户 2005 周家，连接生产计划主管角色。请问用户 2005 能登录"企业应用平台"吗？请给出解决方案。

练习题

1. 登录"［222］南方小家电制造公司"的账套

（1）系统管理员（admin）登录"系统管理"平台，依据表 2-4 的资料，增加角色编码、角色名称并授权子系统。

（2）增加用户，并连接角色。

（3）账套主管登录"企业应用平台"。

（4）表 2-4 中的所有用户同时登录"企业应用平台"，确认自己的业务工作，并检验相应的系统模块权限是否能正常操作。

表 2-4　增加用户 / 角色资料

用户编号	用户姓名	角色编码	角色名称	业务作业	授权管理
3000	郑铭	DATA-MANAGER	账套主管	［222］账套主管	所有的模块
3001	刘艳	OPER-FI-0011	应收会计	应收款记账	应收款管理
3002	晏铃	OPER-FI-0012	应付会计	应付款记账	应付款管理
3003	钟意	OPER-FI-0022	存货核算员	成本核算记账	存货核算
3004	王海	OPER-MO-0001	生产计划员	编制主生产计划	MPS/MRP 计划
3005	马东	OPER-SA-0001	销售业务员	编制销售订单，发货	销售业务
3006	赵明	OPER-PU-0002	采购业务员	编制采购订单，到货	采购业务
3007	葛洪		供应链主管	采购、销售的报表查询	销售 / 采购查询，报表
3008	柳梅	OPER-ST-0001	仓库管理员	入库、出库业务	仓库入 / 出及查询

2. 备份账套

（1）输出账套［222］。

（2）引入账套［222］。

（3）删除账套［222］。

第 3 章　基础数据管理

3.1　背 景 知 识

3.1.1　基础数据管理简介

基础数据是生产制造管理系统运作的前提。基础数据包括产品资料、工艺资料、存货资料、供应商资料、客户资料、财务资料、产品制造资料。为了方便对这些数据的统计与引用、查询，ERP 系统对这些资料进行了简单的数据结构处理，例如会计以多级科目设置存货的分类、供应商的分类、客户的分类等。

基础数据管理的主要目标是建立在企业标准的基础数据管理体系基础之上的，包括物料编码、供应商编码、客户编码、仓库编码等。这里的物料是所有产品、原材料、配件、零件的统称（"用友 U8.72"软件中称为存货）。

基础数据的建立将使得企业里所有的部门都可以共享产品的数据与信息。

3.1.2　基础数据应用模式

图 3-1 所示是 ABC 电脑制造公司的基础数据管理应用模式，它是从图 1-4 总应用模式中分解出来的。基础数据主要包括供应商资料、客户资料、存货资料、生产制造档案资料、存货核算、应付款管理、应收款管理、会计科目等数据。图 3-1 所示描述了这些数据之间的关系。

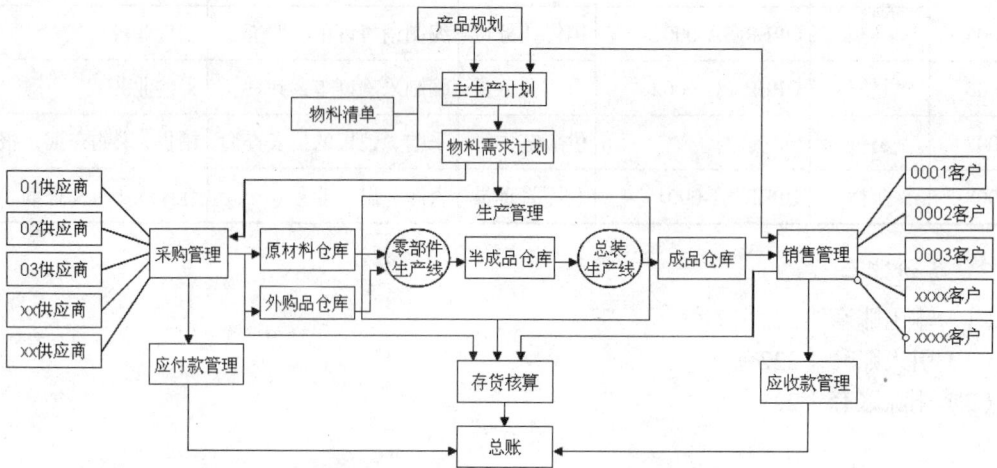

图 3-1　基础数据管理应用模式

基础数据管理应用模式支撑着采购管理、生产管理、销售管理、库存管理、主生产计划、物料需求计划、应付款管理、应收款管理、存货核算、总账等多个模块的正常运行。制造企业的基本数据包括人事档案结构、采购档案管理、产品档案管理、销售档案管理、仓库档案管理、财务资料管理、生产资料管理七个方面的基础数据。

图 3-1 可以从纵横向两个方面来理解。纵向是由主生产计划、物料需求计划、生产管理

构成生产计划控制系统。横向是由采购管理、生产管理、销售管理、库存管理构成一个典型的生产制造型的物流系统。该物流系统从原材料采购，原材料入库，或外购品入库暂存，到生产投料进行第一次加工成为半成品，并在半成品仓库暂存；再进行生产投料，做第二次加工成为产成品（或成品），暂存在成品仓库里，等待销售后出库。该物流系统既演绎了企业里产品生产的过程，同时也演绎了物料的物理变化的过程。

3.1.3　基础数据设置流程

基础数据设置的流程主要分为以下三个步骤：第一，基础档案输入；第二，各模块的参数设置；第三，期初数据输入。

只有在系统期初数据输入完成之后，企业的生产制造管理系统才可以运行。

3.2　实务实操指导

3.2.1　实操内容

（1）部门 / 人员档案。
（2）存货管理资料。
（3）库存管理资料。
（4）销售管理档案。
（5）采购管理档案。
（6）财务管理资料。
（7）生产管理资料。

3.2.2　实操要求

1．技能要求

（1）学会生产制造管理系统基础数据的输入。
（2）学会生产制造管理系统参数的设置。
（3）学会对生产制造管理系统期初数据的整理与输入。
（4）理解各个部门基础数据资料、参数设置及各模块期初设置的意义。

2．环境要求

单用户实操环境，要求由一个人完成表 3-1 中的所有设置。

表 3-1　基础数据管理模拟企业分工

用　户	岗　　位	部　　门	基础档案设置	系统参数	期初数据
admin		信息部	引入 / 输出，［666］电脑制造公司的账套		
3000	人事主管	人力资源部	定义部门档案，定义人员档案		
3001	销售主管	销售部	定义客户档案及分类，定义销售类型	销售管理参数	
3002	采购主管	采购部	定义供应商档案及分类，定义采购类型	采购管理参数	采购期初记账

用　户	岗　　位	部　　门	基础档案设置	系统参数	期初数据
3003	仓库主管	仓储部	定义存货分类,设置计量单位、存货档案、仓库信息、货位档案、仓库对照表	库存管理参数	仓库管理期初
3004	生产计划主管	生产计划部	定义工作中心,系统日历,班次的资料		
1000	账套主管	财务部	记账凭证,会计科目,结算方式,开户银行,费用,发运方式	存货核算参数	存货核算期初总账期初

3. 操作要求

当基础数据输入完成后,以 admin 系统管理员的身份登录"系统管理"平台,将 [666] 账套输出到 "D:\ABC 电脑制造公司"的账套。

3.2.3　实操准备

1. 账套引入

系统日历为 2013-01-01,以 admin 的身份录入,登录"系统管理"平台,将 D:\ABC 电脑制造公司的账套引至系统。

2. 登录"企业应用平台"

以操作员 "1000,张健"账套主管的身份输入密码:无;选择账套:[666] ABC 电脑制造公司;登录"企业应用平台",开始基础数据管理实务操作。

🔊 提示:

(1)"登录"对话框中"登录到"下拉列表框中默认的是本机的完整计算机名。

(2)如果在客户机登录,请在"登录"对话框的"登录到"下拉列表框中选择服务器机(主机)的计算机名。

3. 数据备份

当初始数据的整理与输入完成以后,从"系统管理"平台输出至 "D:\ABC 电脑制造公司"。

🔊 提示:

[666] ABC 电脑制造公司账套的数据将被覆盖。

3.3　基础数据管理实务

3.3.1　典型案例

1. 企业基础数据输入

系统日历为 2013 年 1 月 1 日,将 ABC 电脑制造公司的基础数据资料输入 ERP 系统中。企业基础数据包括部门档案资料、人员档案、库存(存货)档案资料、销售管理档案资料、采购管理档案资料、财务管理资料、生产管理资料共七个方面的基础数据。

2. 模块参数设置

对销售管理、采购管理、库存管理、存货核算、生产管理、财务管理的参数进行初始化设置。

3. 企业初始数据输入

将 ABC 电脑制造公司的库存期初数据、存货核算期初数据输入系统中。

3.3.2 基础档案设置

1. 企业组织与人事结构设置

（1）设置部门档案。

ABC 电脑制造公司的组织结构如图 3-2 所示，表 3-2 与表 3-3 所示是部门与人员之间的对应关系。表 3-2 中的"说明"为具体的工作任务。

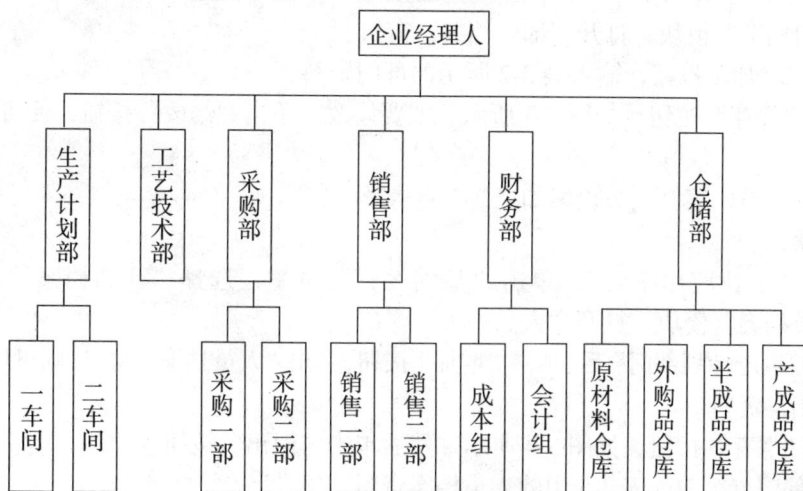

图 3-2　ABC 电脑制造公司的组织结构

表 3-2　部门档案

部门编码	部门名称	说明（使用模块）
1	生产计划部	主生产计划/物料需求计划
101	一车间	产成品生产订单管理
102	二车间	零/部件生产订单管理
2	工艺技术部	物料清单管理
3	采购部	采购管理
301	采购一部	采购订单管理
302	采购二部	
4	销售部	销售管理

部门编码	部门名称	说明（使用模块）
401	销售一部	销售订单管理
402	销售二部	
5	财务部	财务管理
501	成本组	存货核算
502	会计组	应收款管理、应付款管理、总账处理
6	仓储部	库存管理
601	原材料仓库	
602	外购品仓库	
603	半成品仓库	
604	产成品仓库	

操作步骤：

① 登录"企业应用平台"，单击"基础设置"页签，选择"基础档案"→"机构人员"→"部门档案"模块，打开"部门档案"窗口。

② 单击"增加"按钮，输入表 3-2 所示的部门资料。

③ 单击"保存"按钮，如图 3-3 所示。如要修改，单击"修改"按钮，便可以修改相关的资料。

（2）设置人员档案。人员档案如表 3-3 所示。

操作步骤：

① 登录"企业应用平台"，单击"基础设置"页签，选择"基础档案"→"机构人员"→"人员档案"模块，打开"人员列表"窗口。

② 选择"生产计划部门"后，单击"增加"按钮，弹出"人员档案"窗口，则可以输入表 3-3 所示的人员档案资料。

③ 单击"保存"按钮，如图 3-4 所示，然后单击"退出"按钮。

④ 选择部门继续输入表 3-3 中的人员档案资料。

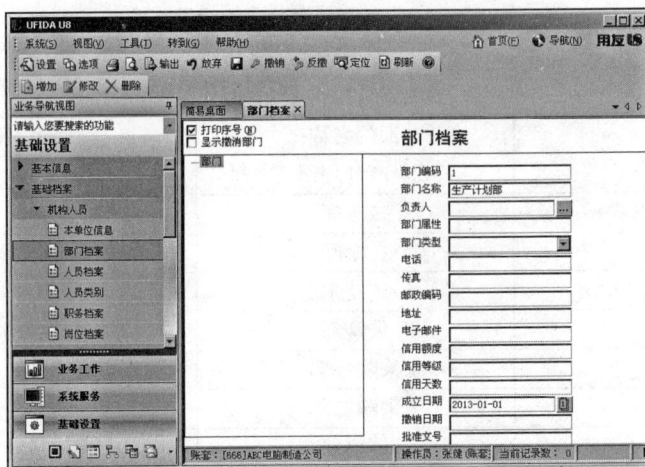

图 3-3 增加部门档案

表 3-3 人员档案

部门编码	部门名称	人员编码	人员名称	性别	雇佣状态	人员类别	是否业务员
1	生产计划部	001	王宏	男	在职	正式工	否
101	一车间	002	李涛	男	在职	正式工	是
102	二车间	003	梁丽	女	在职	正式工	是
2	工艺技术部	004	肖湘	女	在职	正式工	否
3	采购部	005	张伟	男	在职	正式工	否
301	采购一部	006	马强	男	在职	正式工	是
302	采购二部	007	赵刚	男	在职	正式工	是
4	销售部	008	杨娟	女	在职	正式工	否
401	销售一部	009	李勋	男	在职	正式工	是
402	销售二部	010	吴坚	男	在职	正式工	是
5	财务部	011	翁玲	女	在职	正式工	否
501	成本组	012	姚娟	女	在职	正式工	是
502	会计组	013	周洋	男	在职	正式工	是
6	仓储部	014	刘强	男	在职	正式工	否
601	原材料仓库	015	张明	男	在职	正式工	是
602	外购品仓库	016	李华	女	在职	正式工	是
603	半成品仓库	017	朱玉	女	在职	正式工	是
604	产成品仓库	018	刘香	女	在职	正式工	是

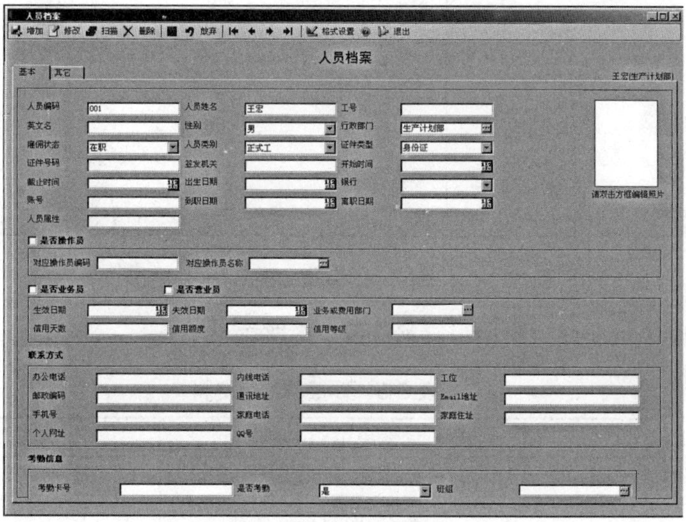

图 3-4 维护人员资料

2. 存货资料设置

存货分类是对物料的精细化管理。制造企业常常将存货分为产成品、半成品、外购品、原材料等，也可分成最终产品、部件、零件、原料等。总之存货分类可以根据企业的管理要求而定。

（1）存货分类资料如表 3-4 所示。

表 3-4　存货分类

分类编码	分类名称
01	产成品
02	半成品

操作步骤：

① 登录"企业应用平台"，单击"基础设置"页签，选择"基础档案"→"存货"→"存货分类"模块，打开"存货分类"窗口。

② 单击"增加"按钮，输入表 3-4 中的存货分类资料"分类编码:01,分类名称:产成品"。

③ 单击"保存"按钮，再输入"分类编码: 02, 分类名称: 半成品"，如图 3-5 所示。

（2）计量单位组与计量单位设置。计量单位组是对存货采购单位和使用单位的换算。例如，内存条库存是以条为计量单位的，而采购是以盒为计量单位的（例如一盒 12 条）。

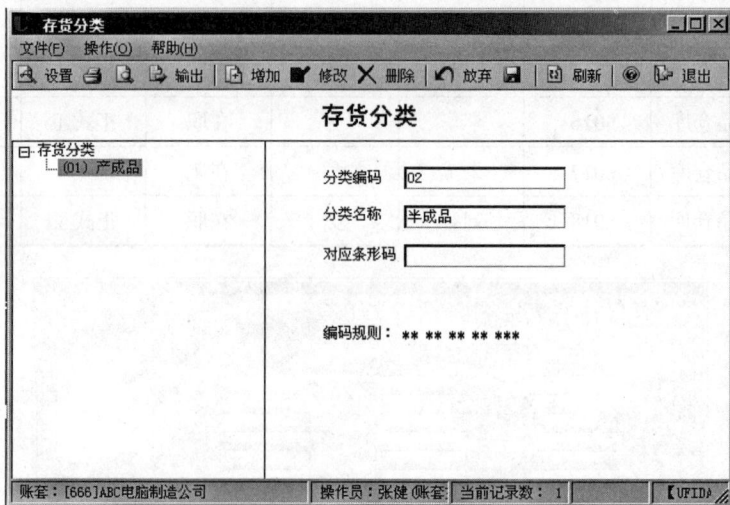

图 3-5　存货分类

① 编辑计量单位组。计量单位组资料如表 3-5 所示。

表 3-5　计量单位组资料

计量单位组编码	计量单位组名称	计量单位组类别
01	无换算	无换算率
02	内存条计算	固定计算

操作步骤：

a. 登录"企业应用平台"，单击"基础设置"页签，选择"基础档案"→"存货"→"计量单位"模块，打开"计量单位"窗口。

b. 单击"分组"按钮，弹出"计量单位组"对话框，单击"增加"按钮，输入表 3-5 中的资料。

c. 单击"保存"按钮，如图 3-6 所示，继续完成表 3-5 中计量单位分组资料的输入。

② 编辑计量单位。计量单位资料如表 3-6 所示。

操作步骤：

a. 登录"企业应用平台"，单击"基础设置"页签，选择"基础档案"→"存货"→"计量单位"模块，打开"计量单位"窗口。

b. 单击"单位"按钮，弹出"计量单位"对话框，单击"增加"按钮，输入表 3-6 中的资料，"计量单位编码：0101；计量单位另称：只"。

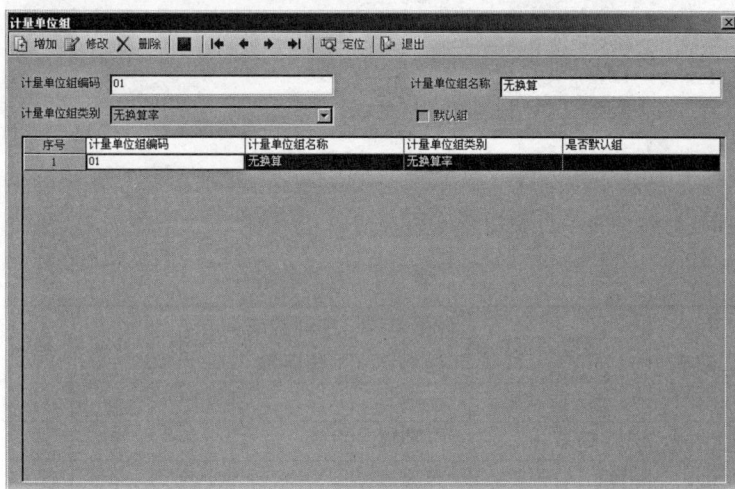

图 3-6 计量单位组

表 3-6 计量单位资料

计量单位组编码	计量单位组名称	计量单位编码	计量单位名称	计量单位组类别	主计量单位标志	换算率
01	无换算	0101	台	无换算率		/
01	无换算	0102	只	无换算率		/
01	无换算	0103	个	无换算率		/
01	无换算	0104	条	无换算率		/
01	无换算	0105	片	无换算率		/
01	无换算	0106	块	无换算率		/
02	内存条计算	0201	条	固定换算率	是	1
02	内存条计算	0202	盒	固定换算率	否	12

c. 单击 "保存" 按钮，再输入 "计量单位编码：0102；计量单位名称：只"，如图 3-7 所示。继续完成表 3-6 中其他计量单位资料的输入。

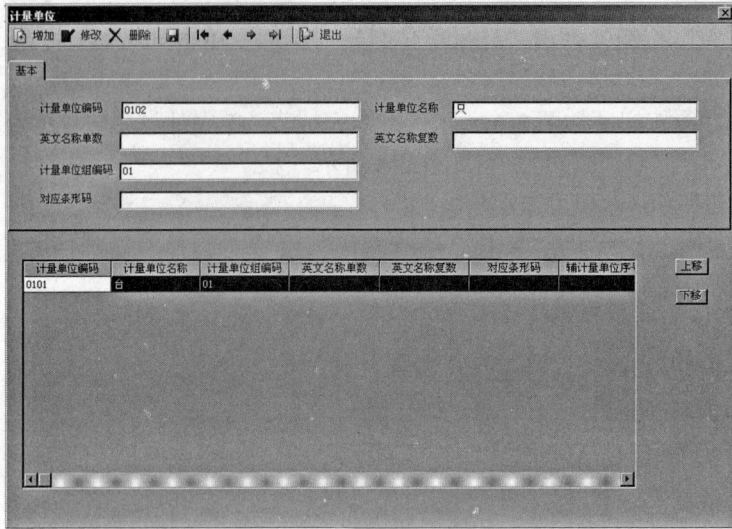

图 3-7　计量单位设置

（3）存货档案设置。存货档案如表 3-7 所示。

表 3-7　存货档案

分类编码	分类名称	存货编码	存货名称	计量单位组名称	主计量单位名称	内销	外购	自制	生产耗用	供需策略
01	产成品	0101	家用电脑	无换算	台	是	否	是	否	LP
		0102	商务电脑	无换算	台	是	否	是	否	LP
02	半成品	0201	机箱	无换算	个	否	否	委外	是	LP
		0202	家用主机	无换算	台	否	否	是	是	LP
		0203	商务主机	无换算	台	否	否	是	是	LP
03	外购品	0301	显示器	无换算	台	是	是	否	是	LP
		0302	鼠标	无换算	只	是	是	否	是	LP
		0303	键盘	无换算	个	是	是	否	是	LP
		0304	内存条	无换算	条	否	是	否	是	LP
		0305	硬盘	无换算	个	否	是	否	是	LP
		0306	移动硬盘	无换算	个	是	是	否	否	LP
		0307	U 盘	无换算	个	是	是	否	否	LP
		0308	家用主板	无换算	块	否	是	否	是	LP
		0309	商务主板	无换算	块	否	是	否	是	LP
		0310	激光打印机	无换算	台	是	是	否	否	PE
		0311	喷墨打印机	无换算	台	是	是	否	否	PE
04	原材料	0401	金属板（1*2M）	无换算	块	否	是	否	是	PE
		0402	金属板（1*3M）	无换算	块	否	是	否	是	PE

操作步骤：

① 登录"企业应用平台"，单击"基础设置"页签，选择"基础档案"→"存货"→"存货档案"模块，打开"存货档案"窗口。

② 单击"增加"按钮，弹出"增加存货档案"对话框。该对话框中包括"基本""成本""控制"等八个选项卡。系统默认打开"基本"选项卡，按表3-7输入存货及属性资料，如图3-8所示。

③ 选择"MPS/MRP"选项卡，设置"供需策略：LP"。

④ 单击"保存"按钮，再单击"退出"按钮，返回"增加存货档案"对话框。

⑤ 继续单击"增加"按钮，完成表3-7中其他存货档案的输入。如果需要修改，单击"修改"按钮，就可以修改相关资料。

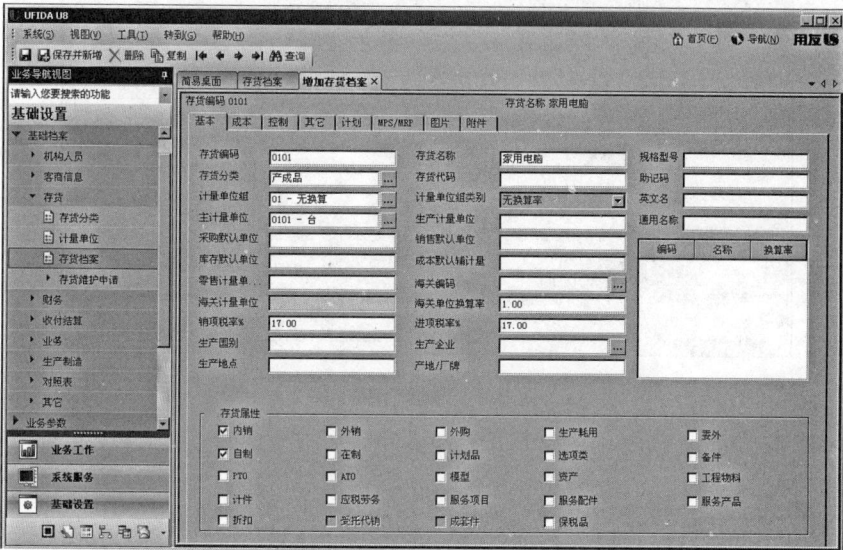

图 3-8 存货档案

◀》 **提示：**

当完成了选择"计量单位组"之后，系统会自动地带出"主计量单位"，如与该存货单位不符，则需先删去该计量单位后，再去选择计量单位。

3. 库存资料设置

（1）仓库档案设置。仓库档案如表3-8所示。

表 3-8 仓库档案

仓库编码	仓库名称	计价方式	是否货位管理	参与 MRP 运算	可用量控制方式（库存）
001	产成品仓库	移动平均法	否	是	不作控制且零出库时不提示
002	半成品仓库	移动平均法	否	是	
003	外购品仓库	移动平均法	是	是	
004	原材料仓库	移动平均法	否	是	

操作步骤：

① 登录"企业应用平台"，单击"基础设置"页签，选择"基础档案"→"业务"→"仓库档案"模块，打开"仓库档案"窗口。

② 单击"增加"按钮，弹出"增加仓库档案"对话框，输入表 3-8 中的仓库资料，如图 3-9 所示。

③ 单击"保存"按钮。如果需要修改，单击"修改"按钮，就可以修改相关资料。继续完成表 3-8 所示的库存参数设置。

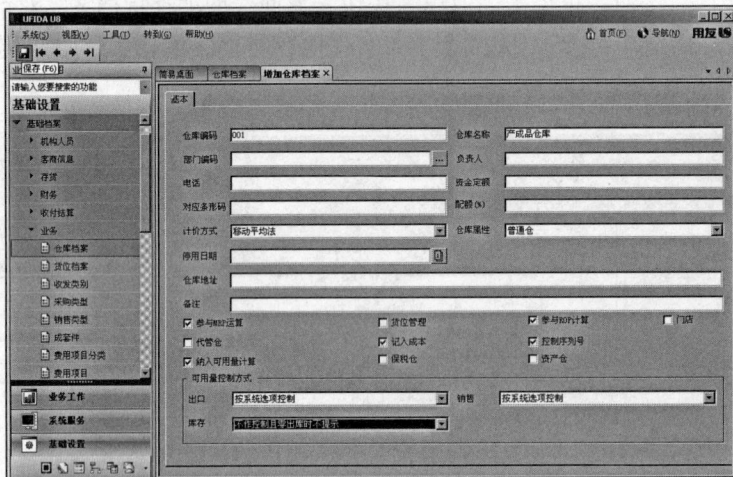

图 3-9　增加仓库档案

◆) **提示：**

（1）当物料进行货位管理时，勾选"货位管理"复选框。

（2）勾选"参与 MRP 运算"复选框，表示该仓库中的存货参与物料需求计划的运算。

（3）"可用量控制方式"栏的"库存"下拉列表中选择"不作控制且零出库时不提示"。

（2）货位档案设置。货位档案如表 3-9 所示。

表 3-9　货位档案

货位编码	货位名称	所属仓库
01	移动盘货架	003
02	内存货架	003
03	打印机货架	003
04	其他货架	003

操作步骤：

① 登录"企业应用平台"，单击"基础设置"页签，选择"基础档案"→"业务"→"货位档案"模块，打开"货位档案"窗口。

② 单击"增加"按钮，输入表 3-9 中的资料，如图 3-10 所示。

③ 单击"保存"按钮。继续完成表 3-9 中货位档案的输入。

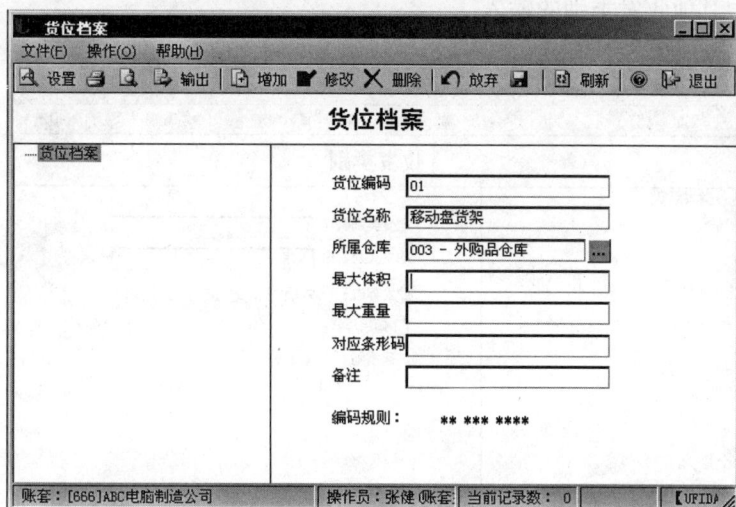

图 3-10　货位档案

（3）收发类别设置。收发类别是为了对存货的出 / 入交易活动进行分类查询而设置的，如表 3-10 所示。

表 3-10　收发类别

收发标志	收发类别编码	收发类别名称
收	1	入库
	11	采购入库
	12	产成品入库
	13	委外入库
	14	盘点入库
	15	其他入库
发	2	出库
	21	销售出库
	22	材料出库
	23	委外出库
	24	盘亏出库
	25	其他出库

操作步骤：

① 登录"企业应用平台"，单击"基础设置"页签，选择"基础档案"→"业务"→"收发类别"模块，打开"收发类别"窗口。

②单击"增加"按钮，输入表 3-10 中的资料，如图 3-11 所示。

③单击"保存"按钮。如果需要修改，单击"修改"按钮，就可以修改相关资料。继续完成表 3-10 中其他收发类别的输入。

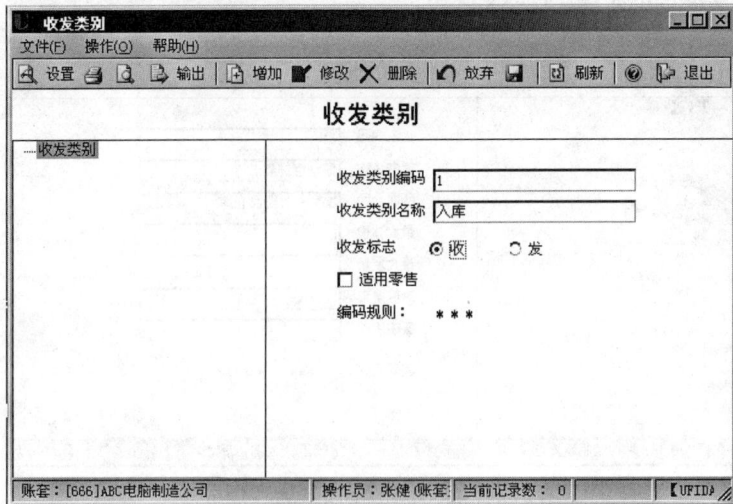

图 3-11　收发类别

（4）仓库对照设置。将存货与其对应的仓库建立数据连接的关系，称为仓库对照表。仓库对照表可以使系统后台运行时，通过默认仓库的数据快速地查找、处理仓库入/出库的动态数据。

①仓库对照表。产成品仓库、半成品仓库、外购品仓库、原材料仓库档案如表 3-11 至表 3-14 所示。

表 3-11　产成品仓库档案

存货编码	存货名称	计量单位组编码	计量单位组名称	主计量单位编码	主计量单位名称
0101	家用电脑	01	无换算	0101	台
0102	商务电脑	01	无换算	0101	台

表 3-12　半成品仓库档案

存货编码	存货名称	计量单位组编码	计量单位组名称	主计量单位编码	主计量单位名称
0201	机箱	01	无换算	0103	个
0202	家用主机	01	无换算	0101	台
0203	商务主机	01	无换算	0101	台

表 3-13　外购品仓库档案

存货编码	存货名称	计量单位组编码	计量单位组名称	主计量单位编码	主计量单位名称
0301	显示器	01	无换算	0101	台
0302	鼠标	01	无换算	0102	只
0303	键盘	01	无换算	0103	个
0304	内存条	01	无换算	0104	条
0305	硬盘	01	无换算	0103	个
0306	移动硬盘	01	无换算	0103	个
0307	U 盘	01	无换算	0103	个
0308	家用主板	01	无换算	0106	块
0309	商务主板	01	无换算	0106	块
0310	激光打印机	01	无换算	0101	台
0311	喷墨打印机	01	无换算	0101	台

表 3-14　原材料仓库档案

存货编码	存货名称	计量单位组编码	计量单位组名称	主计量单位编码	主计量单位名称
0401	金属板（P3）	01	无换算	0106	块
0402	金属板（P4）	01	无换算	0106	块

操作步骤：

a. 登录"企业应用平台"，单击"基础设置"页签，选择"基础档案"→"对照表"→"仓库存货对照表"模块，打开"仓库存货对照表"窗口。

b. 选择"产成品仓库"后，单击"仓库存货对照表"窗口中的"选择"按钮，弹出"批量增加"对话框。

c. 在"批量增加"对话框中，先选择存货分类，再选择"仓库编码：001- 产成品仓库"。

d. 单击"显示"按钮，在该对话框右侧的窗格中，显示存货档案。参考表 3-11，选中对应仓库档案的存货，如图 3-12 所示。

e. 单击"保存"按钮，再单击"退出"按钮，返回"批量增加"对话框。

f. 继续完成表 3-12 至表 3-14 的资料设置，建立仓库与其存货的对应关系。

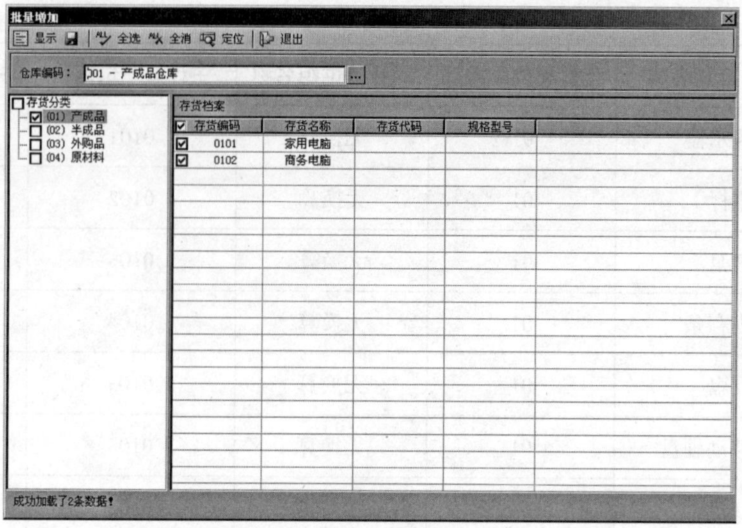

图 3-12　批量增加存货

② 货位对照表。将存货与其对应的货位建立数据连接的关系，称为货位对照表，如表 3-15 所示。货位管理使仓库的结构分为存货分类→仓库→货位三级，使其仓库管理更加精细化。在 ABC 电脑制造公司中，只有外购品仓库是推行的货位管理。

操作步骤：

a. 登录"企业应用平台"，单击"基础设置"页签，选择"基础档案"→"对照表"→"存货货位对照表"模块，打开"存货货位对照表"窗口。单击"选择"按钮，打开"批量增加"对话框。

b. 选择"存货分类：（03）外购品"后，"货位编码"选择"01-移动盘货架"，参照表 3-15 中的资料，建立货位与存货数据的对应关系，如图 3-13 所示。

表 3-15　货位对照表

货位编码	货位名称	序　号	存货编码	存货名称
01	移动盘货架	1	0306	移动硬盘
		2	0307	U 盘
02	内存货架	1	0304	内存条
03	打印机货架	1	0310	激光打印机
		2	0311	喷墨打印机
04	其他货架	1	0301	显示器
		2	0302	鼠标
		3	0303	键盘
		4	0305	硬盘
		5	0308	家用主板
		6	0309	商务主板

c. 单击"保存"按钮，退出"批量增加"对话框。继续完成表 3-15 的资料设置，建立货位与其存货的对应关系。

图 3-13 批量增加存货货位

d. 单击"退出"按钮。

4. 销售管理档案资料

销售管理档案资料包括客户的分类、客户分类与客户档案建立数据连接，以及定义企业的销售类型。

（1）设置客户的分类。客户分类资料如表 3-16 所示。

表 3-16 客户分类

分类编码	分类名称
01	本地客户
02	外地客户

操作步骤：

① 登录"企业应用平台"，单击"基础设置"页签，选择"基础档案"→"客商信息"→"客户分类"模块，打开"客户分类"窗口。

② 单击"增加"按钮，输入表 3-16 中的客户资料。

③ 单击"保存"按钮。如果需要修改，单击"修改"按钮，就可以修改相关资料。

（2）设置客户档案。客户档案如表 3-17 所示。

操作步骤：

① 登录"企业应用平台"，单击"基础设置"页签，选择"基础档案"→"客商信息"→"客户档案"模块，打开"客户档案"窗口。

② 选择"客户分类"，单击"增加"按钮，输入表 3-17 中的客户档案。单击"保存"按钮，如图 3-14 所示。

表 3-17　客户档案

分类编码	分类名称	客户编码	客户名称	税号	开户银行	银行账号	默认
01	本地客户	0001	志远公司	310003145	工行	112	是
01	本地客户	0002	希望公司	310108777	中行	225	是
02	外地客户	0003	精益公司	315000123	建行	369	是
01	本地客户	0004	敏捷公司	316000654	招行	158	是

图 3-14　增加客户档案

③ 单击"银行"按钮,在弹出的窗口中单击"增加"按钮,输入表 3-17 中的客户银行资料,如图 3-15 所示。单击"保存"按钮,再单击"退出"按钮,返回"客户银行档案"窗口。

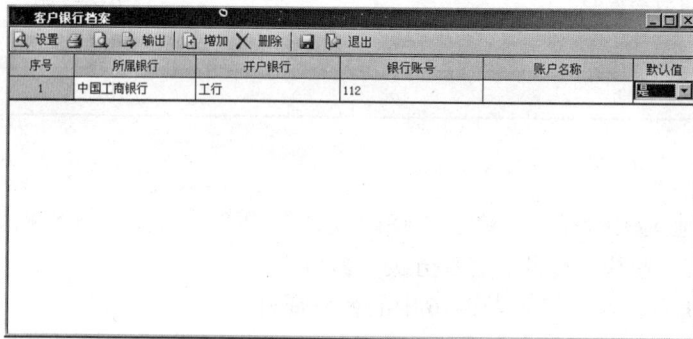

图 3-15　客户银行档案

④ 单击"增加"按钮,继续完成表 3-17 中其他客户档案的输入。

（3）设置销售类型。销售类型如表 3-18 所示。

表 3-18　销售类型

销售类型编码	销售类型名称	出库类别	是否默认值	是否列入 MPS/MRP 计划
01	普通销售	21（销售出库）	是	是

操作步骤：

① 登录"企业应用平台"，单击"基础设置"页签，选择"基础档案"→"业务"→"销售类型"模块，打开"销售类型"窗口。

② 单击"增加"按钮，打开"销售类型"窗口。单击"增加"按钮，输入表 3-18 中的资料，如图 3-16 所示。

③ 单击"保存"按钮并退出。如果需要修改，单击"修改"按钮，就可以修改相关资料。

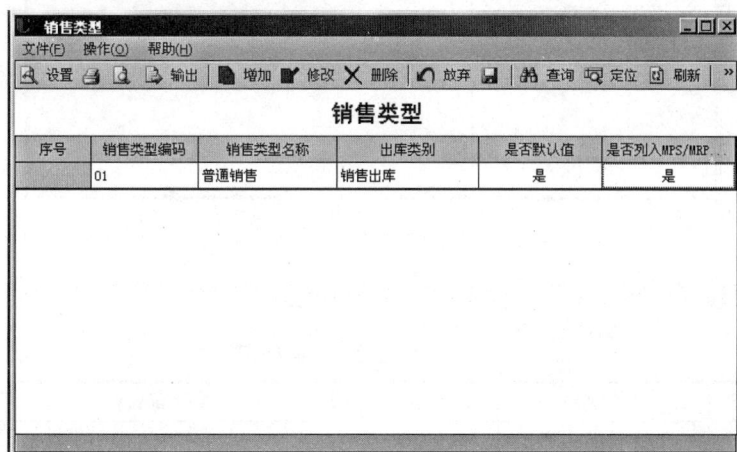

图 3-16 销售类型

5. 采购管理档案资料

采购管理档案资料包括供应商的分类、供应商分类与供应商档案建立数据连接，以及定义企业的采购类型。

（1）设置供应商的分类。供应商的分类如表 3-19 所示。

表 3-19 供应商分类

分类编码	分类名称
01	原材料供应商
02	外购品供应商
03	其他供应商

操作步骤：

① 登录"企业应用平台"，单击"基础设置"页签，选择"基础档案"→"客商信息"→"供应商分类"模块，打开"供应商分类"窗口。

② 单击"增加"按钮，输入表 3-19 中的资料，如图 3-17 所示。

③ 单击"保存"按钮。如果需要修改，单击"修改"按钮，就可以修改相关资料。继续完成表 3-19 中资料的输入。

图 3-17　供应商分类

（2）设置供应商档案。供应商档案如表 3-20 所示。

表 3-20　供应商档案

分类编码	分类名称	供应商编码	供应商简称	税　　号
01	原材料供应商	1001	兴华公司	310823691
02	外购品供应商	1002	实达公司	313832123
03	外购品供应商	1003	朗科公司	304353215
03	其他供应商	1004	科威公司	315353423

操作步骤：

① 登录"企业应用平台"，单击"基础设置"页签，选择"基础档案"→"客商信息"→"供应商档案"模块，打开"供应商档案"窗口。

② 选择供应商分类，单击"增加"按钮，打开"增加供应商档案"窗口，参照表 3-20 供应商档案输入资料，如图 3-18 所示。

③ 单击"保存"按钮，退出"增加供应商档案"窗口。如果需要修改，单击"修改"按钮，就可以修改相关资料。继续完成表 3-20 中其他供应商档案的输入。

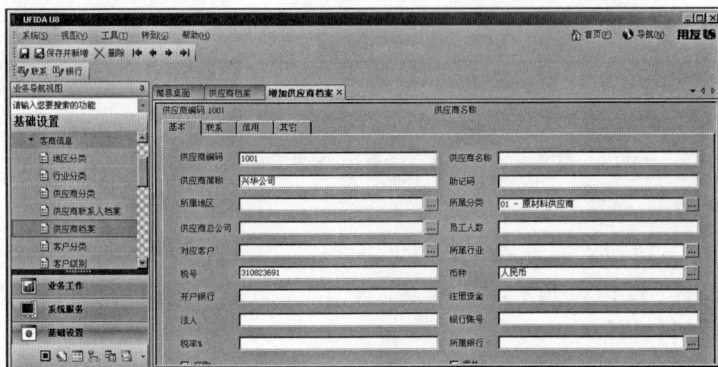

图 3-18　供应商档案

（3）设置采购类型。采购类型如表 3-21 所示。

表 3-21　采购类型

采购类型编码	采购类型名称	入库类别	是否默认值	是否委外默认值
01	普通采购	11（采购入库）	是	否
02	委外采购	13（委外入库）	否	是

操作步骤：

① 登录"企业应用平台"，单击"基础设置"页签，选择"基础档案"→"业务"→"采购类型"模块，打开"采购类型"窗口。

② 单击"增加"按钮，参照表 3-21 输入资料，如图 3-19 所示。

③ 单击"保存"按钮，再单击"退出"按钮，返回"采购类型"窗口。

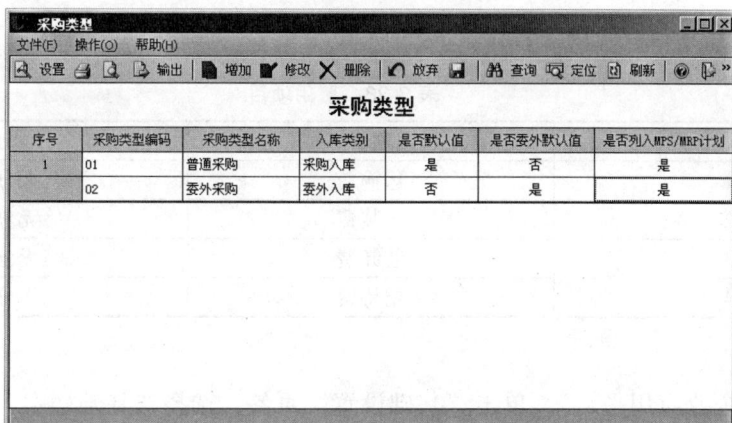

图 3-19　采购类型

6. 财务资料设置

财务资料设置包括费用项目的分类、项目的分类与费用项目建立数据连接、发运方式、会计科目的设置，以及财务的计算方式的设置等。

（1）设置费用项目分类。费用项目分类如表 3-22 所示。

表 3-22　费用项目分类

费用项目分类编码	费用项目分类名称
1	无分类

操作步骤：

① 登录"企业应用平台"，单击"基础设置"页签，选择"基础档案"→"业务工作"→"费用项目分类"模块，打开"费用项目分类"窗口。

② 单击"增加"按钮，输入表 3-22 中的资料，如图 3-20 所示。

③ 单击"保存"按钮，单击"退出"按钮。

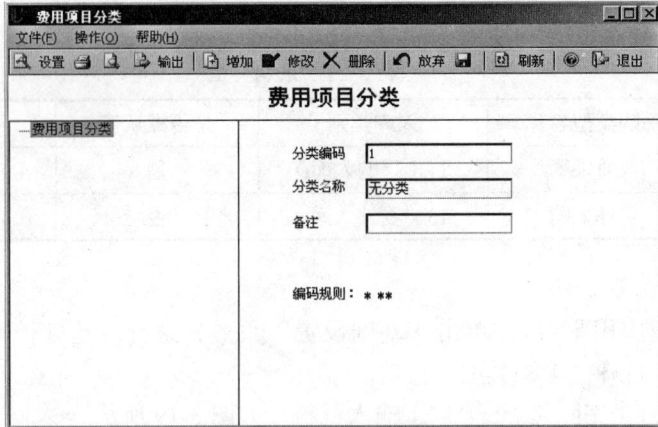

图 3-20 费用项目分类

（2）设置费用项目。费用项目如表 3-23 所示。

表 3-23 费用项目

费用项目编码	费用项目名称	所属分类
01	运输费	无分类
02	包装费	无分类
03	装卸费	无分类
04	招待费	无分类

操作步骤：

① 登录"企业应用平台"，单击"基础设置"页签，选择"基础档案"→"业务"→"费用项目"模块，打开"费用项目档案 -（1）无分类"窗口。

② 单击"增加"按钮，参照表 3-23 费用项目输入，如图 3-21 所示。

③ 单击"保存"按钮增行，继续输入完成表 3-23 资料的输入，单击"退出"按钮。

图 3-21 费用项目

（3）设置发运方式。常用发运方式如表 3-24 所示。

表 3-24 常用发运方式

发运方式编码	发运方式名称
01	公路运输
02	铁路运输
03	航空运输

操作步骤：

① 登录"企业应用平台"，单击"基础设置"页签，选择"基础档案"→"业务"→"发运方式"模块，打开"发运方式"窗口。

② 单击"增加"按钮，输入表 3-24 所示的常用发运方式的资料，如图 3-22 所示。

③ 单击"保存"按钮，继续完成表 3-24 中常用发运方式的资料的输入，单击"退出"按钮。

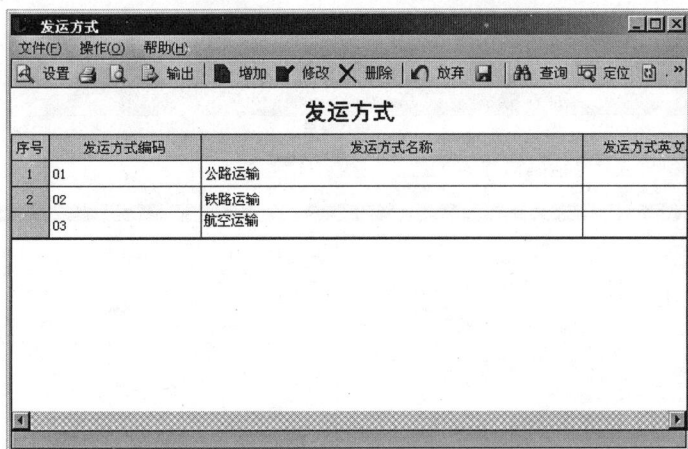

图 3-22 发运方式

（4）设置会计科目。会计科目如表 3-25 所示。

表 3-25 会计科目

级 次	科目编码	科目名称	辅助核算	受控系统	操作说明
1	1001	现金	日记账		修改
1	1002	银行存款			
2	100201	工行存款	银行账、日记账		增加
2	100202	中行存款	银行账、日记账		增加
1	1122	应收账款	客户往来	应收系统	修改
1	1403	原材料			
1	1405	库存商品			
1	1601	固定资产			

续表

级 次	科目编码	科目名称	辅助核算	受控系统	操作说明
1	1602	累计折旧			
1	2202	应付账款	供应商往来	应付系统	修改
1	4001	实收资本			
1	5001	生产成本	部门核算		修改
1	2221	应交税金			
2	222101	应交增值税			增加
3	22210101	进项税额			增加
3	22210105	销项税额			增加

操作步骤:

① 登录"企业应用平台",单击"基础设置"页签,选择"基础档案"→"财务"→"会计科目"模块,打开"会计科目"窗口,如图 3-23 所示。

图 3-23 "会计科目"窗口

② 如果表 3-25 中的"操作说明"为"修改",可单击"查找"按钮,查找到指定的科目后,双击该科目,弹出"会计科目_修改"对话框,单击"修改"按钮,参照表 3-25 修改"辅助核算"的内容,如图 3-24 所示。单击"确定"按钮,关闭"会计科目_修改"对话框。

③ 如果表 3-25 中的"操作说明"为"增加",则单击"增加"按钮,弹出"新增会计科目"对话框,输入表 3-25 中的新增科目,例如,100201 科目编码、科目名称、辅助核算资料、授权系统,如图 3-25 所示。单击"确定"按钮,关闭"新增会计科目"对话框。继续完成表 3-25 中会计科目资料的设置。

图 3-24 修改会计科目

图 3-25 新增会计科目

（5）设置凭证类别。设置会计凭证使用的"记账凭证"类别,本案例采用系统默认的"记账凭证"类别。

操作步骤:

① 登录"企业应用平台",单击"基础设置"页签,选择"基础档案"→"财务"→"凭证类别"模块后,打开"凭证类别"对话框。

② 弹出"凭证类别预置"对话框,如图 3-26 所示,单击"确定"按钮。

③ 弹出"凭证类别"对话框,如图 3-27 所示。

④ 单击"退出"按钮,退出"凭证类别"对话框。

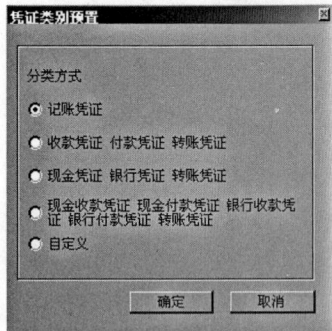

图 3-26 "凭证类别预置"对话框

图 3-27 凭证类别设置

（6）设置结算方式。结算方式如表 3-26 表示。

表 3-26 结算方式

结算方式编码	结算方式名称	是否票据管理
1	现金	
2	支票	是
201	现金支票	是
202	转账支票	是
3	汇票	是
4	其他	是

操作步骤：

① 登录"企业应用平台"，单击"基础设置"页签，选择"基础档案"→"收付结算"→"结算方式"模块，打开"结算方式"窗口。

② 单击"增加"按钮，输入表 3-26 所示的结算方式资料，如图 3-28 所示。

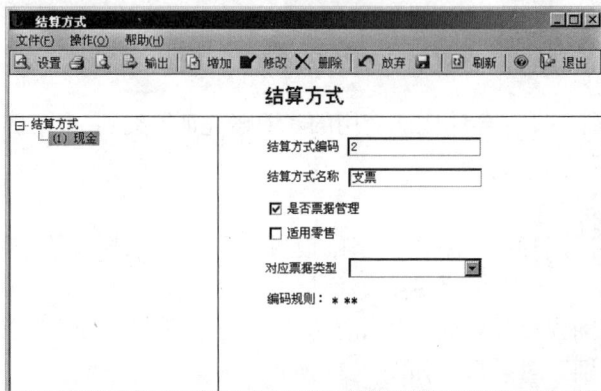

图 3-28 结算方式设置

③ 单击"保存"按钮。

（7）设置开户银行。开户银行如表 3-27 所示。

表 3-27　开户银行

编　码	银行账号	币　种	开户银行	所属银行
001	012658231016	人民币	中国工商行广东省佛山市支行	中国工商银行

操作步骤：

① 登录"企业应用平台"，单击"基础设置"页签，选择"基础档案"→"收付结算"→"本单位开户银行"模块，打开"本单位开户银行"窗口。

② 单击"增加"按钮，弹出"增加本单位开户银行"对话框，输入表 3-27 中开户银行的资料，如图 3-29 所示。

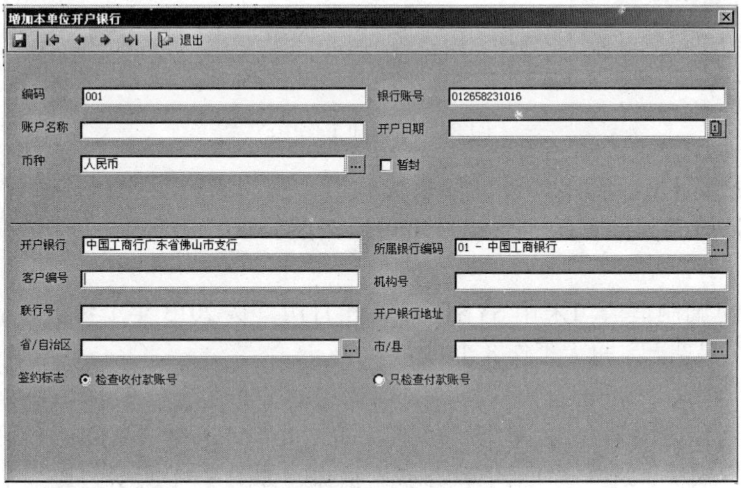

图 3-29　增加开户银行

③ 单击"保存"按钮，退出"增加本单位开户银行"对话框。

7. 生产管理资料设置

生产管理基本资料设置包括设置工作中心、设置系统日历、设置班次。

（1）设置工作中心。工作中心（Working Center，WC）是产品制造的基本单元。它由一台或几台设备，一个或多个工作人员组成。工作中心对应工艺路线（或工序），通常作为产能/负荷计算、成本资料或生产效率评估的单位。

工作中心资料如表 3-28 所示。

表 3-28　工作中心

工作中心代号	工作中心名称	隶属部门	部门名称	工作日历代号	是否生产线
001	电脑总装生产线	101	一车间	SYSTEM	是
002	电脑部装生产线	102	二车间	SYSTEM	是
003	机箱委外加工	301	采购一部	SYSTEM	否

操作步骤：

① 登录"企业应用平台"，单击"基础设置"页签，选择"基础档案"→"业务"→"工作中心维护"模块，打开"工作中心维护"窗口。

② 单击"增加"按钮，参照表 3-28 输入资料。

③ 单击"保存"按钮，完成资料的输入，如图 3-30 所示。

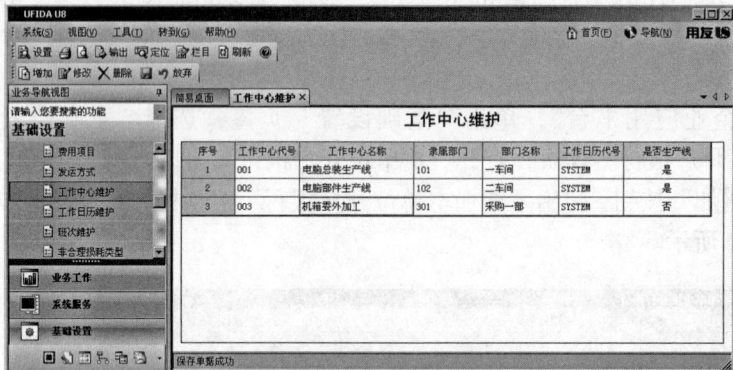

图 3-30　增加工作中心

（2）设置工作日历。工作日历也称系统日历，是用来进行物料需求计划、车间工序计划、产能的日历时间推算的。系统日历可以按照公众日历来维护，也可以按照实际日历来维护。

假设 ABC 电脑制造公司采用 SYSTEM 工作日历，从 2013 年 1 月 1 日至 2013 年 12 月31 日；星期一至星期五，每天工作 8 小时。

操作步骤：

① 登录"企业应用平台"，单击"基础设置"页签，选择"基础档案"→"业务"→"工作日历维护"模块，进入"工作日历维护"窗口，如图 3-31 所示。

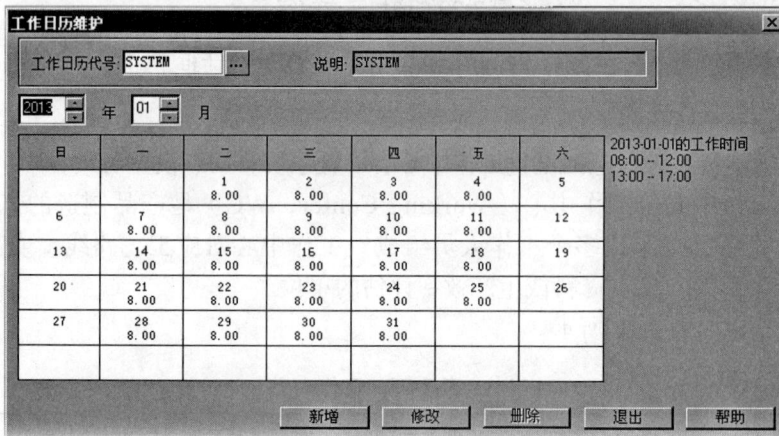

图 3-31　工作日历

② 单击"修改"按钮，进入"工作日历维护"对话框，选择星期一至星期五为工作日，如图 3-32 所示。单击"确定"按钮，退出"工作日历维护"对话框。

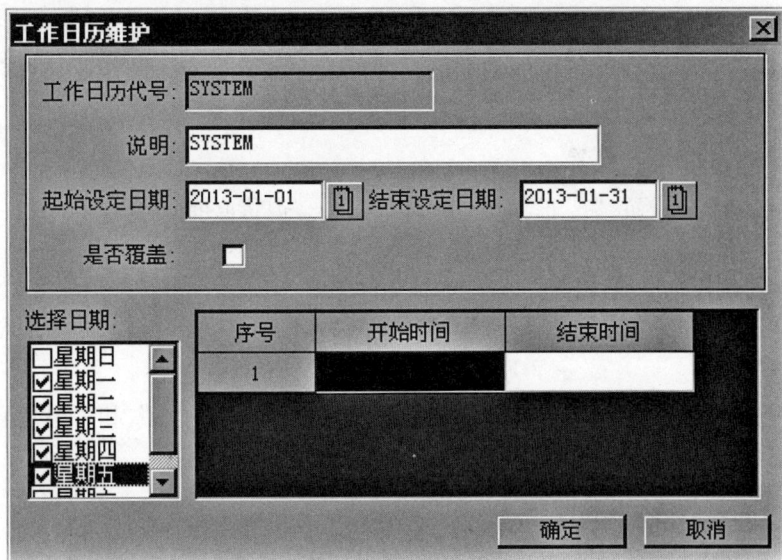

图 3-32 修改工作日历

③ 单击"退出"按钮。

（3）设置班次。在企业里有的设备一旦开机就得连续运行，因此 24 小时都要生产。需要采用分班制，如两班、三班制。为了管理和统计的方便，系统支持班次的管理。

操作步骤：

（1）登录"企业应用平台"，单击"基础设置"页签，选择"基础档案"→"业务"→"班次维护"模块，弹出"班次维护"窗口。

（2）单击"增加"按钮，进行班次维护，如图 3-33 所示。如果单击"放弃"按钮，则放弃对当前班次的增加。

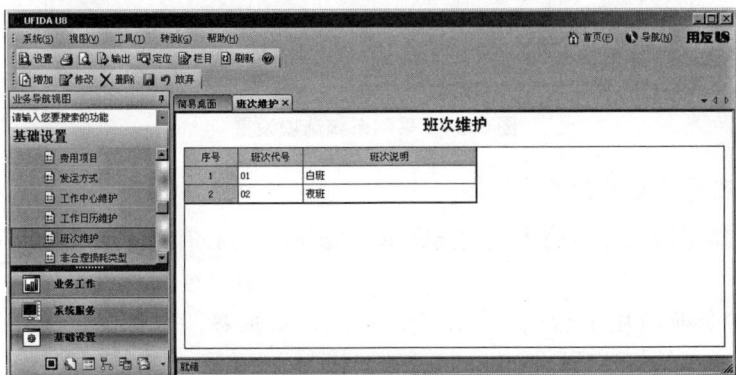

图 3-33 班次维护

（3）单击"保存"按钮。

3.3.3 系统参数设置

系统参数设置是对采购管理模块、销售管理模块、库存管理模块、存货核算模块对应的业务管理规则的设置，复选框设定检查存货货位对应关系时，则操作员在进行出库或入库操作时，系统将自动检查存货货位的数据后，才能确定该出库或入库作业是否能执行；如果取消勾选，则不检查。

1. 采购管理系统参数设置

采购管理系统参数设置"普通业务必有订单"和"退货必有订单"。

操作步骤：

（1）登录"企业应用平台"，单击"业务工作"页签，选择"供应链"→"采购管理"→"设置"→"采购选项"模块，打开"采购系统选项设置—请按照贵单位的业务认真设置"对话框。

（2）在"业务及权限控制"选项卡中勾选"普通业务必有订单"和"退货必有订单"复选框，如图 3-34 所示。单击"确定"按钮。

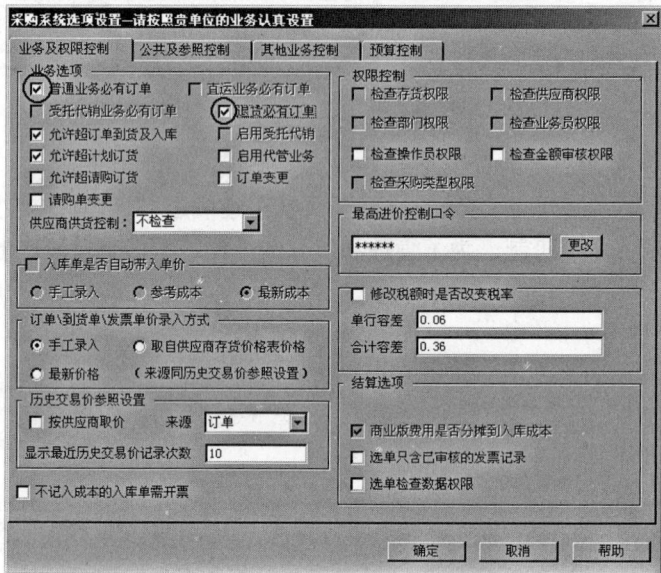

图 3-34 采购系统选项设置

2. 销售管理系统参数设置

销售管理系统参数设置"销售生成出库单""普通销售必有订单""退货必有订单"。

操作步骤：

（1）登录"企业应用平台"，单击"业务工作"页签，选择"供应链"→"销售管理"→"设置"→"销售选项"模块，打开"销售选项"对话框。

（2）在"业务控制"选项卡中，取消勾选"销售生成出库单"复选框，勾选"普通销售必有订单"和"退货必有订单"复选框，如图 3-35 所示。

（3）单击"确定"按钮，退出。

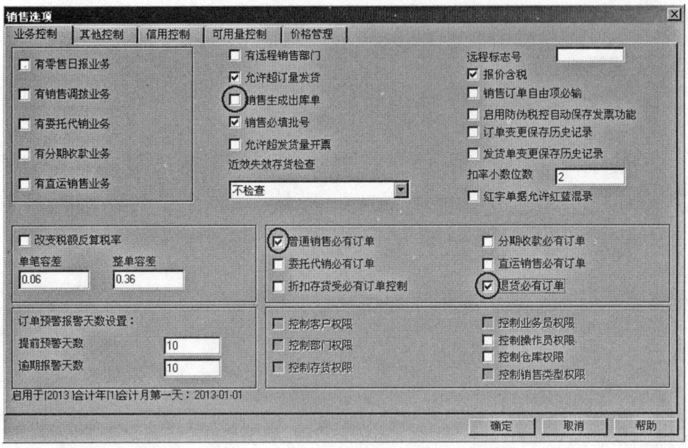

图 3-35　销售选项设置

◆)) 提示：

在"可用量控制"选项卡中，取消勾选预计出库的"待发货量"复选框。

3. 库存管理系统参数设置

设置"检查仓库存货对应关系""检查存货货位对应关系""审核时检查货位"参数。

操作步骤：

（1）登录"企业应用平台"，单击"业务工作"页签，选择"供应链"→"库存管理"→"初始设置"→"选项"模块，打开"库存选项设置"对话框。

（2）在"通用设置"选项卡中勾选"修改现存量时点"栏中的复选框，取消勾选"业务校验"栏中的"库存生成销售出库单"复选框，如图 3-36 所示。

图 3-36　库存选择设置

（3）单击"确定"按钮。

4. 存货核算系统参数设置

操作步骤：

（1）登录"企业应用平台"，单击"业务工作"页签，选择"供应链"→"存货核算"→"初始设置"→"选项"→"选项录入"模块，弹出"选项录入"对话框。

（2）"核算方式"选项卡默认，如图 3-37 所示。

图 3-37　选项录入

（3）单击"确定"按钮。

3.3.4　系统期初数据

系统期初数据描述了企业在上系统之前的产品经营运行状况。企业在上系统之前，必须将各系统的期初数据准备好，并准确输入系统中，减少企业实际运行与系统运行的差异。

1. 销售管理系统期初

销售管理系统期初是指包括已经发货、出库、尚未开发票的，普通销售分期收款等业务。在本书实操中，无期初数据输入。

2. 采购管理系统期初

采购管理系统期初包括暂估入库数据和采购在途数据，通过期初采购入库单和采购发票输入系统中。在本书实操中，无期初数据，直接对采购期初记账。

操作步骤：

（1）登录"企业应用平台"，单击"业务工作"页签，选择"供应链"→"采购管理"→"设置"→"采购期初记账"模块，弹出"期初记账"对话框，如图 3-38 所示。

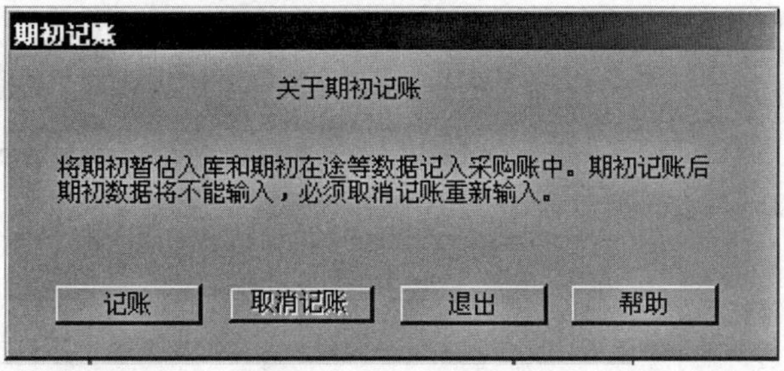

图 3-38　采购期初记账

（2）单击"记账"按钮，弹出系统提示"期初记账完毕"，单击"确定"按钮，完成期初记账。

3. 库存管理期初

截止到 2012 年 12 月 31 日，ABC 电脑制造公司的库存管理期初数据如表 3-29 所示。

表 3-29　库存管理期初数据

仓库编码	仓　库	存货编码	存货名称	主计量单位	数量	单价	合计金额	货位编码	货　位
001	产品仓库	0101	家用电脑	台	100	4 000	400 000		
001	产品仓库	0102	商务电脑	台	40	5 000	200 000		
002	半成品仓库	0201	机箱	个	50	60	3 000		
002	半成品仓库	0202	家用主机	台	7	3 000	21 000		
002	半成品仓库	0203	商务主机	台	4	3 500	14 000		
003	外购品仓库	0301	显示器	台	194	1 500	291 000	04	其他货架
003	外购品仓库	0302	鼠标	只	100	30	3 000	04	其他货架
003	外购品仓库	0303	键盘	个	100	60	6 000	04	其他货架
003	外购品仓库	0304	内存条	条	300	200	60 000	02	内存货架
003	外购品仓库	0305	硬盘	个	50	800	40 000	04	其他货架
003	外购品仓库	0306	移动硬盘	个	50	700	35 000	01	移动盘货架
003	外购品仓库	0308	家用主板	块	10	700	7 000	04	其他货架
003	外购品仓库	0310	激光打印机	台	100	3 200	320 000	03	打印机货架
004	原材料仓库	0401	金属板（1*2M）	片	8 000	50	400 000		

操作步骤：

（1）登录"企业应用平台"，单击"业务工作"页签，选择"供应链"→"库存管理"→"初始设置"→"期初结存"模块，打开"库存期初数据录入"窗口。

（2）在右上角"仓库"下拉列表框中选择需要设置期初库存的仓库，然后单击"修改"按钮，在表体中输入表 3-29 中的资料，如图 3-39 所示。

图 3-39　库存期初数据输入

（3）单击"保存"按钮，完成输入。

（4）单击"审核"按钮，对该仓库的每笔数据进行检查与审核，或者单击"批审"按钮，对图 3-39 中所有存货一次性审核。

◁» 提示：

（1）外购品仓库货位的输入。先输入存货编码，以及其数量、单价，单击"保存"按钮后，便会显示货位按钮。

（2）先选中表体中的存货编码，单击"货位"按钮，弹出"指定货位"表体，双击"货位编码"，选中表 3-29 中指定的货位，单击"确定"按钮，再输入一次期初数量，如图 3-40所示。此输入完成后单击"保存"按钮，弹出"货位保存成功"对话框，单击"确定"按钮。

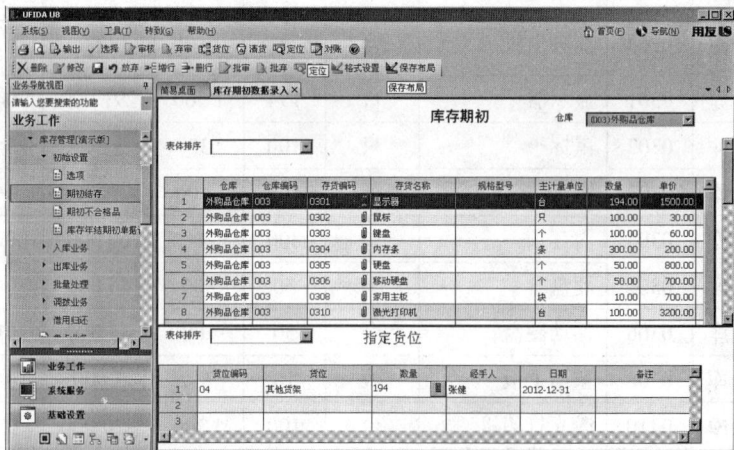

图 3-40　仓库货位期初输入

（3）继续选择下一行存货编码，直至完成。

（4）单击"货位"按钮，"指定货位"表体消失。单击"批审"按钮，确定批量审核完成。

4. 存货核算系统期初

存货核算系统期初可以从各仓库中取数，这些数据包括存货数量和金额；也可以手工在"存货核算"系统中输入。鉴于库存的期初数据与存货核算的期初数据可能不一致，系统提供了两边互相取数和对账的功能。

操作步骤:

（1）登录"企业应用平台",单击"业务工作"页签,选择"供应链"→"存货核算"→"初始设置"→"期初数据"→"期初余额"模块,打开"期初余额"窗口。

（2）在左上角"仓库"下拉列表框中选择需要设置期初余额的仓库。

（3）单击"取数"按钮,自动从"库存管理"系统中取来期初结存数据,也可以添加或修改期初金额,如图 3-41 所示。

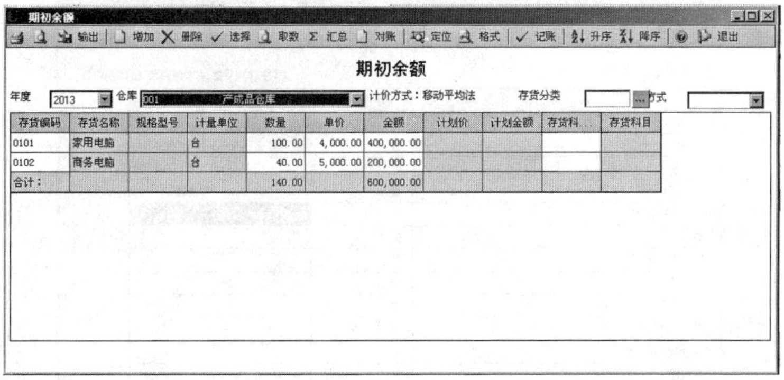

图 3-41　存货期初余额

（4）所有仓库的期初余额都取数完毕后,单击"记账"按钮,完成存货核算的期初数据记账。

5. 总账期初

总账期初是指系统运行前企业的总账期初余额数据。"期初余额"功能主要包括输入科目期初余额及核对期初余额,并进行试算平衡。

（1）输入总账期初资料。

例如,截止到 2012 年 12 月 31 日,ABC 电脑制造公司财务总账的数据,为总账期初余额,如表 3-30 所示。

表 3-30　总账期初资料

级　　次	科目编码	科目名称	辅助核算	期初余额
1	1001	库存现金	日记账	3 000
2	100201	工行存款	银行账、日记账	800 000
2	100202	中行存款	银行账、日记账	600 000
1	1122	应收账款	客户往来	
1	1403	原材料		1 200 000
1	1405	库存商品		600 000
1	1601	固定资产		2 000 000
1	1602	累计折旧		203 000
1	2202	应付账款	供应商往来	
1	4001	实收资本		5 000 000

操作步骤：

① 登录"企业应用平台"，单击"业务工作"页签，选择"财务会计"→"总账"→"设置"→"期初余额"模块，弹出"期初余额录入"窗口。

② 单击"查找"按钮，按照表 3-30 输入科目，即可找到要选择的科目。双击"期初余额"列，输入数据，如图 3-42 所示。

③ 输入完成后，单击"试算"按钮，系统提示"试算平衡"。单击"退出"按钮。

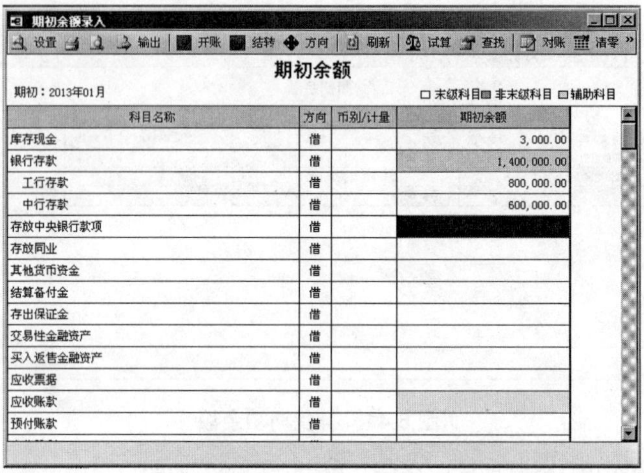

图 3-42 期初余额输入

（2）期初金额查询。

操作步骤：

① 登录"企业应用平台"，单击"业务工作"页签，选择"财务会计"→"总账"→"账表"→"科目账"→"余额表"模块，打开"查询条件"对话框。

② 弹出"发生额与余额查询条件"对话框，单击"确定"按钮，显示"发生额及余额表"，如图 3-43 所示，即为 ABC 电脑制造公司的生产制造管理系统截止到 2012 年 12 月 31 日的数据。

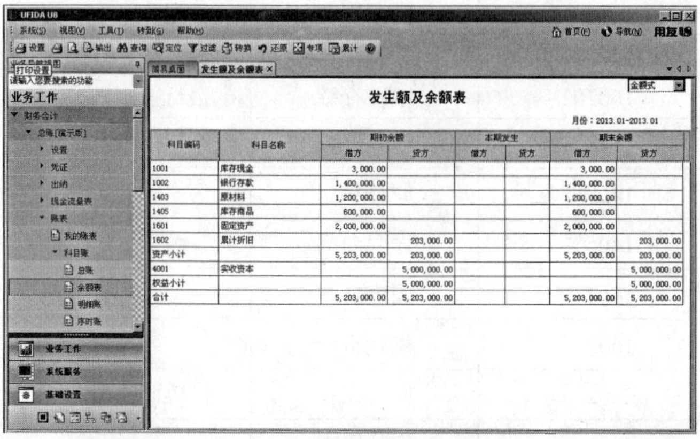

图 3-43 发生额与余额表

思考题

1．"系统管理"主要是用来做什么的？它有哪些功能？

2．"企业应用平台"主要是用来做什么的？

3．简述"企业应用平台"中的"设置"页签与"业务"页签各自的功能。

4．简述"企业应用平台"中的设置页签的意义。

5．简述仓库管理与货位管理的不同。你认为哪些物料采用仓库管理好，哪些物料采用货位管理更好？

6．系统启用在哪里设置？

7．存货核算期初在哪里设置？

练习题

按照"表 3-1 基础数据管理模拟企业分工"做多用户的基础数据设置练习。

1．要求

（1）学生进行角色扮演，用户授权，分部门输入基础数据，了解各部门基础数据输入的内容。

（2）信息部门指定信息主管的主机为服务器。设置系统日历为 2013 年 1 月 1 日；引入 D:\生产制造管理账套 -1 ；按照表 3-1 基础数据管理模拟企业分工增加用户并授权。

◀» 提示：

除信息主管外，其他的用户在自己的客户端上，以各自的用户身份，登录"企业应用平台"。在登录"企业应用平台"时，将"登录到：×××"指向信息主管的主机（完整的计算机名）。

2．岗位分工练习

系统日历：2013 年 1 月 1 日。

（1）人力资源部门：输入部门档案。

（2）销售部门业务员：输入销售管理档案。

（3）采购部门业务员：输入采购管理档案；采购管理系统期初。

（4）仓储部门仓库主管：输入存货信息、库存资料；仓库对照表；库存管理期初。

（5）财务部门财务会计：输入财务管理资料；存货核算期初；总账期初。

（6）生产计划部门：输入生产管理资料。

第4章 产品资料管理

4.1 背 景 知 识

4.1.1 产品资料管理简介

产品资料管理是 ABC 电脑制造公司的生产制造管理系统中的模块，它是人们最熟悉的在传统管理中的产品档案管理工作。

对企业而言，产品资料管理是非常重要的，它涉及产品的制造、成本、质量、服务等多角度的管理工作的展开。从理论上而言，它是企业生存与发展的基础。

在传统的产品资料管理中，人们最困惑的是产品资料的结构化，资料的发放、更新、回收、动态的保存等问题，ERP 很好地解决了这些问题。

用 ERP 的术语，产品结构称为物料清单 BOM（Bill of Material）。物料清单在 APICS 辞典中的定义是：一个典型的 BOM 描述了原材料转换零件、零件组（本书称为部件）合成为次装配件（Subassembly）、次装配件组合成装配件（Assembly）的关系。

从产品生产制造的角度理解，一个典型的 BOM 表述了原材料转换为半成品、半成品转换为产成品的物料关系。BOM 的顶层为产成品，最下层为原材料，在产成品与原材料之间则为半成品。

1. 物料清单

（1）物料清单（BOM）通常有两种表达形式，一种是树形结构，如图 4-1 所示，一种是表格形式，如表 4-1 和表 4-2 所示。这两种形式都唯一、清楚地描述了产成品、部件和原材料之间的数据关系。

（2）生产制造的 BOM 是描述产品的加工过程的。如图 4-1 物料清单 a 所示，由原材料 b1、b2、b3、b4 生产成部件 B，又由原材料 a、部件 B、原材料 g 生产成产成品 X。

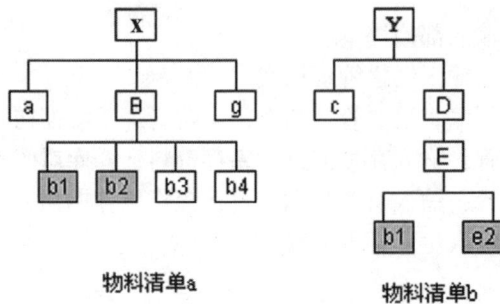

图 4-1 树形结构 BOM

2. 工艺路线

产品的工艺路线是描述产品加工的工序过程的。如图 4-1 物料清单 a 中的部件 B 的工艺路线描述如下。

（1）工序 1：材料 b1 和 b2 在一号工作中心的设备上加工后，转入工序 2。

（2）工序 2：在二号设备上与 b3 焊接在一起，转入工序 3。

（3）工序 3：最后与 b4 组装成部件 B。

3. 物料清单的阶码

物料清单的阶码也称层次。如图 4-1 所示，物料 X、Y、B、D、E 在物料清单中有母件之称，a、B、g、c、D、E、b1、b2、b3、b4、e2 有子件之称。又如 B 在产品结构的上下阶中，X 是它的上阶，为母件；下阶 b1、b2、b3、b4 为子件。

（1）阶码。阶码是指在物料清单结构中自上而下为各层都赋予阶码，一般最上层的阶码为 0，向下依次递增。例如在图 4-1 中，X 的阶码为 0，a、B、g 的阶码为 1，b1 至 b4 的阶码为 2。

（2）低阶码。当某一物料成为多个产品的通用件时，其在不同的产品结构中会对应不同的阶码，其中，阶码最低的数值越大。同一物料最大的阶码，也称为该物料的低阶码。如图 4-1 所示，b1 在 X 的产品结构中的阶码为 2，在 Y 的产品结构中的阶码为 3，则 b1 的低阶码应该为 3。

（3）单阶。在 X 物料中，X 对 a、B、g，或 B 对 b1、b2、b3、b4 的上下关系，称为单阶。

（4）多阶。对 X 和 Y 的完整结构而言，有上、中、下各阶，称为多阶或全阶。

产品设计工程师们常常还将图 4-1 描述为表格形式，如表 4-1 和表 4-2 所示。

表 4-1　X 产品的物料清单

阶码	物料	单位	用量	物料属性	版本	版本日期	生效日期	失效日期	工作中心
0	X	件	1	自制	10	2013.1.1			W1
1	a	件	1	采购			2013.1.1	2099.12.31	
1	B	件	1	自制	10	2013.1.1	2013.1.1	2099.12.31	W2
2	b1	件	1	采购			2013.1.1	2099.12.31	
2	b2	件	1	采购			2013.1.1	2099.12.31	
2	b3	件	1	采购			2013.1.1	2099.12.31	
2	b4	件	1	采购			2013.1.1	2099.12.31	
1	g	件	1	采购			2013.1.1	2099.12.31	

表 4-2　Y 产品的物料清单

阶码	物料	单位	用量	物料属性	版本	版本日期	生效日期	失效日期	工作中心
0	Y	件	1	自制	10	2013.1.1			W3
1	c	件	1	采购			2013.1.1	2099.12.31	
1	D	件	1	自制	10	2013.1.1	2013.1.1	2099.12.31	W4
2	E	件	1	自制	10	2013.1.1	2013.1.1	2099.12.31	W5
3	b1	件	1	采购			2013.1.1	2099.12.31	
3	b2	件	1	采购			2013.1.1	2099.12.31	

4.1.2　产品资料管理应用模式

产品资料管理应用模式是开放的、共享的，如图 4-2 所示。由产品设计部门设计完成后，再由工艺技术部门设计工艺路线，即生产的 BOM。该 BOM 由技术部门牵头，生产计划部门、车间、销售部门、采购部门、财务部门共享。

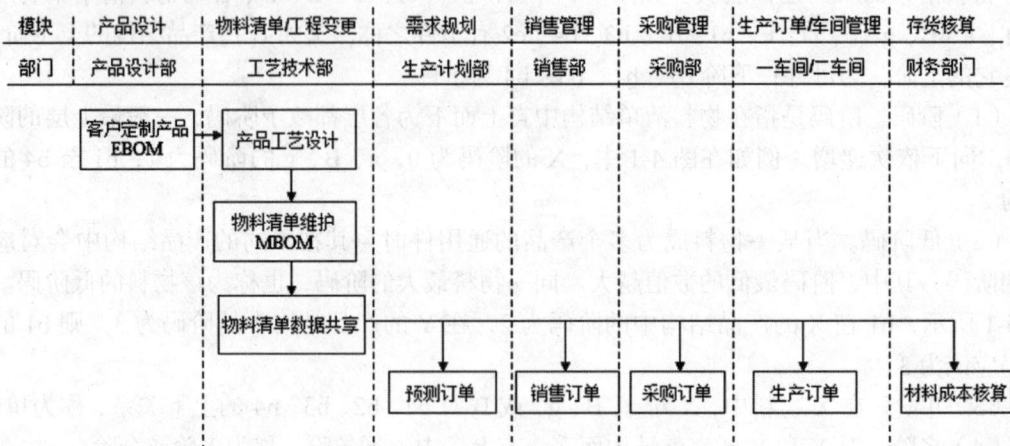

模块	产品设计	物料清单/工程变更	需求规划	销售管理	采购管理	生产订单/车间管理	存货核算
部门	产品设计部	工艺技术部	生产计划部	销售部	采购部	一车间/二车间	财务部门

图 4-2　产品资料管理应用模式

（1）生产计划部门通过 BOM 展开物料需求计划，其逻辑处理参考图 1-1。

（2）车间依据 BOM 了解领用什么、领用多少，详细内容可参考本书第 6 章。

（3）销售部门依据 BOM 的 PTO 模型可做配套出库，即产品配套出货。

（4）采购部门通过 BOM 跟踪采购计划。

（5）财务部门通过 BOM 分析产品的成本情况。

显然，BOM 的共享将传统串联的业务流程重组成一部分串联、一部分并联，因此可以大大地提高工作效率。

4.1.3　产品资料管理业务流程

产品资料管理是工艺技术部门的任务之一，涉及产品的工艺设计，BOM 维护、发布、更新和失效取消等内容。产品资料管理的源头来自产品设计部门。

当市场需要新产品时，先由产品设计部门的产品设计工程师完成对新产品的设计与开发，然后再由工艺技术部门的工艺工程师进行产品工艺设计。这是 ERP 的数据源之一，如图 4-3 所示。

1. 新产品工艺设计

工艺工程师根据产品设计工程师的要求，设计该产品在哪个工作中心加工，用什么设备和工具加工等，最终设计出新产品的生产工艺路线。

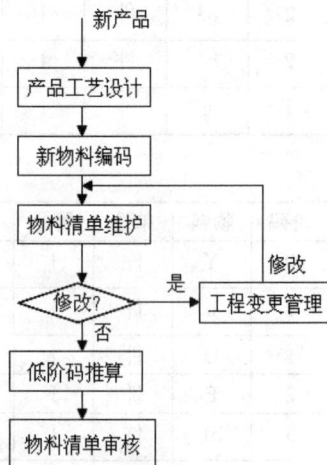

图 4-3　产品资料管理业务流程

2．维护 BOM

（1）对新的产成品、部件、材料进行编码，并维护物料清单，从而建立产品结构的关系。

（2）为方便 ERP 系统的后台 BOM 信息处理，还需要对 BOM 进行阶码的运算，计算累计提前期，即该产品的加工天数。

（3）当产品结构发生变化时，例如产品进行工艺修改时，需要更新 BOM。

3．审核 BOM

审核后的 BOM 数据，与整个企业的多个部门共享，以提高工作效率，缩短产品的生产制造时间。

4.1.4　产品资料管理工作原理

显然，与传统的档案室保存产品资料的管理模式相比，ERP 的产品资料管理更及时、共享、便捷、清晰，不仅大大地缩短了产品的生产周期，提高了生产质量，而且还大大地减少了采购和生产的成本，提高了产品的服务质量。ERP 在这一方面的成功应用，已经成为世界制造业界所共知的一个基本常识。

产品资料管理的主要内容有以下几个方面。

（1）新产品、新物料的称呼与唯一性的编码，增加产品的识别能力。

（2）新产品物料清单的及时维护，明确产品与材料的结构关系。

（3）产品工艺更改资料的发放与老资料的回收。通过 ERP 系统动态发布产品资料的信息，并记录历史的资料，消除了在传统管理中新老资料交替时，由多部门资料引用不统一所出现的工艺设计、生产制造、材料成本、服务质量等异常问题。

（4）替代物料可以方便产品在制造过程中投料时，有更多材料品种的选择。

（5）给生产物料的配套计划提供了可能。

（6）生产限额领料信息，降低材料成本。

（7）产品配套采购计划信息，降低库存，减少库存积压。

总之，产品资料是产品生产制造信息的源头，是企业产品质量的生命线。

4.2　实务实操指导

4.2.1　实操内容

（1）标准类物料清单维护。

（2）模型类物料清单维护。

（3）选项类物料清单维护。

（4）计划类物料清单维护。

4.2.2　实操要求

1．技能要求

（1）学习产品的生产制造加工路线。

（2）学会维护物料清单。

（3）学会使用物料清单。

2．环境要求

单用户实务实操环境，要求由一个人完成表 4-3 中的所有设置。

表 4-3　产品资料维护模拟企业分工

用　户	角　色	部　门	岗　位	操作内容
admin		信息部门	信息主管	引入 D:\ABC 电脑制造公司的账套
3005	BOM 专员	工艺技术部	工艺员	维护、修改、查询物料清单
2001	生产计划员	产品计划部	生产计划员	依据产成品 BOM，查询部件和产成品对应的工作中心
4002	线长	一车间	班组长	依据产成品 BOM，查询一车间领用的物料品种
4003	线长	二车间	班组长	依据部件的 BOM，查询二车间领用的物料品种
2002	采购业务员	采购部	采购业务员	依据部件的 BOM，查询需要采购的物料品种

4.2.3　实操准备

1．账套引入

系统日历为 2013-01-01，以 admin 的身份登录"系统管理"平台，将 D:\ 电脑制造公司账套引至系统中。

2．登录"企业应用平台"

以操作员"1000，张健"账套主管的身份登录"企业应用平台"，输入"密码：无；选择账套：[666] ABC 电脑制造公司"，进行普通采购业务的实务实操。

3．数据备份

当产品资料维护完成后，从"系统管理"平台输出至 D:\ 电脑制造公司 -1。

4.3　物料清单维护

物料清单在企业中的应用是非常灵活的。从产品制造的角度，物料清单常常被分为标准类物料清单、模型类物料清单、选项类物料清单、计划类物料清单四种类型，它们分别有不同的应用含义。

4.3.1　典型案例

1．情境描述

系统日历为 2013-01-01，将表 4-4 至表 4-8 中工艺技术部设计的家用电脑和商务电脑的物料清单维护到 ERP 系统中，并按 BOM 的多阶功能查询这些 BOM 的图形结构。

表 4-4　家用电脑物料清单

阶　码	物料编码	物料名称	基本用量	基础用量	供应类型	固定 / 变动
0	0101	家用电脑				
1	0202	家用主机	1	1	领用	变动
1	0301	显示器	1	1	领用	变动
1	0302	鼠标	1	1	领用	变动
1	0303	键盘	1	1	领用	变动

表 4-4 中 "0" 阶码是 "1" 阶码子件对应的母件，表示家用电脑由家用主机、显示器、鼠标和键盘四个子件组成，且每个子件的基本用量都为 1。

表 4-5　家用主机物料清单

阶　码	物料编码	物料名称	基本用量	基础用量	供应类型	固定 / 变动
0	0202	家用主机				
1	0201	机箱	1	1	领用	变动
1	0304	内存条	1	1	领用	变动
1	0305	硬盘	1	1	领用	变动
1	0308	家用主板	1	1	领用	变动

表 4-6　机箱物料清单

阶　码	物料编码	物料名称	基本用量	基础用量	供应类型	固定 / 变动
0	0201	机箱				
1	0401	金属板（1*2M）	1	3	领用	变动

表 4-6 中基础用量（分母）为 3，基本用量（分子）为 1，即 1/3，表示一片金属板可以加工出 3 个机箱，这是板型材料常用的计算方法。

表 4-7　商务电脑物料清单

阶　码	物料编码	物料名称	基本用量	基础用量	供应类型	固定 / 变动
0	0102	商务电脑				
1	0203	商务主机	1	1	领用	变动
1	0301	显示器	1	1	领用	变动
1	0302	鼠标	1	1	领用	变动
1	0303	键盘	1	1	领用	变动

表 4-8　商务主机物料清单

阶　码	物料编码	物料名称	基本用量	基础用量	供应类型	固定 / 变动
0	0203	商务主机				
1	0201	机箱	1	1	领用	变动
1	0304	内存条	1	1	领用	变动
1	0305	硬盘	1	1	领用	变动
1	0309	商务主板	1	1	领用	变动

2. 基本技能

（1）熟悉产品资料管理应用模式。

（2）熟悉产品资料管理业务流程。

（3）会维护企业基础数据。

（4）了解表 4-3 中的部门、岗位和操作内容。

3. 知识链接

（1）结合产品资料管理、物料管理的知识，理解现代管理应用技术。

（2）结合企业信息管理知识，理解产品资料管理的应用技术。

4.3.2 标准类物料清单维护

在企业中，出于多方面的考虑，一个产品可在多个工作中心生产，则产品的工艺设计工程师可能为它设计出多个工艺路线，但是最常用的产品工艺路线通常会被固定一个，称之为标准类物料清单（Standard Item）。标准类物料清单一般包含产品的物料属性、产品的用量、产品的结构、工艺路线、生产线、在制品库存地点等多方面的信息。

1. 维护标准类物料清单

维护表 4-4 "0101，家用电脑" 的标准类物料清单。

操作步骤：

（1）登录"企业应用平台"，单击"业务工作"页签，选择"生产制造"→"物料清单"→"物料清单维护"→"物料清单资料维护"模块，打开"物料清单资料维护"窗口。

（2）单击"增加"按钮，默认"BOM 类别：主 BOM"，单击"母件编码【…】"。

（3）弹出"存货基本参照"对话框，选择"0101"，单击"确定"按钮，回到"物料清单资料维护"窗口。系统自动引出"0101"的母件名称、计量单位；默认"版本代号：10"，默认"状态：审核"。

（4）表头输入"版本说明：A"，"版本日期：2013-01-01"。

（5）表体输入：单击表体第 1 行，出现子件行号"10"，工序行号"0000"，双击"子件编码"，出现"…"按钮。单击"…"按钮，弹出"存货基本参照"对话框，按表 4-4 依次选择"0202、0301、0302、0303"后，单击"确定"按钮，回到"物料清单资料维护"窗口，如图 4-4 所示。

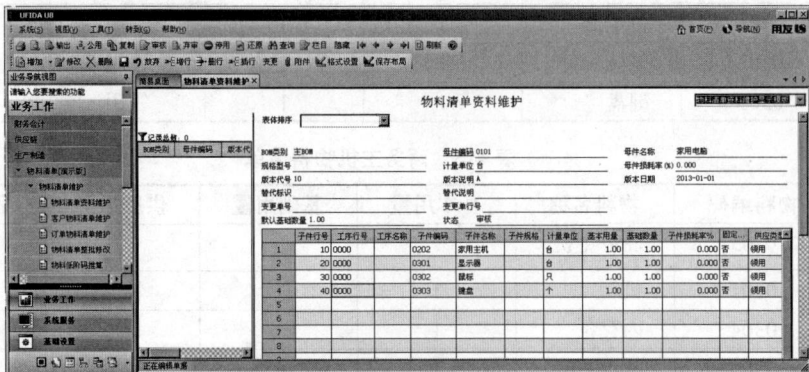

图 4-4　维护标准类物料清单

（6）单击"保存"按钮，完成表 4-4 资料的维护。此时"家用电脑"的 BOM 形式称为单阶的。

按照上述步骤，继续单击"增加"按钮，维护表 4-5"0202，家用主机"单阶物料清单；表 4-5"0201，机箱"单阶物料清单，便搭建出"0101，家用电脑"的多阶物料清单。物料清单的状态：审核。如果要修改此物料清单，则需将此物料清单"弃审"，物料清单状态：新建。

📢 **提示：**

表 4-4 至表 4-6 资料的版本号、版本日期需保持一致。

2. 查询物料清单

查询家用电脑的物料清单。

操作步骤：

（1）登录"企业应用平台"，单击"业务工作"页签，选择"生产制造"→"物料清单"→"物料清单查询报表"→"母件结构查询 - 多阶"模块，弹出"查询条件选择 - 母件结构查询 - 多阶"对话框。

（2）选择"母件编码：0101；版本说明：A；版本日期：2013-01-01；是否使用计划比率：否；状态：审核"。

（3）单击"确定"按钮，返回"母件结构查询 - 多阶"窗口。

（4）选择"母件结构查询 - 多阶"窗格。逐一打开"0202，家用主机"物料清单，"0201，机箱"物料清单，便可以看到"0101，家用电脑"的树形产品结构。

（5）将光标放在"0101，家用电脑"上，右边窗格显示的是"0101，家用电脑"单阶的物料清单，如图 4-5 所示。

图 4-5　多阶物料清单查询

3. 子件替代

产品在制造过程中，为方便产品的生产、采购，工艺工程师常常会设计多个材料替代的情况，例如某个材料可以由另一个或多个材料替代使用，而不会影响产品的质量。

例如，当"0401，金属板（1*2M）"在生产时，如果出现缺料或质量问题，可以领用"0402，金属板（1*3M）"替代，但是必须先建立它们之间的替代关系。

操作步骤：

（1）登录"企业应用平台"，单击"业务工作"页签，选择"生产制造"→"物料清单"→"物料清单维护"→"母件结构查询-多阶"模块，打开"物料清单资料维护"窗口。

（2）单击"查询"按钮，弹出"查询条件选择-定位条件"对话框，输入"母件编码：0201-0201"，单击"确定"按钮。返回"物料清单资料维护"窗口，显示"机箱"单阶的物料清单。

（3）单击"弃审"按钮，此时"机箱"物料清单的状态为新建。

（4）单击"修改"按钮，并在表体右击"子件"行，例如右击子件编码"0401"行，弹出快捷菜单，如图4-6所示。

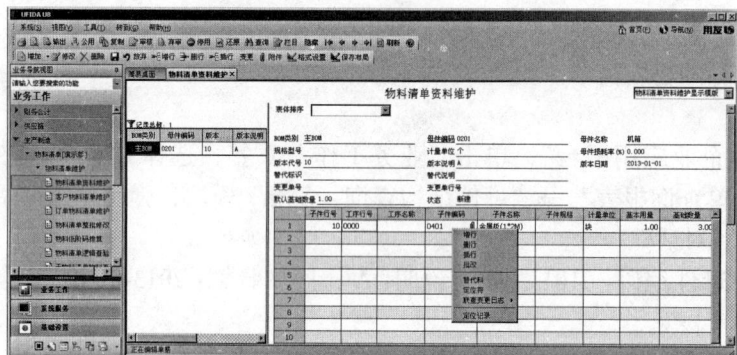

图4-6 替代选择

（5）选择"替代料"命令，弹出"物料清单替代料资料维护"窗口，选择"可替代料编码：0402 金属板（1*3M）；替代比：4.000"，如图4-7所示。

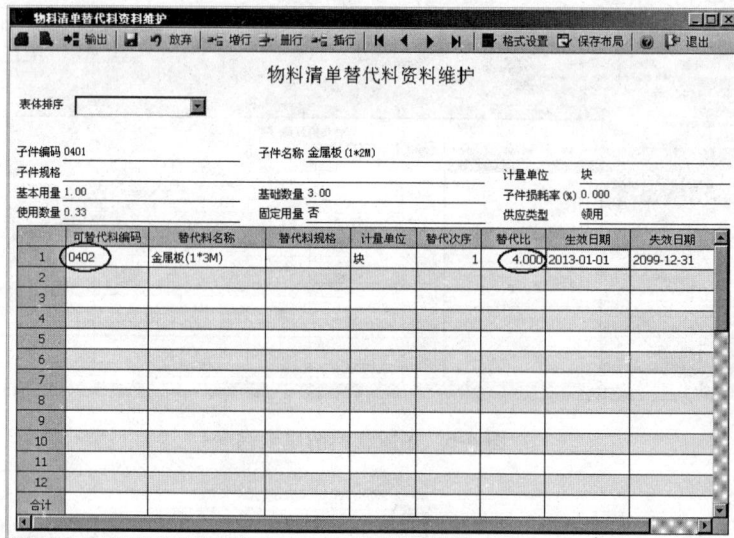

图4-7 替代料资料维护

（6）单击"保存"按钮，返回"物料清单资料维护"窗口。

（7）单击"审核"按钮，"机箱"物料清单的替代料修改完成。

4. 子件替代查询

查询机箱物料清单"金属板（1*2M）"的替代物料。

操作步骤：

（1）登录"企业应用平台"，单击"业务工作"页签，选择"生产制造"→"物料清单"→"物料清单查询报表"→"物料清单替代料明细表"模块，弹出"查询条件选择 - 物料清单替代料明细表"对话框。

（2）"物料清单选择：全部"，单击"确定"按钮，打开"物料清单替代料明细表"窗口，如图 4-8 所示。查询到金属板（1*2M）的替代材料是金属板（1*3M）。

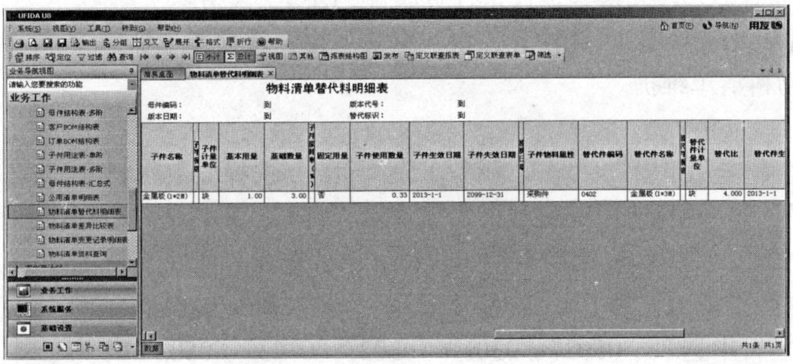

图 4-8　物料清单替代料明细表

4.3.3　模型类物料清单维护

模型类物料清单（Model Item）是提供给销售部门在客户订货时使用的，是可配置产品。模型类物料清单有两种情况，一种是面向客户订单的装配（Assemble To Order，ATO）使用的；另一种是面向订单（Pick To Order，PTO），即库存检货（也称挑库）使用的。

ATO 与 PTO 的区别是，ATO 是需要下达生产订单，组装成产成品后，才能出货，而 PTO 则在仓库里，按照物料清单选配货物，直接打包出货。

1. ATO 模型维护

ATO 模型和标准类物料清单一样，由多个子件组成，但每个子件都可以根据要求设置为选择或者不选择。

（1）"0501- 电脑（ATO）"物料清单如表 4-9 所示。

表 4-9　电脑（ATO）的物料清单

阶码	物料编码	物料名称	可选否	选择规则	计划（%）	基本用量	基础用量	供应类型
0	0503	电脑（ATO）						
1	0502	主机（选项类）	是	一个	100	1	1	虚拟件
1	0301	显示器	否	全部	100	1	1	领用
1	0302	鼠标	否	全部	100	1	1	领用
1	0303	键盘	否	全部	100	1	1	领用
1	0505	打印机（选项类）	是	一个	100	1	1	虚拟件

（2）准备工作如下。

① 维护存货分类"05：模型类"，参考图 3-5。

② 维护 0501~0505 的存货档案，参考图 3-8。

输入数据：

0501，电脑（计划），无换算，台，存货属性：计划品。

0502，主机（选项类），无换算，台，存货属性：选项类。

0503，电脑（ATO），无换算，台，存货属性：内销、自制、ATO、模型，MPS/MRP：供需政策 LP。

0504，电脑（PTO），无换算，台，存货属性：PTO、模型。

0505，打印机（选项类），无换算，台，存货属性：选项类。

（3）ATO 物料清单维护。

操作步骤：

① 登录"企业应用平台"，单击"业务工作"页签，选择"生产制造"→"物料清单"→"物料清单维护"→"物料清单资料维护"模块后，打开"物料清单资料维护"窗口。

② 单击"增加"按钮，生成一个新的物料清单，选择"母件编码"为"0503"，"版本代号"为"10"，"版本说明"为"A"，"版本日期"为"2013-01-01"。

③ 在表体栏目中选取"0502""0301""0302""0303""0505"作为子件。拉动滚动条，按照表 4-9 的资料，查看输入子件的内容，如图 4-9 所示。

④ 单击"保存"按钮。

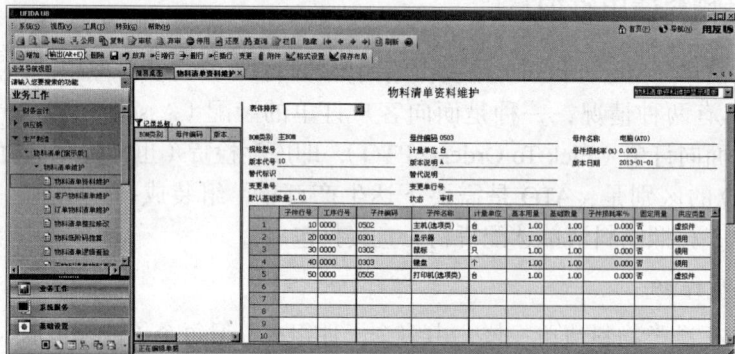

图 4-9　ATO 物料清单的维护

2. PTO 模型维护

PTO 模型与 ATO 模型基本上一致，所不同的是 PTO 件直接以子件的形式进行物料清单的出库。

"0504- 电脑（PTO）"物料清单如表 4-10 所示。

表 4-10　电脑（PTO）物料清单

阶码	物料编码	物料名称	可选否	选择规则	计划（%）	基本用量	基础用量	供应类型
0	0504	电脑（PTO）						
1	0502	主机（选项类）	是	任意	100	1	1	虚拟件

续表

阶码	物料编码	物料名称	可选否	选择规则	计划（%）	基本用量	基础用量	供应类型
1	0301	显示器	是	任意	100	1	1	领用
1	0302	鼠标	是	任意	100	1	1	领用
1	0303	键盘	是	任意	100	1	1	领用
1	0505	打印机（选项类）	是	任意	100	1	1	虚拟件

操作步骤：

（1）登录"企业应用平台"，单击"业务工作"页签，选择"生产制造"→"物料清单"→"物料清单维护"→"物料清单资料维护"模块，打开"物料清单资料维护"窗口。

（2）单击"增加"按钮，生成一个新的物料清单，选择"母件编码"为"0504"，"版本代号"为"10"，"版本说明"为"A"，"版本日期"为"2013-01-01"。

（3）在表体栏目中选取"0502""0301""0302""0303""0505"作为子件，并按照表4-10维护子件的内容，如图4-10所示。

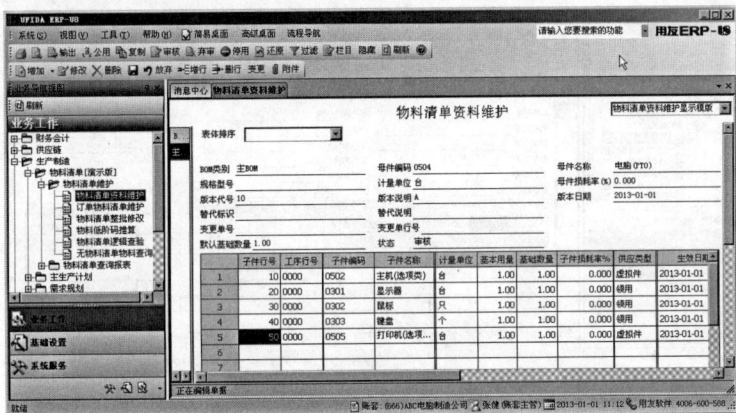

图 4-10　PTO 物料清单的维护

（4）单击"保存"按钮。

4.3.4　选项类物料清单维护

选项类物料清单（Option Class Item）是一个系列选项的物料清单。选项类在物料清单上按可选子件进行分类，使选项类作为一个物料，成为模型类物料清单层中的一层。

例如，客户订购一台计算机，当打印机是一个选项类时，可选择特定的打印机。维护"打印机（选项类）"的物料清单如表4-11所示。

表 4-11　打印机（选项类）物料清单

阶码	物料编码	物料名称	可选否	选择规则	计划比例（%）	基本用量	基础用量	供应类型
0	0505	打印机（选项类）						
1	0310	激光打印机	是	任意	80	1	1	领用

续表

阶码	物料编码	物料名称	可选否	选择规则	计划比例（%）	基本用量	基础用量	供应类型
1	0311	喷墨打印机	是	任意	20	1	1	领用

操作步骤：

（1）登录"企业应用平台"，单击"业务工作"页签，选择"生产制造"→"物料清单"→"物料清单维护"→"物料清单资料维护"模块，打开"物料清单资料维护"窗口。

（2）单击"增加"按钮，生成一个新的物料清单，选择"母件编码"为"0505"，"版本代号"为"10"，"版本说明"为"A"，"版本日期"为"2013-01-01"。

（3）在表体栏目中选取"0310""0311"作为子件，并按表 4-11 输入子件的内容，其中，"0310"的计划比例为"80%"，"0311"的计划比例为"20%"，如图 4-11 所示。

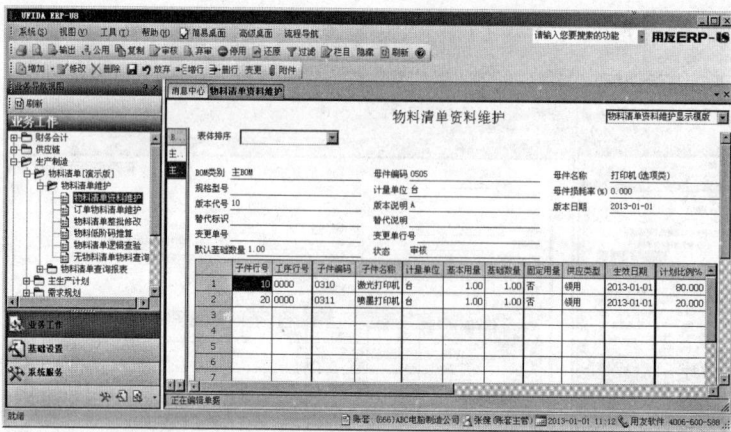

图 4-11　选项类物料清单的维护

（4）单击"保存"按钮。

4.3.5　计划类物料清单维护

计划类物料清单是进行产品生产计划安排的物料清单（Planning Item）。计划类代表一个产品系列的物料类型，其物料清单中包含子件物料和子件计划百分比，可以用于帮助执行生产计划和物料需求计划。

维护"0501- 电脑（计划类）"的物料清单如表 4-12 所示。

表 4-12　电脑（计划类）的物料清单

阶码	物料编码	物料名称	可选否	选择规则	计划比例（%）	基本用量	基础用量	供应类型
0	0501	电脑						
1	0101	家用电脑	否	全部	40	1	1	领用
1	0102	商务电脑	否	全部	60	1	1	领用

操作步骤：

（1）登录"企业应用平台"，单击"业务工作"页签，选择"生产制造"→"物料清单"→"物料清单维护"→"物料清单资料维护"模块后，打开"物料清单资料维护"窗口。

（2）单击"增加"按钮，生成一个新的物料清单，选择"母件编码"为"0501"，在"物料清单资料维护"中单击"增加"按钮，生成一个新的物料清单，选择"母件编码"为"0501"，"版本代号"为"10"，"版本说明"为"A"，"版本日期"为"2013-01-01"。

（3）在表体栏目中选取"0101""0102"作为子件，并按表 4-12 输入子件的内容，其中，"0101"的计划比例为"40%"，"0102"的计划比例为"60%"，如图 4-12 所示。

图 4-12　计划类物料清单的维护

（4）单击"保存"按钮。

最后，登录"系统管理"平台，输出至 D:\ABC 电脑制造公司 -1。

思 考 题

1. 简述产品资料的管理意义。
2. 简述物料清单阶码的应用意义。
3. 简述标准类物料清单的应用意义。
4. 简述模型类物料清单的应用意义。
5. 简述选项类物料清单的应用意义。
6. 简述计划类物料清单的应用意义。

练 习 题

1. **熟悉 BOM**

（1）熟悉 BOM，完成表 4-13 所示的资料的输入。

表 4-13　"家用电脑"的 BOM

阶码	物料编码	物料名称	基本用量	存货属性	工艺路线名称
?	0101	家用电脑	1	？，？	电脑总装生产
?	0301	显示器	1	外购，生产耗用	
?	0302	鼠标	1	外购，生产耗用	
?	0303	键盘	1	外购，生产耗用	
?	0202	家用主机	1	？，？	电脑部装生产
?	0304	内存条	1	外购，生产耗用	
?	0305	硬盘	1	外购，生产耗用	
?	0308	家用主板	1	外购，生产耗用	
?	0201	机箱	1	？，？	机箱委外加工
?	0401	金属板（1*2M）	1/3	外购，生产耗用	

（2）熟悉 BOM 和工作中心的关系，完成表 4-14 和表 4-15 所示的资料的输入。

表 4-14　家用电脑的 BOM 与生产线的关系

阶码	物料编码	物料名称	存货属性	生产耗用	重复计划	工作中心号	隶属部门
0	0101	家用电脑	内销，自制		是	?	?
1	0301	显示器	外购	领用	否		
1	0302	鼠标	外购	领用	否		
1	0303	键盘	外购	领用	否		
1	0202	家用主机	自制	领用	是	?	?

表 4-15　家用主板的 BOM 与生产线的关系

阶码	物料编码	物料名称	存货属性	生产耗用	重复计划	工作中心号	隶属部门
0	0202	家用主机	自制，自制		是	?	?
1	0304	内存条	外购	领用	否		
1	0305	硬盘	外购	领用	否		
1	0308	家用主板	外购	领用	否		
1	0201	机箱	委外	领用	否	?	?

2. 模拟企业产品资料管理

按照"表 4-3 产品资料维护模拟企业分工"做模拟企业产品资料管理系统的练习。

要求：

（1）学生进行角色扮演，用户授权，以团队分工协作的方式。按照图 4-3，做产品物料清单的维护操作，学会查询产品资料的信息，并学会共享 BOM 的信息，感受企业产品数据维护的过程，体会企业产品数据共享的便利。

（2）信息部门设置系统日历：2013 年 1 月 2 日；指定信息主管的主机为服务器。引入 D:\ABC 电脑制造公司 -1 账套；按照表 4-5 至表 4-9 维护 BOM，并按图 4-2 各部门查询相关的资料。

◀» 提示：

注意保证各客户机的系统日历与主机服务器的系统日历相同。

岗位分工操作：

（1）工艺技术部工艺员：维护表 4-5 至表 4-9 的物料清单资料。

（2）生产计划部生产计划员：维护"商务电脑、商务主机、机箱"的工作中心，维护它们的生产线关系，详细内容可参考本书第 6 章。

（3）一车间班组长：查询"商务电脑、家用电脑"的单阶 BOM，指出表 4-14 中一车间领用的物料。

（4）二车间班组长：查询"商务主机、家用主机"的单阶 BOM，指出表 4-14 中二车间领用的物料。

（5）采购部业务员：查询"商务电脑、家用电脑"的多阶 BOM，熟悉产品的采购物料的品种。

第5章 采购管理

5.1 背景知识

5.1.1 采购管理简介

采购管理是 ABC 电脑制造公司的生产制造管理系统的子系统之一，参考图 1-4，采购管理是制造型企业产、供、销三大业务之一。

采购管理的主要任务是执行采购计划、采购订单管理、采购发票管理及供应商管理。采购管理的目标是保证企业在销售业务顺利进行的前提下，维持合理的库存量，从而减少成本。由于降低成本，销售环节会变得敏感，容易影响客户的交货期，影响市场占有率，导致企业的信誉降低，限制企业发展，因此，采购的最佳管理状态是既能满足市场，又要控制成本。在 ERP 信息系统平台，观察采购订单的执行过程，观察产品销售、生产、采购的过程，分析物流信息、价值流信息、资金流信息。根据客户的需求跟踪物料的数量、成本、资金状态，控制企业资源。

5.1.2 采购管理应用模式

图 5-1 所示是一个普通采购业务的过程,本章称为普通采购业务应用模式,它是图 1-4ABC 电脑制造公司的应用模式的一部分。它是一个集采购管理、库存管理、存货核算、应付款管理及总账为一体的采购业务解决方案。

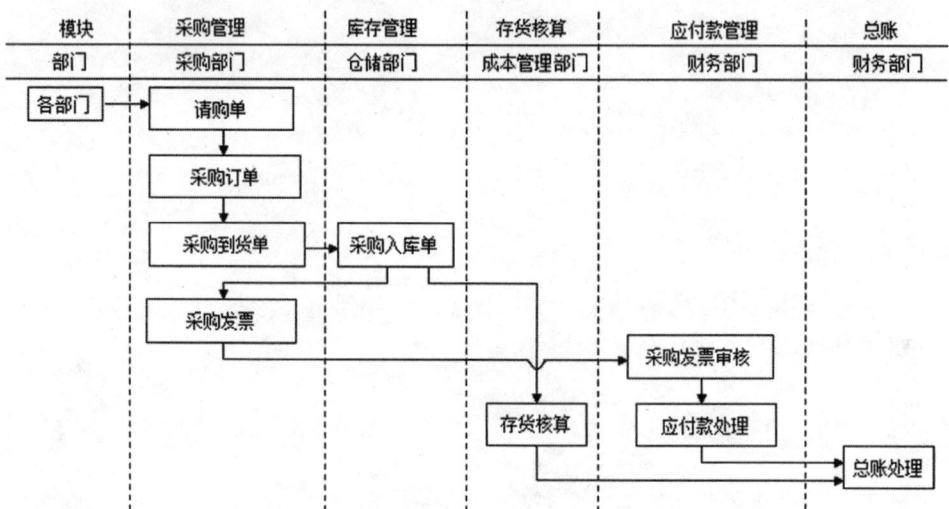

图 5-1 普通采购业务应用模式

1. 普通采购业务应用模式的特点

（1）应用模式相对固化了普通采购业务中的活动与流程。它覆盖供应商与企业之间所有的采购业务的信息。从信息系统处理的角度说，普通采购业务应用模式能够采集、存储、传递采购过程中的所有活动信息。

（2）采购业务信息的传递消除了部门之间的障碍、人为的障碍、地点与时空的障碍。

（3）普通采购业务应用模式是基于企业内部网络（Intranet）的 ERP 平台的、交互式的作业方式。

2. 普通采购业务应用模式的应用

（1）应用模式规定企业里的每一笔采购交易都是从原材料请购、采购订单生成、采购收货、采购入库、填制采购发票，到填制付款单，即六类单据处理的过程。

（2）对应于每一类单据的控制都有审核请购单、审核采购订单、审核采购入库单、结算采购发票、审核付款单五种控制。

（3）采购管理系统实时地采集、存储、传递每一笔采购业务过程中的所有活动信息，它们包括物流、价值流和资金流信息，并将这些信息及时、准确地提供给不同的业务部门，用来支持普通采购业务流程的运作。

因此，ERP 平台采购业务的实现，要从两个方面去理解：一是系统前台，各部门都在"企业应用平台"上，按业务流程进行"人机交互式"的业务活动；二是系统后台，有一双看不见的"手"采集、存储、传递及处理业务活动的信息。正是这双看不见的"手"帮助企业提高了采购作业的效率。

5.1.3　普通采购业务流程

图 5-2 所示是普通采购应用模式的业务流程。从信息管理系统的技术角度，可以将普通采购业务流程分为三类信息：物流信息、价值流信息与资金流信息，它们描述了采购业务物料流动的过程、价值流动的过程和资金流动的过程。

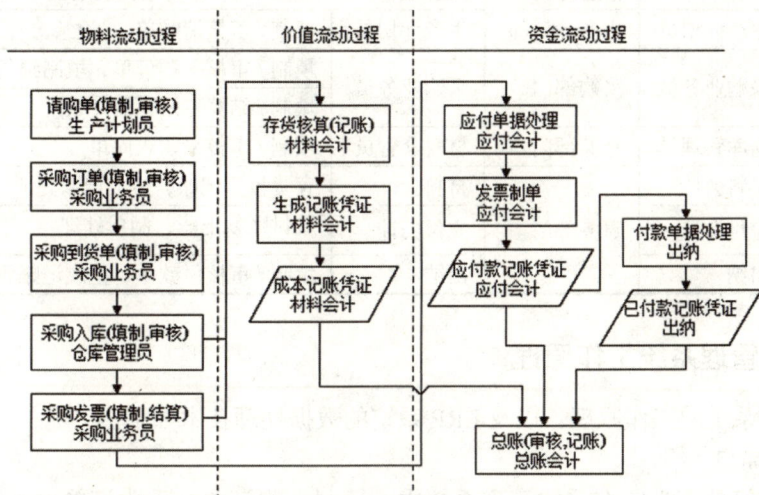

图 5-2　普通采购应用模式的业务流程

下面是对图 5-2 所示的三类过程信息的深度分析。

（1）物流信息。观察图 5-2，不难看出采购业务是通过一系列的单据进行作业的。物流信息是采购业务的主体。它包括请购、采购订单下达、采购到货单生成、采购入库、采购发票结算五类作业。而前道作业向后道作业扭转时，是通过审核或复核信息控制的。例如采购订单审核后，才有采购到货作业。

（2）价值流信息。当采购物料入库时，企业的物料库存增加，库存成本立刻发生变化，库存成本核算将产生价值流信息。价值流信息将支持采购成本核算，成本核算的凭证自动传递到财务部门对应的总账科目之下。

（3）资金流信息。当采购物料入库时，将进行应付款处理，这时企业的资金流信息将支持网上应付账款处理，其应付款处理凭证将自动传递到财务部门对应的总账科目之下。

在规定的会计期间内，所有的采购业务与财务信息无缝连接，及时、准确地反映了财务应付款的信息。

5.1.4　采购管理系统构成

以往，人们熟悉的采购管理系统是通过采购请购、采购订单、仓库入库、采购发票等综合运用的管理系统，即单纯的采购物流管理系统。但是站在企业产品经营决策的层面，采购管理系统一定要与成本管理系统、财务管理系统进行无缝连接才能构成一个完整的业务过程。

本章所讲的采购管理系统包括采购管理、库存管理、存货核算、应付款管理与总账五个模块，覆盖采购部门、仓储部门、成本管理部门和财务部门的日常业务作业。按专业分工，它覆盖采购管理流程、库存管理流程、存货核算流程、应付款流程和付款五个流程。每一个流程都设有多个岗位，参考表 5-1。

表 5-1　采购管理模拟企业分工

用　户	角　色	部　门	岗　位	操作内容
admin		信息部门	信息主管	引入 D：\ABC 电脑制造公司 -1
2001	生产计划员	生产计划部	生产计划员	填制 / 审核请购单
2002	采购业务员	采购部门	采购业务员	填制 / 审核采购订单，填制到货单
				填制 / 结算专用采购发票
5001	仓库管理员	仓储部门	材料仓管员	填制 / 审核采购入库单
5001	材料会计		材料会计	存货核算记账，生成记账凭证
7001	应付会计	财务部门	应付会计	应付账款记账，制单处理
7003	出纳		出纳	填制 / 审核付款单，生成记账凭证，核销处理

5.1.5　采购管理系统工作原理

采购管理系统的工作原理，以及 ERP 系统的数据处理技术如下。

1．采购部门

（1）采购订单管理。在采购管理系统中，填制采购订单。采购订单也可以参照 MPS 计划生成，或参照采购合同、销售订单、采购请购单（内部请购）生成。采购订单审核后，转发给供应商。供应商根据采购订单的信息准备货物。

（2）收货管理。供应商送货后，企业填制采购到货单。采购到货单参照采购订单生成，可以以此来控制收货品种和数量。

（3）发票信息管理。当供应商送货时，采购部门会依据采购到货单的数据接收供应商开具的发票，并填制到采购管理系统。采购发票信息传递至应付款管理系统。

2. 仓储部门

仓储部门的库存管理：采购入库单参照到货单生成，库存管理自动记账，采购入库信息传递至存货核算系统。

3. 财务部门

（1）成本记账处理。在存货核算系统中登记存货明细账，并制单生成凭证传至总账。

（2）财务记账处理。在应付款管理系统中，记录采购发票结算额度明细账，当制单生成记账凭证后，再自动传至总账。

（3）总账处理。审核记账凭证并记账，最终将所有的资金数据归集到总账事先设置的科目之下。

5.2　实务实操指导

5.2.1　实操内容

（1）采购订单管理。

（2）存货核算处理。

（3）应付款管理。

（4）总账处理。

5.2.2　实操要求

1. 技能要求

在 ERP 系统平台上学习普通采购业务管理。

（1）学会采购业务的基本技能。

（2）学会采购业务的物流管理技能。

（3）学会采购业务的成本核算技能。

（4）学会采购业务应收款处理技能。

2. 环境要求

在单用户环境下，按表 5-1 的资料、图 5-2 所示的普通采购业务流程，一个人模拟多岗位进行操作。

5.2.3　实操准备

1. 账套引入

系统日历为"2013-01-02"，以 admin 的身份登录"系统管理"平台，将"D：\ABC 电脑制造公司 -1"账套引至系统。

2. 登录"企业应用平台"

以操作员"1000，张健"账套主管的身份登录，输入密码：无；选择账套：[666] ABC 电脑制造公司；登录"企业应用平台"，进行普通采购业务的实务实操。

5.3   普通采购业务管理

按照图 5-2 所示的普通采购业务流程：从产品计划员"请购单"开始，参照生成"采购订单"，并修改产品的单价；参照采购订单生成"到货单"，参照"到货单"生成"采购入库单"；核算采购成本；进行应付款处理，最终将每一笔采购业务由采购订单生成的凭证都能自动地归集到总账设定的科目之下。

5.3.1   典型案例

1. 情境描述

（1）系统日历为 2013 年 1 月 2 日，二车间的生产计划员梁丽依据生产计划部的计划，编制材料需求计划，其中，0308 家用主板需求 10 块，0309 商务主板需求 10 块，要求本月 10 日到货，为此向采购部门提出请购单。

（2）系统日历为 2013 年 1 月 3 日，采购部门查询到采购申请后转换为采购订单。输入供应商：实达公司；部门：采购一部；业务员：马强；原币单价：家用主板 400 元、商务主板 500 元。

（3）系统日历为 2013 年 1 月 10 日，采购部门收到供应商的货物及供应商开具的发票。确认供应商的货物后，交仓储部门入库，并填制采购发票，告知财务部门应付款信息；财务部门查询到入库信息，核算该笔采购订单的成本，并进行应付款处理。

2. 基本技能

（1）熟悉采购业务应用模式。

（2）熟悉采购业务流程。

（3）会维护企业基础数据。

（4）了解表 5-1 中的部门、岗位和操作内容。

3. 知识链接

（1）结合采购管理、物流管理、财务管理多方面的知识，理解现代管理的应用技术。

（2）结合企业信息管理知识，理解采购业务流重组的应用技术。

5.3.2   采购订单管理

1. 请购单

采购请购单是企业内部的各个部门，向采购部门提出的需要采购物料的申请。

请购单是采购业务流程的开始。请购单中的关键数据为：采购什么货物，采购数量，需求日期，申请部门和人员。请购单还可以提供建议供应商、建议订货日期等信息。采购请购单的使用是可选择的。

1）请购单的填制

2013 年 1 月 2 日，二车间请购 10 块家用主板、10 块商务主板，需求日期为 2013 年 1 月 10 日。据此填制请购单。

操作步骤：

（1）登录"企业应用平台"，单击"业务工作"页签，选择"供应链"→"采购管理"→"请购"→"请购单"模块，打开"采购请购单"窗口。

（2）单击"增加"按钮，填制"请购单"。

（3）单击"保存"按钮，请购单制单完成，单击"审核"按钮，如图 5-3 所示。

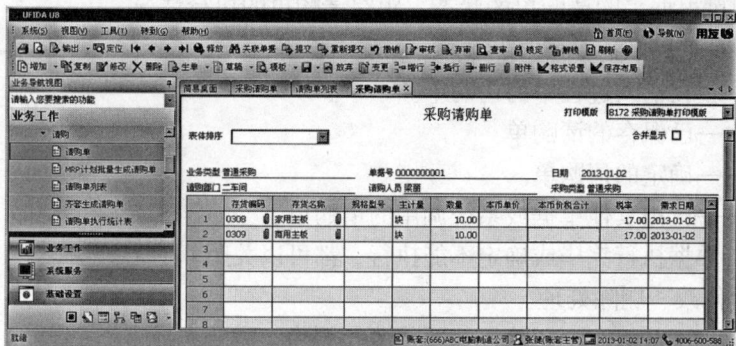

图 5-3　采购请购单

📣 提示：

（1）业务类型：默认为"普通采购"，若是商业企业，若设置"受托代销"业务，也可以选择"受托代销"。如果不选业务类型（为空），则既可以输入普通存货，也可以输入受托代销存货。

（2）需求日期：部门的需求日期必须输入。输入时要满足"需求日期≥请购单单据日期"（请购单单据日期位于表头，表头描述为日期；需求日期位于表体）。系统参照"请购单"生成采购订单时，会自动将"需求日期"引入"订货到货日期"。

（3）建议订货日期：可为空，输入时要求满足"需求日期≥建议订货日期≥请购日期"。

2）请购单信息查询

操作步骤：

（1）登录"企业应用平台"，单击"业务工作"页签，选择"供应链"→"采购管理"→"请购"→"请购单列表"模块，弹出"查询条件选择 - 采购请购单"对话框。

（2）选择"业务类型：普通采购"过滤条件，单击"确定"按钮，打开"请购单列表"，如图 5-4 所示。

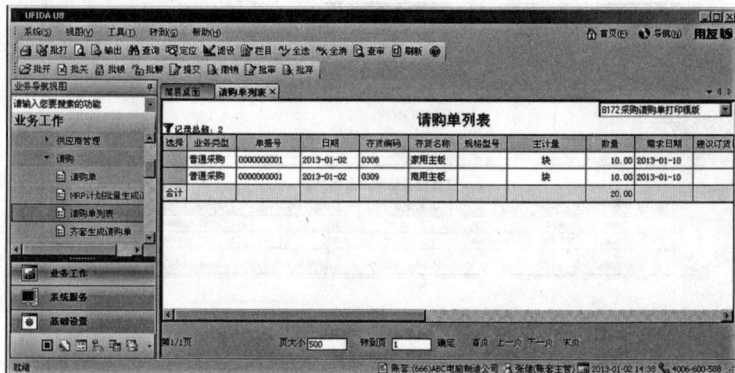

图 5-4　请购单列表

3）请购单的状态

企业各部门可根据采购请购单的状态，跟踪请购单的执行情况。

（1）请购单的五种状态如下。

① 输入——正在输入过程中的请购单。

② 未审核——已保存的请购单。

③ 已审核——确定的请购单。

④ 已执行——已被其他单据或系统调用的请购单。

⑤ 关闭——单据执行完毕或确定不能执行，都可以关闭。

（2）请购单修改、删除处理。

① 已审核单据不能修改、删除，如要修改、删除，需要先弃审。

② 已关闭单据不能修改、删除，如要修改、删除，需要先打开。

2. 采购订单

采购订单是指企业与供应商签订了采购合同或采购协议后，确定了要货时使用的凭证。供应商将根据采购订单组织货源，并送货或指定取货的地点，企业依据采购订单进行收货（或验收货物）。

普通采购订单可以参照五个数据来源：请购单、MPS/MRP 计划、ROP（Re-Order Point，再订货点）计划、销售订单、采购合同生成。当然也可以手工填制采购订单。

1）采购订单的填制 / 审核

2013 年 1 月 3 日，采购部门收到二车间的请购单后，与实达公司达成采购协议。参照二车间的请购单，填制 / 审核采购订单。

操作步骤：

（1）登录"企业应用平台"，单击"业务工作"页签，选择"供应链"→"采购管理"→"采购订货"→"采购订单"模块，打开"采购订单"窗口。

（2）单击"增加"按钮后，选择"生单"下拉列表框中的"请购单"，弹出"查询条件选择 - 采购请购单列表过滤"对话框。

（3）输入"请购日期：2013-01-02"，单击"确定"按钮，打开"拷贝并执行"窗口。

（4）单击"ALL"按钮，选中"采购请购单"，如图 5-5 所示。

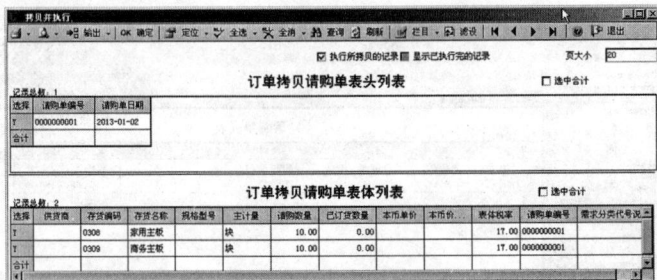

图 5-5 选择请购单

（5）单击"确认"按钮，返回"采购订单"窗口。"请购单"的资料将自动传递过来。

（6）表头输入"供应商：实达公司；部门：采购一部；业务员：马强"的资料。

（7）表体输入"家用主板的原币单价：400；商务主板的原币单价：500；计划到货日期：

2013-01-10"。

（8）单击"保存"和"审核"按钮，如图 5-6 所示。

提示：

（1）表头输入供应商、部门、业务员等资料。

（2）原币单价可以由采购部门来控制原材料的价格，这样后续流程的单据都可引用该价格。

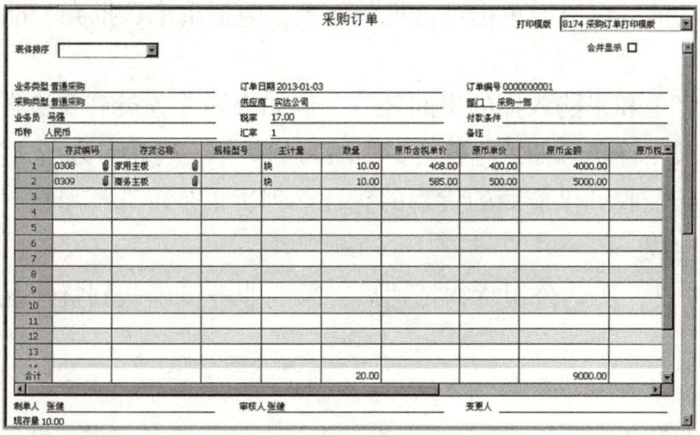

图 5-6　参照请购单生成采购订单

2）采购订单信息查询

（1）登录"企业应用平台"，单击"业务工作"页签，选择"供应链"→"采购管理"→"采购订货"→"采购订单列表"模块，弹出"查询条件选择 - 采购订单列表"对话框。输入"日期：2013-01-01 到 2013-01-03"。

（2）单击"确定"按钮，打开"订单列表"窗口，如图 5-7 所示。拉动横向滚动条，还可以看许多与采购订单有关的信息。

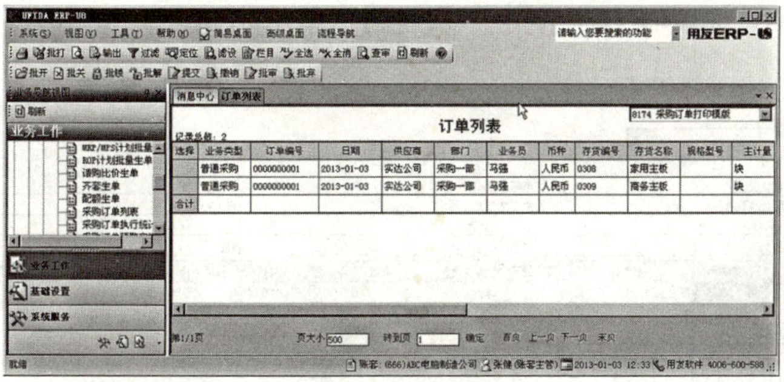

图 5-7　订单列表

3）采购订单状态

采购部门可根据采购订单的状态，跟踪采购订单的执行情况。

（1）采购订单的五种状态如下。

① 输入——正在输入过程中的采购订单。

② 未审核——已保存的采购订单。

③已审核——确定的采购订单。

④已执行——已被其他单据或系统调用的采购订单。

⑤关闭——单据执行完毕或确定不能执行，都可以关闭。

（2）采购订单修改、删除处理。

①已审核单据不能修改、删除，如要修改、删除，需要先弃审。

②已关闭单据不能修改、删除，如要修改、删除，需要先打开。

（3）批量处理功能：可以对单据进行批量处理，包括批审、批弃、批关、批开。

3. 到货单

到货单是采购订单和采购入库的中间环节。例如采购业务员需要检查供应商送的货物是否与采购订单的要求相符合。如果相符合，则填写到货单，确认对方所送货物、数量和价格。到货单也可以作为已经收到供应商的货物的凭证。到货单是可选择单据，可以手工填制，也可以参照采购订单生成。

2013 年 1 月 10 日，实达公司货物抵达后，采购业务员确认到货情况，依据采购订单填制到货单。

操作步骤：

（1）登录"企业应用平台"，单击"业务工作"页签，选择"供应链"→"采购管理"→"采购到货"→"到货单"模块，打开"到货单"窗口。

（2）单击"增加"按钮后，选择"生单"下拉列表框中的"采购订单"，弹出"查询条件选择-采购订单列表过滤"对话框。

（3）选择"供应商编码：实达公司"，单击"确定"按钮，打开"拷贝并执行"窗口，单击"ALL"按钮，显示"到货单拷贝订单表体列表"。

（4）单击"确定"按钮，返回"到货单"窗口，"采购订单"的资料自动传递过来，如图 5-8 所示。

（5）单击"保存"和"审核"按钮，采购到货单填制完成。

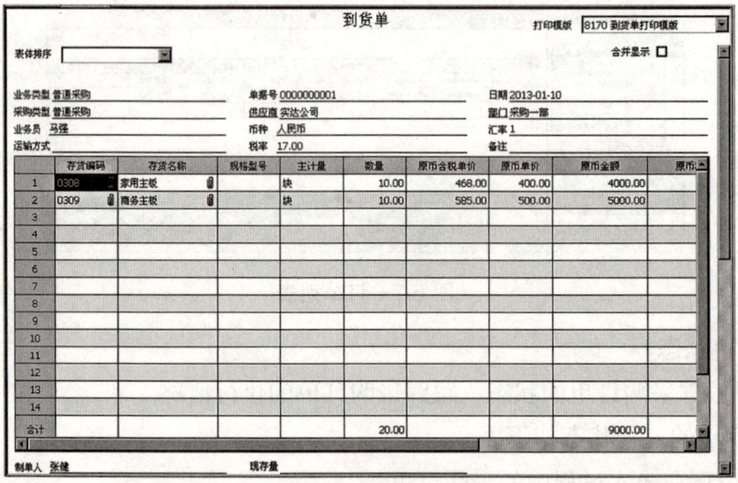

图 5-8　填制到货单

4. 采购入库

采购入库是将供应商送来的货物暂时存放在指定的仓库里保存起来。采购入库单是仓库入库的依据，也是存货核算、采购发票的重要依据之一。

当采购管理模块与库存管理模块集成应用时，入库业务是在库存管理模块进行的。当采购管理模块不与库存管理模块集成应用时，入库业务在采购管理模块进行。

2013 年 1 月 10 日，采购部门确认货物后，交仓储部门入库，在外购品仓库中暂存，据此填制采购入库单，并审核此单据。

操作步骤：

（1）登录"企业应用平台"，单击"业务工作"页签，选择"供应链"→"库存管理"→"入库业务"→"采购入库单"模块，打开"采购入库单"窗口。

（2）选择"生单"下拉列表中的"采购到货单"，弹出"查询条件选择 - 采购到货单列表"对话框，输入"供应商：实达公司 到 实达公司"，单击"确定"按钮，打开"到货单生单列表"窗口。

（3）单击"ALL"按钮，显示"到货生单表体"，如图 5-9 所示。

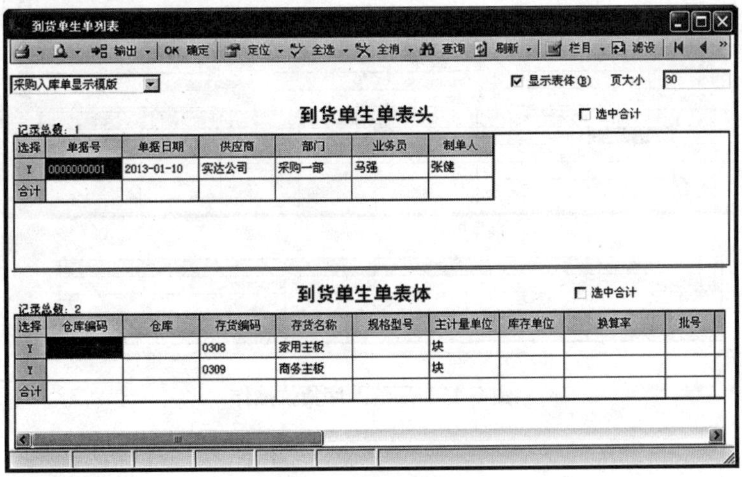

图 5-9　选择采购到货单

（4）单击"确定"按钮，返回"采购入库单"窗口，输入"仓库：外购品仓库"。

（5）单击"保存"按钮，如图 5-10 所示。

（6）由于外购品仓库是货位管理，因此还要将存货放到本仓库的货架上去。继续上述操作步骤。选中采购入库单表体的第 1 行的"家用主板"后，在工具条处单击"货位"按钮，输入"货位：其他货架；数量：10"，如图 5-11 所示。

（7）单击"保存"按钮，完成第 1 行货位的操作。然后再继续第 2 行，重复刚才的操作。

（8）单击"货位"后，再单击"审核"按钮，弹出"该单据审核完成"对话框，单击"确定"按钮。

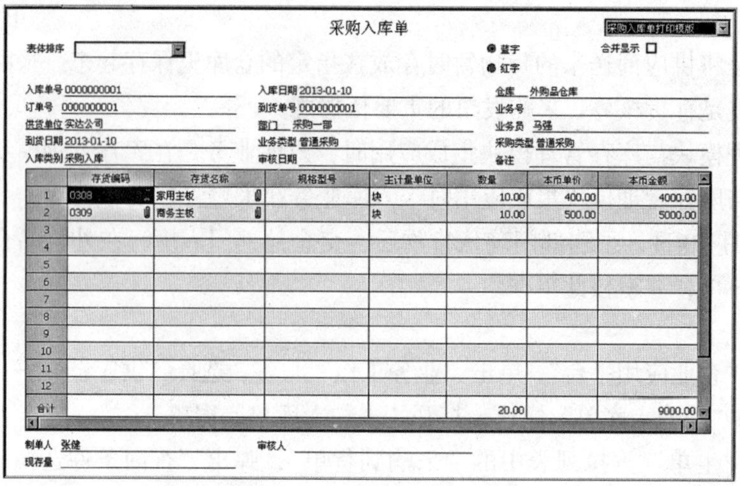

采购入库单　采购入库单打印模版

表体排序　　蓝字　红字　合并显示

入库单号 0000000001　入库日期 2013-01-10　仓库 外购品仓库

订单号 0000000001　到货单号 0000000001　业务号

供货单位 实达公司　部门 采购一部　业务员 马强

到货日期 2013-01-10　业务类型 普通采购　采购类型 普通采购

入库类别 采购入库　审核日期　备注

	存货编码	存货名称	规格型号	主计量单位	数量	本币单价	本币金额
1	0308	家用主板		块	10.00	400.00	4000.00
2	0309	商务主板		块	10.00	500.00	5000.00
3							
4							
5							
6							
7							
8							
9							
10							
11							
12							
合计					20.00		9000.00

制单人 张健　审核人

现存量

图 5-10　填制采购入库单

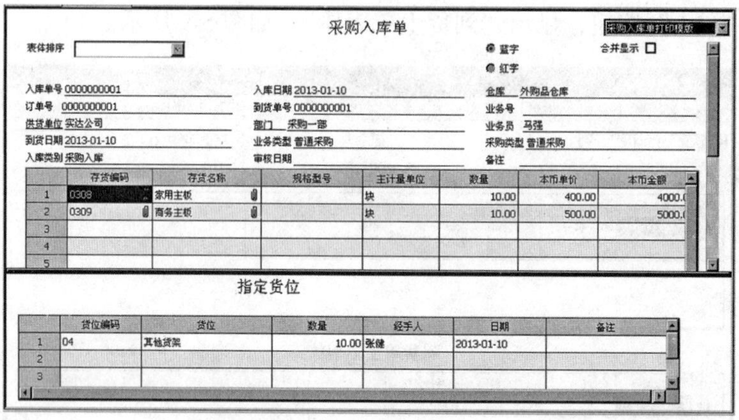

采购入库单　采购入库单打印模版

表体排序　　蓝字　红字　合并显示

入库单号 0000000001　入库日期 2013-01-10　仓库 外购品仓库

订单号 0000000001　到货单号 0000000001　业务号

供货单位 实达公司　部门 采购一部　业务员 马强

到货日期 2013-01-10　业务类型 普通采购　采购类型 普通采购

入库类别 采购入库　审核日期　备注

	存货编码	存货名称	规格型号	主计量单位	数量	本币单价	本币金额
1	0308	家用主板		块	10.00	400.00	4000.0
2	0309	商务主板		块	10.00	500.00	5000.0
3							
4							
5							

指定货位

	货位编码	货位	数量	经手人	日期	备注
1	04	其他货架	10.00	张健	2013-01-10	
2						
3						

图 5-11　采购入库货位操作

提示：

（1）采购入库单保存时，库存现存量自动做增数计算，查询库存管理报表现存量数据。

（2）采购入库单审核后，进入专用采购发票和存货核算流程。

5. 采购发票

采购发票是供应商开具的凭证，财务部门将根据采购发票进行应付账款处理。如有含税单价，需填制专用采购发票，没有税价则可以填制普通采购发票。

2013 年 1 月 10 日，供应商的货物入库后，采购部门收到供应商开具的发票，并据此填制专用采购发票。

操作步骤：

（1）登录“企业应用平台”，单击“业务工作”页签，选择“供应链”→“采购管理”→“采购发票”→“采购专用发票”模块，打开“专用采购发票”窗口。

（2）单击"增加"按钮，选择"生单"下拉列表框中的"入库单"，弹出"查询条件选择 - 采购入库单列表过滤"对话框，输入"供应商编码：实达公司到实达公司"，单击"确定"按钮，打开"拷贝并执行"窗口。

（3）单击"ALL"按钮，显示"发票拷贝入库单表体列表"。

（4）单击"确定"按钮，返回"专用发票"窗口，"采购入库单"的资料自动传递过来。

（5）单击"保存"按钮，采购专用发票填制完成。

（6）单击"结算"按钮，专用发票已结算，或者做自动结算业务，如图 5-12 所示。

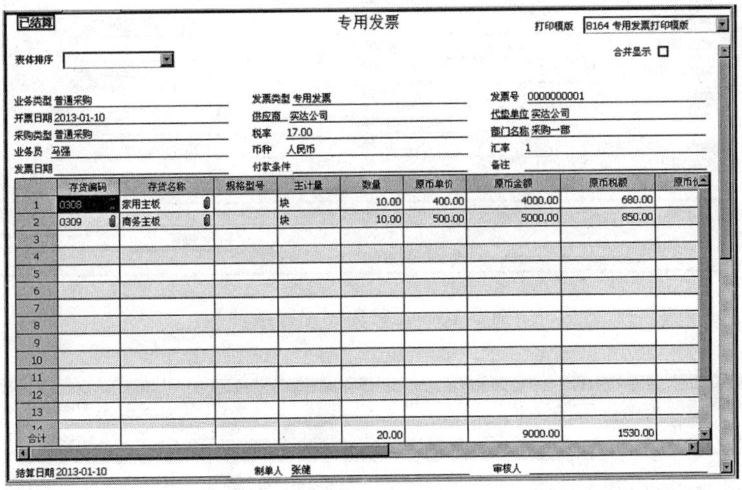

图 5-12 采购专用发票

📢 **提示：**

结算后的专用发票，系统传递给应付款管理系统。

5.3.3 存货核算处理

采购业务成本核算有多种情况，本章依据采购入库单核算成本。

1. 存货核算记账

2013 年 1 月 10 日，成本部门对已审核采购入库单进行记账，准备核算采购入库成本。

操作步骤：

（1）登录"企业应用平台"，单击"业务工作"页签，选择"供应链"→"存货核算"→"业务核算"→"正常单据记账"模块，弹出"过滤条件选择"对话框。

（2）选择"仓库：外购品仓库"条件，如图 5-13 所示。

（3）单击"确定"按钮，打开"正常单据记账列表"窗口，如图 5-14 所示。

（4）单击"ALL"按钮，"正常单据记账列表"全部选中。

（5）单击"记账"按钮，弹出"记账成功"提示，单击"确定"按钮，单据在列表中消失。

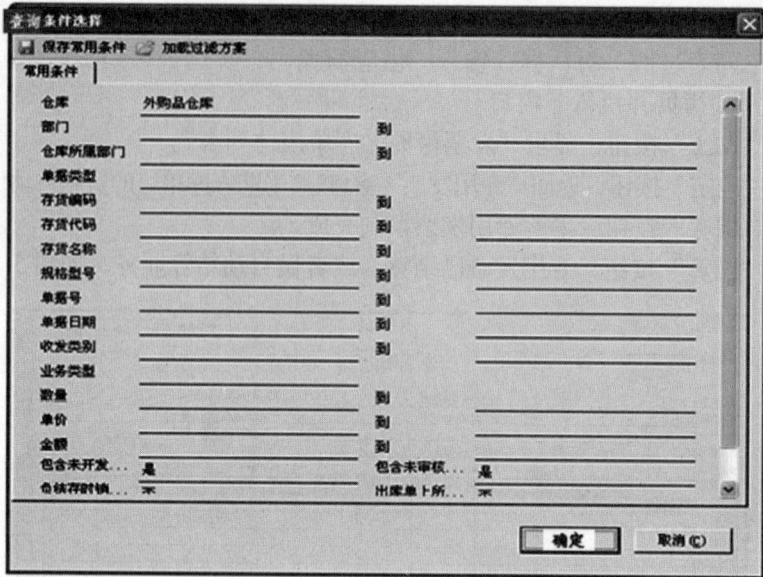

图 5-13 正常单据记账条件

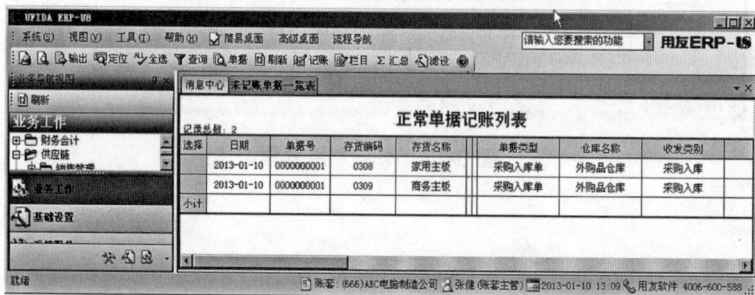

图 5-14 正常单据记账列表窗口

2. 恢复记账

如果存货核算记账出现了错误，可以进行"恢复记账"处理。

操作步骤：

（1）登录"企业应用平台"，单击"业务工作"页签，选择"供应链"→"存货核算"→"业务核算"→"恢复记账"模块，弹出"过滤条件选择"对话框。

（2）选择"仓库：外购品仓库，单据类型：采购入库"条件。

（3）单击"确定"按钮，打开"恢复记账"窗口。

（4）单击"ALL"按钮，选择栏显示"Y"。

（5）单击"恢复"按钮，弹出"恢复记账成功"提示，单击"确定"按钮，单据在列表中消失。

3. 生成凭证

2013 年 1 月 10 日，对已经记账的采购入库单进行记账处理，生成成本的记账凭证。

操作步骤：

（1）登录"企业应用平台"，单击"业务工作"页签，选择"供应链"→"存货核算"→"财务核算"→"生成凭证"模块，打开"生成凭证"窗口。

（2）单击"选择"按钮，弹出"查询条件"对话框。

（3）选择"采购入库单（报销记账），003- 外购品仓库"作为查询条件，如图 5-15 所示。

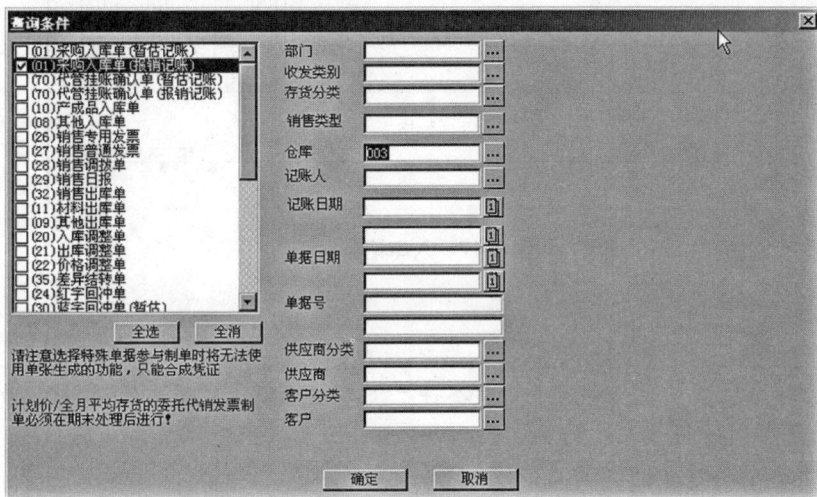

图 5-15　生成凭证

（4）单击"确定"按钮，打开"未生成凭证单据一览表"窗口。

（5）单击"ALL"按钮，"选择"栏显示"1"，单击"确定"按钮，打开"记账凭证"。

（6）输入"科目编码"，如图 5-16 所示。

（7）单击"生成"按钮，生成记账凭证。

（8）单击"保存"按钮，凭证左上角显示"已生成"，该凭证传递至总账系统，如图 5-17 所示。

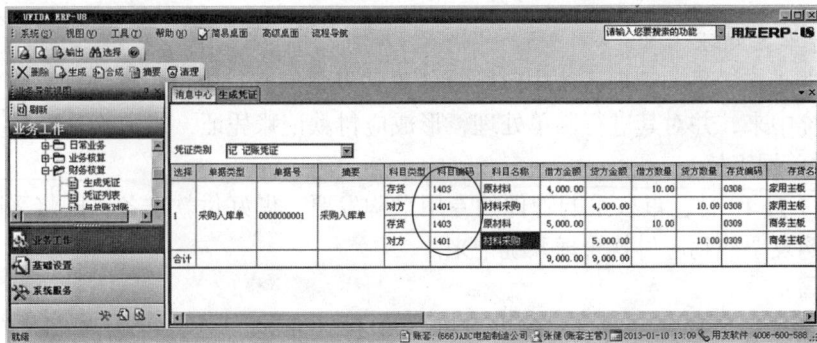

图 5-16　生成凭证

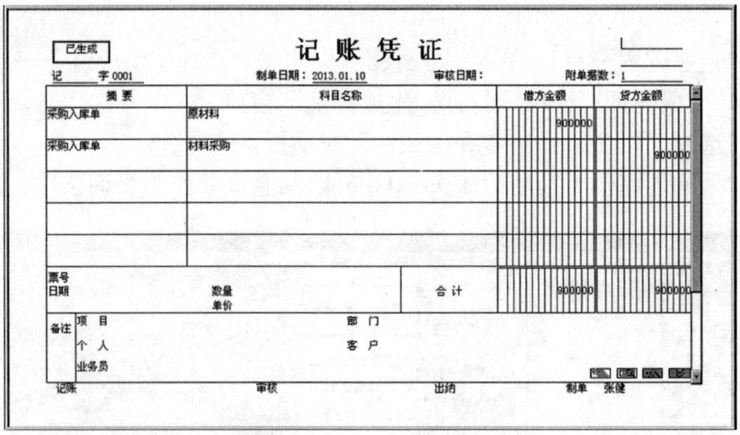

图 5-17 入库记账凭证

🔊 **提示：**

该凭证自动传递到总账，可减少总账会计二次手工填制凭证的工作。

4. 凭证查询

查看"记字 0001"凭证。

操作步骤：

（1）登录"企业应用平台"，单击"业务工作"页签，选择"财务会计"→"总账"→"凭证"→"查询凭证"模块，弹出"凭证查询"对话框。

（2）选择"凭证类别：记账凭证"；自动默认月份：2013.01，单击"确定"按钮。

（3）可查询到"记字 0001"凭证，参考图 5-17。

5.3.4 应付款管理

应付款管理系统主要是完成采购业务应付款项的处理，其次是提供各项应付款的相关信息，以明确应付款的发生缘由，有效地掌握付款核销的情况，为企业资金计划提供信息。

1. 应付单据处理

应付单据是连接采购管理系统中已结算的采购发票信息。应付单据处理是将发票信息拽到应付款系统中来，并对其进行制单处理，形成应付款记账凭证，传递给总账系统。

1）应付单据审核

2013 年 1 月 10 日，审核采购管理的专用采购发票，做好付款准备，即将采购管理系统中的专用采购发票拽到应付款管理系统中来。

操作步骤：

（1）登录"企业应用平台"，单击"业务工作"页签，选择"财务会计"→"应付款管理"→"应付单据处理"→"应付单据审核"模块，弹出"应付单过滤条件"对话框，如图 5-18 所示。

（2）选择"供应商"过滤条件，单击"确定"按钮，打开"应付单据列表"窗口。

图 5-18 应付单过滤条件

（3）单击"ALL"按钮，"选择"栏显示"Y"标志，单击"审核"按钮，系统提示审核情况，单击"确定"按钮，如图 5-19 所示。

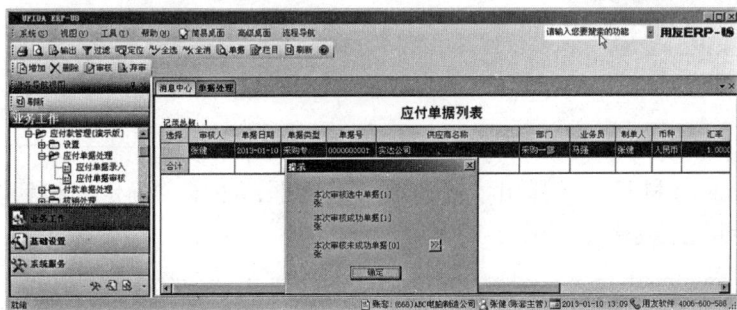

图 5-19 应付单据审核

2）制单处理

2013 年 1 月 10 日，对专用采购发票进行制单处理，生成一张应付款记账凭证。

操作步骤：

（1）登录"企业应用平台"，单击"业务工作"页签，选择"财务会计"→"应付款管理"→"制单处理"模块，弹出"制单查询"对话框。选择"发票制单"和供应商编码，如图 5-20 所示。

（2）单击"确定"按钮后，打开"采购发票制单"窗口。单击"ALL"按钮，"选择"栏显示"1"，单击"制单"按钮，生成记账凭证，如图 5-21 所示。

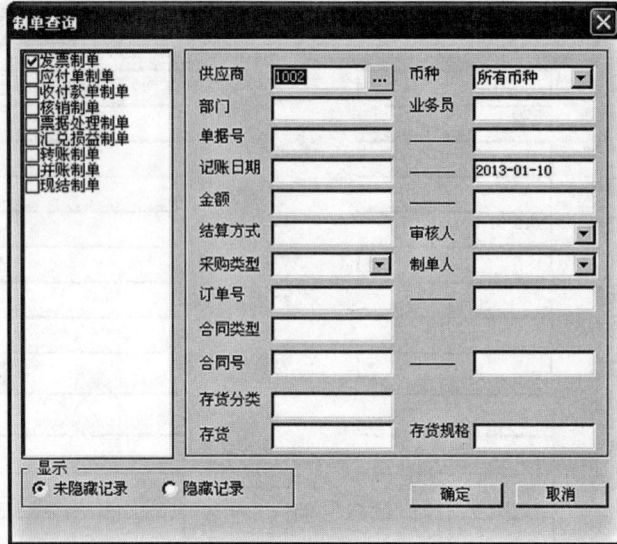

图 5-20　制单查询

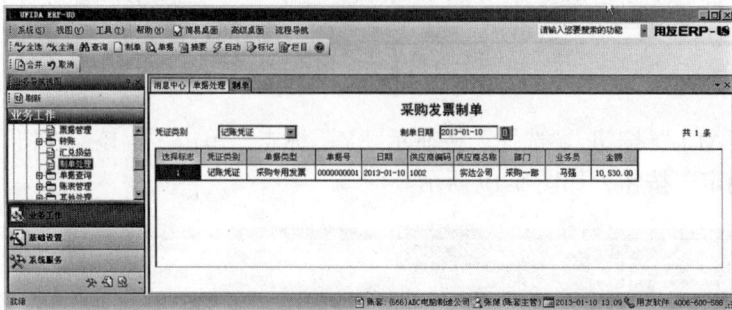

图 5-21　选择制单记账凭证

（3）输入借贷方科目后，弹出"辅助项"对话框，单击"确定"按钮。单击"保存"按钮，该凭证传到总账系统，如图 5-22 所示。

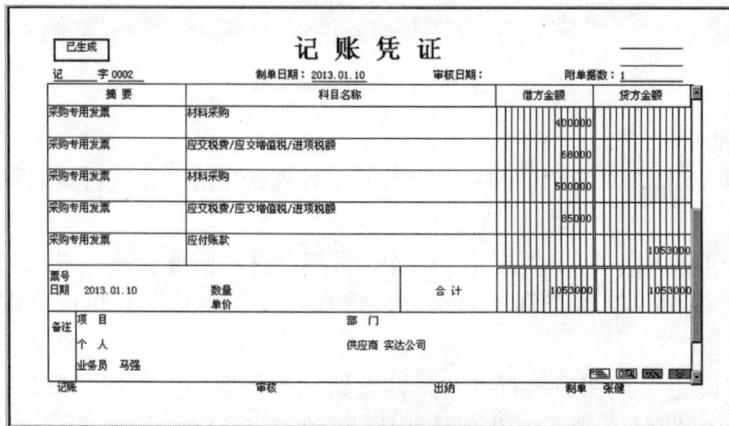

图 5-22　采购专用发票生成凭证

2. 付款单据处理

付款单据是针对专用采购发票进行支付货款的处理。这时，在应付款管理系统中针对供应商填制付款单，并对已经付过款的供应商进行应付款单据核销：如果支付的货款等于应付款，即进行完全核销；如果支付的货款小于应付款，则进行部分核销；如果支付的货款大于应付款，则余款作为预付处理。付款单记账凭证传递到总账系统。

1）付款单处理

2013年1月10日，ABC电脑制造公司用转账支票支付货款给实达公司，并核销该供应商的应付账款。

操作步骤：

（1）登录"企业应用平台"，单击"业务工作"页签，选择"财务会计"→"应付款管理"→"付款单据处理"→"付款单据录入"模块，打开"付款单"窗口。

（2）单击"增加"按钮，填制付款单。例如，简单地输入表头"供应商：实达公司；结算方式：转账支票；金额：10 530"后；再单击表体第一行，数据自动地带入表体中，如图5-23所示。

（3）单击"保存"按钮后，再单击"审核"按钮，弹出系统提示"是否立即制单？"，单击"是"按钮，显示该张付款单生成的凭证。

图5-23 付款单

（4）记账"借方摘要：付款单；科目名称：应付账款"，弹出"辅助项"对话框，单击"确定"按钮。

（5）记账："贷方摘要：付款单；科目名称：银行存款/工行存款"，弹出"辅助项"对话框，单击"确定"按钮。

（6）单击"保存"按钮，"已生成"的凭证传至总账系统，如图5-24所示。

2）记账凭证查询

操作步骤：

（1）登录"企业应用平台"，单击"业务工作"页签，选择"总账"→"凭证"→"查询凭证"模块，弹出"凭证查询"对话框。

（2）选择"凭证类别：记账凭证"，选择"月份：2013.01"，单击"确定"按钮。
查询到三张凭证，如图 5-25 所示。

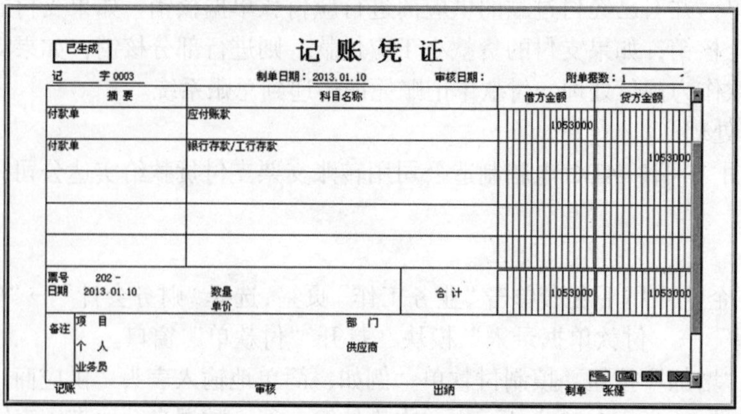

图 5-24　付款单生成的凭证

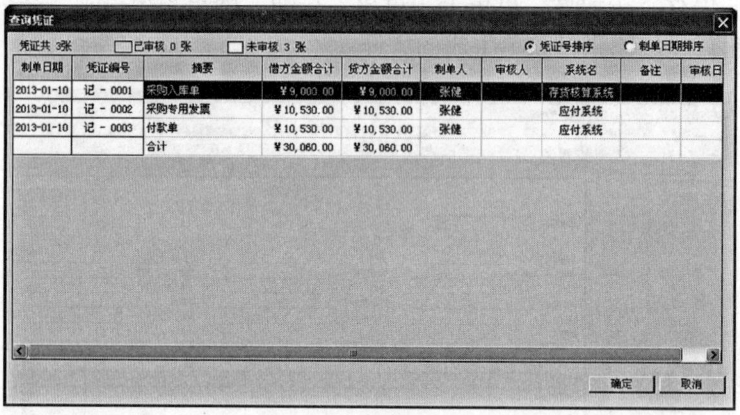

图 5-25　查询凭证

（3）双击"采购入库单"，便可以弹出该单据的记账凭证。

3）核销处理

核销处理是针对采购发票与付款单据的核销，以便于财务查询某个供应商的应付账款和已经付过的账款情况。

2013 年 1 月 10 日，对供应商"实达公司"的应付款单与采购专用发票进行核销处理。

操作步骤：

（1）登录"企业应用平台"，单击"业务工作"页签，选择"财务会计"→"应付款管理"→"核销处理"→"手工核销"模块，弹出"核销条件"对话框。

（2）选择"供应商：实达公司"，单击"确定"按钮，打开实达公司的单据核销表，如图 5-26 所示。窗口上方显示的是"付款单"的金额，窗口下方显示的是"采购专用发票"的金额。

（3）在"采购专用发票"，输入"本次结算：10 530"付款单金额，即从采购专用发票扣减付款单的金额。

（4）单击"保存"按钮，即完成对供应商的核销。

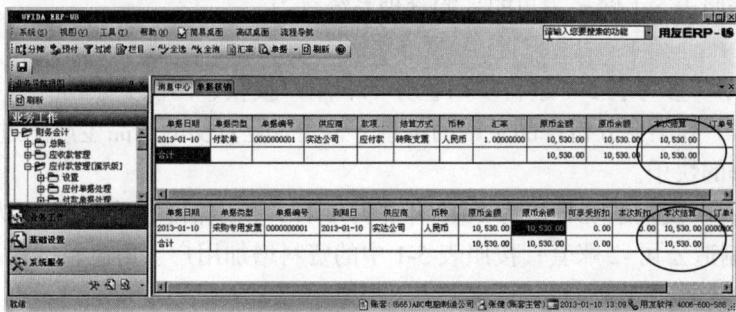

图 5-26　付款单与发票核销

思考题

1. 采购管理的主要任务是什么？
2. 采购管理系统由哪几个模块组成？它覆盖了哪几个部门？
3. 简述普通采购业务应用模式。你认为该模式可以修改吗，如何修改？
4. 简述普通采购业务的业务流程、操作顺序，以及它涉及的岗位。
5. 分析在本章实操中，采购入库记账是在什么操作下进行的？
6. 如果采购管理采取"先付款，后收货"，其应用模式应该如何修改？

练习题

1. 物料库存查询练习

查询库存现存量并填入表 5-2 中。

表 5-2　查询"商务电脑"BOM 的库存

阶　　码	物料编码	物料名称	单　　位	存货属性	生产耗用	现有库存量
0	0102	商务电脑	台	内销，自制	领用	?
1	0301	显示器	台	内销，外购	领用	?
1	0302	鼠标	只	内销，外购	领用	?
1	0303	键盘	个	内销，外购	领用	?
1	0203	商务主机	台	自制	领用	?
2	0304	内存条	条	外购	领用	?
2	0305	硬盘	个	外购	领用	?
2	0308	商务主板	块	外购	领用	?
2	0201	机箱	台	委外	领用	?
3	0401	金属板（1*2M）	片	外购	领用	?

2. 模拟企业采购管理练习

工作任务：生产计划员请购硬盘 100 个，内存条 350 条，要求采购业务扣减库存量后执行采购业务。按照表 5-1 做多用户的采购管理系统练习。

（1）要求。

① 岗位策划。参考表 5-1 进行多角色分工、用户授权、团队分工协作。按照图 5-2，做生产订单的操作，并学会分析产品生产的信息，感受企业真实的产品生产的过程，体会团结、协同、高效运作的快乐。

② 环境准备。设置系统日历为 2013 年 1 月 2 日；指定信息主管的主机为服务器；引入D：\ABC 电脑制造公司 -2 账套；按照表 5-1 中的资料增加用户、角色、授权。

（2）岗位分工作业。

① 生产计划部门生产计划员：请购硬盘 100 个。

② 采购二部门采购业务员：

填制 / 审核采购订单，硬盘 60 个，原币单价 800 元；内存条 50 条，原币单价 200 元，供应商：科威公司。填制到货单，填制 / 结算收到专用采购发票的信息。

③ 仓储部材料仓管员：参照"到货单"填制 / 审核采购入库单。

④ 财务部的材料会计：成本核算。

⑤ 财务部的应付会计：付单款处理，制单处理。

⑥ 财务部的出纳：出纳填制 / 审核付款单，核销处理。

（3）作业信息分析。

① 将采购入库后的存货现存量截图。

② 库存管理的出入库流水账截图。

③ 将采购管理的采购综合统计表截图。

第6章 生产管理

6.1 背景知识

6.1.1 生产管理简介

生产管理是 ABC 电脑制造公司产品制造管理系统的子系统之一，参考图 1-4，生产管理是制造型企业产、供、销三大核心业务之一。

生产管理是制造型企业中的重要增值环节。它的主要任务是执行主生产计划、物料需求计划、能力需求计划。因此，生产管理的目标是按时、按量地完成企业的主生产计划，确保车间作业的顺利执行，保证生产出用户满意的产品来，确保产品销售工作的顺利开展，同时还要求控制产品的生产成本。

6.1.2 生产管理应用模式

图 6-1 所示是一个典型的、离散型的生产技术类型。它是从图 1-4 所示的 ABC 电脑制造公司生产制造管理应用模式中分解出来的。它是企业常用的集产品数据管理、生产计划、生产管理、车间作业、库存管理与成本核算为一体的生产管理解决方案。

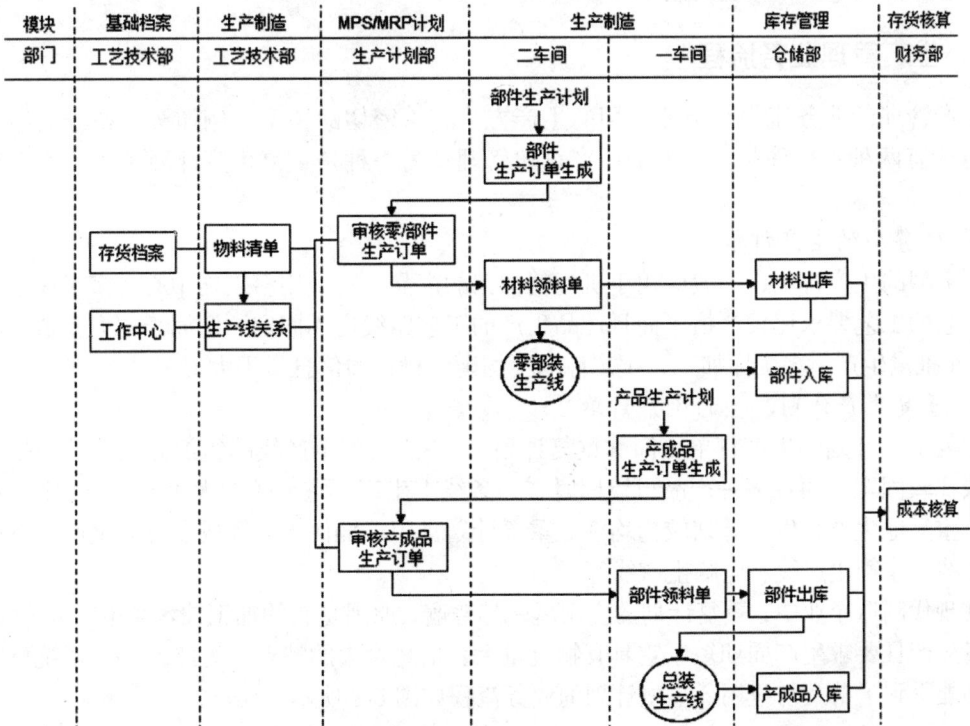

图 6-1　生产管理应用模式

1．生产管理应用模式的特点

（1）应用模式相对固化了产品加工中的活动与业务流程。它覆盖企业车间之间的产品生产的信息。从信息系统处理的角度，生产管理应用模式能够采集、存储、传递产品在加工过程中所有的制造活动信息。

（2）产品生产信息的传递消除了部门之间的障碍、人为的障碍、地点与时空的障碍。

（3）生产管理应用模式基于企业内部网络（Intranet）的 ERP 平台的、交互式的作业方式。

2．生产管理应用模式的应用

（1）应用模式规范：企业里的每一个产品的作业流程都是从生产计划开始的，由生产订单生成，到生产材料的领料、产品的加工、产品的完工入库，最终在产品的生产成本核算截止，即六类单据处理的过程。

（2）对应于每一类单据的控制都有生产订单审核、材料领料出库审核、产品加工完成后入库审核和产品生产成本核算四种控制。

（3）生产管理系统实时地采集、存储、传递每一个产品制造过程中的所有活动信息。它们包括物流信息和价值流信息，并将这些信息及时、准确地提供给业务流程"下游"的部门，用来推动生产作业流程的运作。

因此，ERP 平台车间作业的实现，要从两个方面去理解：一是系统前台，各部门都在"企业应用平台"上，按业务流程进行"人机交互式"的生产作业活动；二是系统后台，有一双看不见的"手"采集、存储、传递及处理产品生产活动的信息。正是这双看不见的"手"在帮助企业提高了车间作业的效率。

6.1.3　生产管理业务流程

生产管理的业务流程与企业采用的生产方式有着密切的关系。例如按设备分类组织生产的方式有两种：一种是任务型的生产订单管理；另一种是重复生产计划类型的生产订单管理。

1．任务型的生产订单

任务型的生产订单，一般应用于机械精加工的产品，它采用多工作中心、多工序的生产方式。它的工艺要求比较严格，而且产品生产的工艺路线也不固定。它属于"大制造、小装配"：小批量生产，多工序加工，生产计划不均衡，材料的信息量不大。

2．重复生产计划类型的生产订单

重复生产计划的生产订单（简称重复计划），一般采用生产线的组织方式。其产品的工艺路线比较固定，而且多种产品可以同时在一条线上生产。它属于"大生产、小制造"：大批量、重复地生产，生产计划较为均衡。重复计划常用于部件组装和成品总装生产，例如空调生产线、冰箱生产线、电脑生产线等。

在现代制造企业中，重复计划的应用越来越普遍，原因是它的加工技术简单，工艺固定，大批量生产且要求生产周期短，它具有物流量大、信息量大的特点。为此，ERP 系统重复计划的功能得到了普及与应用。重复计划的业务流程如图 6-2 所示。

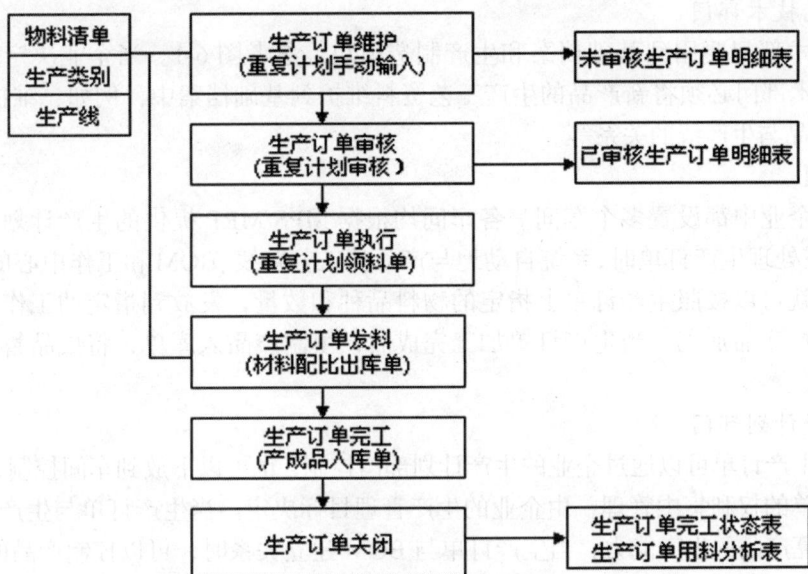

图 6-2　重复计划的业务流程

6.1.4　生产管理系统的构成

在传统的生产管理中，任务型的产品制造是通过生产计划单、派工单、材料限额领料单、材料出库单、生产完工单、产成品入库单等进行生产管理的。

其实在企业的生产运作中，单凭这些单据进行管理，效果是会大打折扣的。例如这些单据上的数据与工作中心、物料清单和工艺路线没有建立联系，人们不理解为什么要这样做，怎样做才是正确的。又如，不可能每一个单据都与生产订单建立关系。一旦工序长了，产品的信息在传递中就会变形，这样产品的生产结果是很难想象的。为了避免异常事件发生，企业的解决方案便是多投入一点人力，通过跟踪每一个工作环节，杜绝问题的发生。再如传统的生产作业过程，每一个作业环节都是在复制前一道作业的信息，如果某一信息发生变形，则产品的最终生产结果将会与预先计划的完全不同。

因此，要保证产品良好的生产状态，首先必须具有充分的数据和及时、准确的信息，这是基本条件；其次必须能做到生产计划实时控制。用现代生产管理的话来说，生产计划必须能"在线"控制，而且是"在线"控制每一道作业产品的加工品种、数量与质量等状态。这就要求生产管理系统包括基础数据管理、产品资料管理、MPS/MRP 计划、生产管理、库存管理、存货核算六个模块。它能覆盖工艺技术部门、车间、生产计划部门、仓储部门、成本管理部门的日常业务。如果按部门、按专业分工，它覆盖产品的工艺设计流程、生产流程、库存管理流程、存货核算流程四个流程。每一个流程都设有多个岗位，参考表 6-1。

6.1.5　生产管理系统工作原理

生产管理系统的工作原理，以及 ERP 系统的数据处理技术如下。

1. 工艺技术部门

工艺技术部门要用到基础档案和生产制造模块，参考图 6-1。当企业决定生产新产品时，工艺技术部门必须将新产品的生产工艺资料维护到基础档案中，例如，维护存货档案、BOM、新产品与生产线的关系等。

2. 车间

一般在企业中都设置多个车间。各车间均根据 MPS/MRP 提供的生产计划信息，编制生产订单。在处理生产订单时，系统自动地与产品的工艺路线、BOM 和工作中心的数据连接。这样，仓库就可以按照生产订单上指定的物料品种和数量，发放到指定的工作中心（或生产线）上进行产品加工。当生产订单加工完成后，填制产品入库单，将成品暂时存放在仓库里。

3. 生产计划部门

产品的生产订单可以通过企业的生产计划部门控制，也可以下放到车间控制，也就是说，审核生产订单的权利集中管理，由企业的生产管理目标决定。当生产订单与生产线建立关系时，可以计算产品的生产能力；当生产订单与 BOM 建立关系时，可以控制产品的加工数量、物料领用数量、产品的入库数量等。

4. 仓储部门

在生产管理中，仓库的物料管理分为原材料领料、部件领料、部件（或半成品）入库、产成品入库四种业务活动。

（1）当部件生产订单审核时，原材料仓库按照部件生产订单进行原材料的出库，原材料仓库自动记账；原材料出库的信息将自动传递至存货核算系统。

（2）当产成品生产订单审核时，半成品仓库按照产成品生产订单进行部件的出库，半成品仓库自动记账，部件出库的信息将自动传递至存货核算系统。

5. 成本管理部门

由于产品的生产是在各车间，或各个加工中心，或生产线中进行的，所以生产管理系统与存货核算系统可以无缝连接，成本管理部门可以直接对产品的生产过程进行信息分析。

6.2　实务实操指导

6.2.1　实操内容

（1）产品生产资料维护。

（2）生产订单（重复计划）管理。

（3）材料领料单。

（4）产成品入库。

6.2.2　实操要求

1. 技能要求

（1）学会产品生产管理的技能。

（2）学会在 ERP 系统环境下，产品生产订单管理的技能。

（3）学会材料领用的管理技能。

（4）学会产成品入库的管理技能。

（5）理解产品制造物流的信息。

2. 环境要求

在单用户环境下，按表 6-1 的资料、图 6-2 生产订单（重复计划）的业务流程，一个人模拟多岗位进行操作。

表 6-1 生产管理模拟企业分工

用　户	角　色	部　门	岗　位	操 作 内 容
admin		信息部门	信息主管	引入 D：\ABC 电脑制造公司 -1
4002	线长	一车间	班组长	填制产品生产订单
4004	物料员		物料员	领用材料，打印产品的领料单
4003	线长	二车间	班组长	填制部件生产订单
4005	物料员		物料员	领用材料，打印部件的领料单
2001	产品计划员	生产计划部	产品计划员	审核部件和产成品的生产订单
5001	仓库管理员	仓储部门	材料仓管员	填制 / 审核材料出库单
5002	仓库管理员		半成品仓管员	填制 / 审核部件入库单，填制 / 审核部件出库单
5003	仓库管理员		产成品仓管员	填制 / 审核产成品入库单

6.2.3 实操准备

1. 账套引入

系统日历为 2013-01-02，以 admin 的身份登录"系统管理"平台，将 D：\ABC 电脑制造公司 -1 的账套引入系统。

2. 登录"企业应用平台"

以操作员"1000，张健"账套主管的身份输入密码：无；选择账套：［666］ABC 电脑制造公司，登录"企业应用平台"，进行生产管理的实务实操。

3. 生产管理准备

1）生产订单类别维护

维护表 6-2 所示生产订单类别的资料。

表 6-2 生产订单类别

序　号	类 别 号	类 别 说 明
1	ZC	正常生产
2	WX	维修生产
3	CX	拆卸生产

操作步骤：

（1）登录"企业应用平台"，单击"业务工作"页签，选择"生产制造"→"生产订单"→"基本资料维护"→"生产订单类别资料维护"模块，打开"生产订单类别资料维护"窗口。

（2）单击"增加"按钮，输入表 6-2 所示生产订单类别资料，如图 6-3 所示。

（3）单击"保存"按钮。

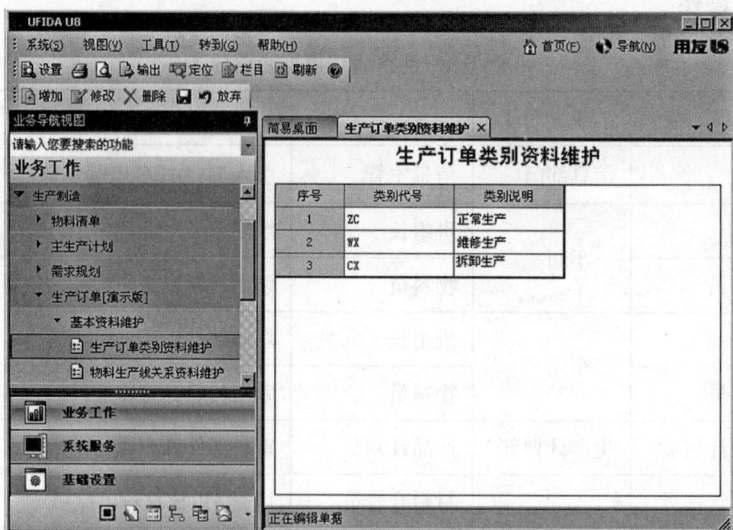

图 6-3　"生产订单类别维护"窗口

📢 **提示：**

（1）类别说明必须输入。

（2）类别代号必须输入，一旦类别代号被其他任何资料引用，则不可以删除。

（3）如果需要删除类别代号，则先要删除它的引用资料。

2）产品存货档案维护

将在生产线上生产的产品定义为"重复计划"类型的生产方式。例如"0101，家用电脑""0202，家用主机"，参考本书第 3 章的存货信息的基本属性设置，如图 6-4 所示，选择"MPS/MRP"选项卡，勾选"重复计划"复选框，如图 6-5 所示。

3）产品与生产线连接

重复计划通常是针对生产线设计的，它的工艺路线设计较固定，因此可以采用默认产品的物料清单作为工艺路线。这样在生产准备时，只需输入产品的物料清单（BOM），生产订单执行时，系统自动关联 BOM，进行"配比"材料出库管理，也可以事先设置好材料成本信息，从而实现材料成本的作业管理。

但是产品在生产前，必须维护产品的物料与生产线的关系：生产线、优先级、日产量，例如输入表 6-3 所示的资料。

图6-4 修改存货档案

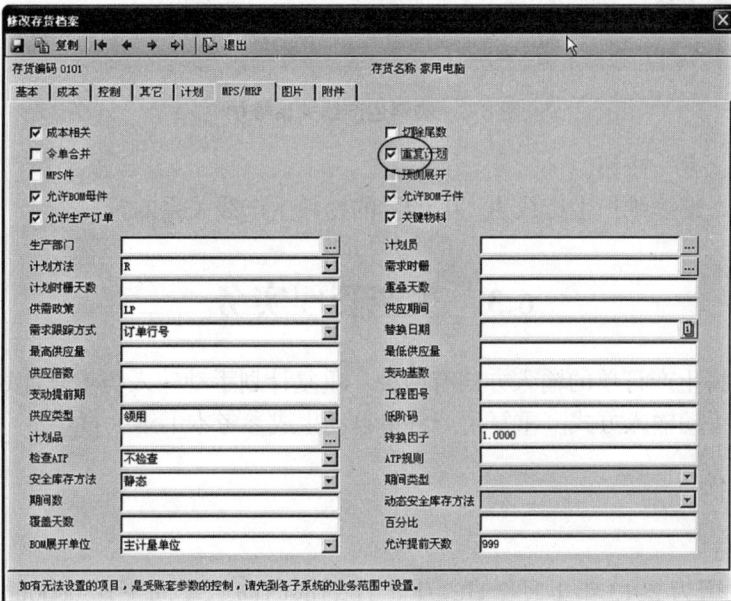

图6-5 勾选"重复计划"

表6-3 物料生产关系资料

物 料 编 码	物 料 名 称	生 产 线	生产线说明	优 先 级	日 产 量
0101	家用电脑	001	电脑总装生产线	1	100
0202	家用主机	002	电脑部装生产线	1	100

操作步骤：

（1）登录"企业应用平台"，单击"业务工作"页签，选择"生产制造"→"生产订单"→"基本资料维护"→"物料生产线关系资料维护"模块，打开"物料生产线关系资料维护"窗口。

（2）单击"增加"按钮，表头输入"物料编码：0101"，系统自动带出"家用电脑"物料名称。

（3）表体输入：生产线：001；生产线说明：电脑总装生产线；优先级：1；日产量：100，如图 6-6 所示。

图 6-6　物料生产线关系维护

（4）单击"保存"按钮。

按照此方法，继续维护生产线为"0202"的物料生产线关系的资料。

6.3　生产管理实务

一般系统支持生产订单的输入方式有两种：重复计划手动输入与重复计划自动生成。本章采用重复计划手动输入方式。重复生产订单自动生成参考本书第 8 章。

6.3.1　典型案例

1. 情境描述

（1）系统日历为 2013 年 1 月 2 日，生产计划部门向二车间下达 0000000001 号生产订单：生产 10 台家用主机。

（2）系统日历为 2013 年 1 月 3 日，生产计划部门向一车间下达 0000000002 号生产订单：生产 17 台家用电脑。

2. 基本技能

（1）依据表 6-4，查询"家用电脑"的产品结构，详细为内容可参考本书 4.3.2 章节。

表 6-4 "家用电脑"的 BOM 资料

阶 码	物料编码	物料名称	单 位	自 制	生产消耗	重复计划	供应类型
0	0101	家用电脑	台	自制	否	是	
1	0301	显示器	台	外购	是	否	领用
1	0302	鼠标	只	外购	是	否	领用
1	0303	键盘	个	外购	是	否	领用
1	0202	家用主机	台	自制	是	是	领用
2	0304	内存条	条	外购	是	否	领用
2	0305	硬盘	个	外购	是	否	领用
2	0308	家用主板	块	外购	是	否	领用
2	0201	机箱	台	委外	是	否	领用
3	0401	金属板（1*2M）	片	外购	是	否	领用

（2）建立"家用电脑"和"家用主机"生产资料与工作中心的连接。按表 6-5 所示资料，理解存货、工作中心和物料生产线关系。

表 6-5 产品生产的基本资料

物料编码	物料名称	单 位	存货属性	部 门	工作中心代号	工作中心名称
0101	家用电脑	台	自制	一车间	001	电脑总装生产线
0202	家用主机	台	自制	二车间	002	电脑部装生产线

（3）维护表 6-6 所示的资料。

表 6-6 重复生产计划资料

订单号	物料编码及名称	订单类别	生产线	生产数量	开工日期 完工日期	预入仓库	生产部门
0000000001	0202 家用主机	ZC	002	10	2013.1.2	半成品仓库	二车间
0000000002	0101 家用电脑	ZC	001	17	2013.1.3	产成品仓库	一车间

（4）了解产品材料的领用情况，如表 6-7 和表 6-8 所示，参考图 6-9，单击"子件"按钮。

表 6-7 "家用主机"的材料领用情况

订 单 号	物料编码	物料名称	单 位	用 量	领用仓库
0000000001	0304	内存条	条	10	外购品仓库
	0305	硬盘	个	10	外购品仓库
	0308	家用主板	块	10	外购品仓库
	0201	机箱	台	10	半成品仓库

表 6-8　"家用电脑"的材料领用情况

订　单　号	物料编码	物料名称	单　位	用　量	领用仓库
0000000002	0301	显示器	台	17	外购品仓库
	0302	鼠标	只	17	外购品仓库
	0303	键盘	个	17	外购品仓库
	0202	家用主机	台	17	半成品仓库

3. 知识链接

（1）结合采购管理、物流管理、财务管理多方面的知识，理解现代管理的应用技术。

（2）结合企业信息管理知识，理解采购业务流重组的应用技术。

6.3.2　部件生产过程管理

部件生产加工，一般要到原材料仓库领料，在车间加工成部件，暂存在半成品仓库里，待产成品加工时领用。

1. 部件生产订单

1）填制生产订单

2013 年 1 月 2 日，二车间依据表 6-6 的资料，手动输入"家用主机，生产数量：10 台"重复计划的生产订单。

操作步骤：

（1）登录"企业应用平台"，单击"业务工作"页签，选择"生产制造"→"生产订单"→"生产计单生成"→"重复计划手动输入"模块，打开"重复计划手动输入"窗口。

（2）单击"增加"按钮，表头输入"部门：102；订单类别：ZC；开工日期：2013-01-02；完工日期：2013-01-02"。表体输入"物料名称：家用主机；生产线：002；生产数量：10；末件开工日：2013-01-02，预入仓库：002，即半成品仓库"。生产订单状态为：锁定。

（3）单击"保存"按钮，如图 6-7 所示。

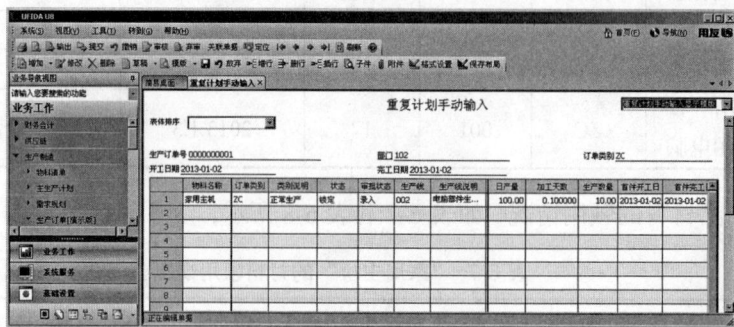

图 6-7　部件生产订单维护

2）部件生产订单查询

操作步骤：

（1）登录"企业应用平台"，选择"生产制造"→"生产订单"→"报表"→"未审核订单明细表"模块，弹出"查询条件选择 - 未审核生产订单明细表"对话框。

（2）选择"物料编码：0202 到 0202"，单击"确定"按钮，弹出"未审核生产订单明细表"窗口，如图 6-8 所示。

3）部件生产订单的状态

生产订单有四种状态：锁定／未审核、已审核、关闭、删除。企业各部门可根据生产订单的状态，跟踪它们的执行情况。

（1）生产订单的四种状态。

① 锁定／未审核——正在输入过程中的生产订单，对它可以修改。

② 已审核——确定的生产订单是可以执行的，对它可以弃审。

③ 关闭——生产订单执行完毕或确定不能执行，可以关闭或还原。

④ 删除——删除的生产订单是不能查询的。

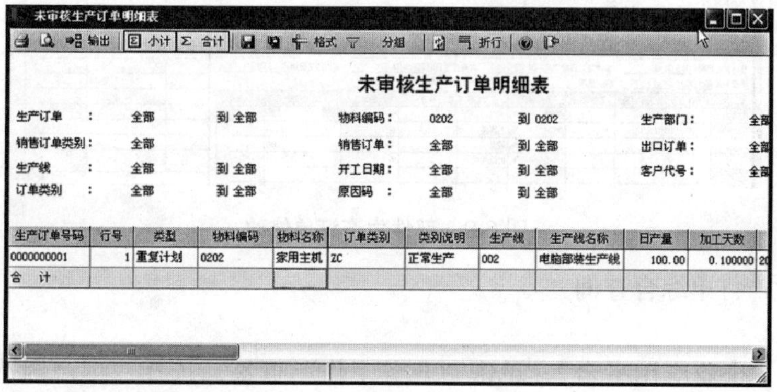

图 6-8　部件生产订单查询

（2）生产订单修改、删除处理。

① 已审核单据不能修改、删除，如要修改、删除，需要先弃审。

② 已关闭单据不能修改、删除，如要修改、删除，需要先还原。

2. 部件生产订单审核

部件生产订单处理有修改、审核与弃审、关闭和还原。

1）部件生产订单修改

生产订单生成后，无论是自动生成或手动生成都属于未审核的订单。此时的生产订单还可以通过"生产订单手动输入"及"重复计划手动输入"进行修改，系统还提供对母件资料、子件资料进行新增、修改、删除、查询、子件维护、打印等功能。

操作步骤：

（1）登录"企业应用平台"，单击"业务工作"页签，选择"生产制造"→"生产订单"→"生产计划生成"→"重复计划手动输入"模块，打开"重复计划手动输入"窗口。

（2）单击"修改"按钮，可以直接修改生产订单的部门、订单类别、开工日期、生产数量、预装仓库等资料。

（3）单击"保存"按钮，完成生产订单的输入。

（4）单击"子件"按钮，弹出"重复计划手动输入 -- 子件资料"窗口，可以查询或修改子件的 BOM，如图 6-9 所示。

2）部件生产订单审核

（1）单击"退出"按钮，退出"重复计划手动输入 -- 子件资料"窗口，回到"重复计划手动输入"窗口。

（2）单击"审核"按钮，弹出生产订单审核成功的信息，单击"确定"按钮，该生产订单的状态为"审核"。

图 6-9 部件生产订单修改

3）部件生产订单综合查询

操作步骤：

（1）登录"企业应用平台"，单击"业务工作"页签，选择"生产制造"→"生产订单"→"生产订单处理"→"生产订单综合查询"模块，弹出"查询条件选择"对话框。

（2）选择"生产订单类型：重复计划；生产订单状态：审核；开工日期：2013-01-01 到 2013-01-02"。

（3）单击"确定"按钮，打开"生产订单综合查询"窗口，如图 6-10 所示。

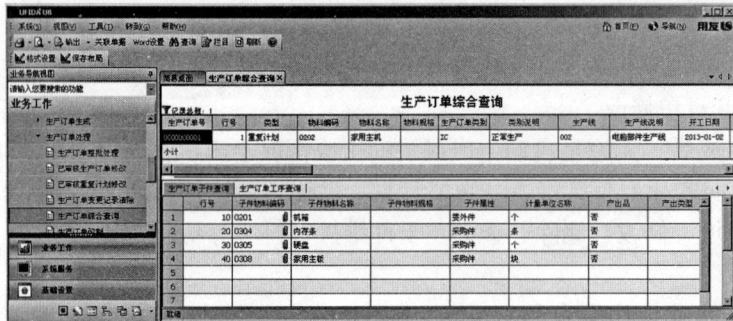

图 6-10 部件生产订单综合信息

📢 提示

（1）对已经审核的生产订单，在一定的条件下还可以进行弃审，弃审生产订单的约束条件为：已审核未关闭状态；可执行领 / 退料作业；执行产品入库单。

（2）表头生产订单状态为"审核"时，输入报表查询的条件，系统将带出条件范围内的审核状态的生产订单。

（3）当对表体资料进行选择时，单击"弃审"按钮，即可对所选定的生产订单进行弃审处理。

（4）弃审后的生产订单，又可进行资料修改了。

3. 部件生产订单执行

生产订单的执行过程分为投料、加工、产出三个过程。

投料是生产线依据"生产订单领料单"到材料仓库去领料，材料仓库发料，即二车间部装生产线与材料仓库的完成物料交接，双方都以"材料出库单"作为原始凭证。

加工是指生产线依据部件的生产工艺要求，生产出合格的部件。

产出是指生产线将完工合格的部件送到半成品仓库暂时保存，即二车间部装生产线与半成品仓库的物料交接，双方都以"产成品入库单"作为原始凭证。

1）生产订单领料单

生产订单领料单是车间领料的依据。一旦生产订单审核后，系统会自动生成领料单。二车间部装生产线可以依据"生产订单通知单"，到外购品仓库去领料。

操作步骤：

（1）登录"企业应用平台"，单击"业务工作"页签，选择"生产制造"→"生产订单"→"报表"→"生产订单领料单"模块，弹出"选择"提示，选择"重复计划"，单击"确定"按钮。

（2）弹出"查询条件选择-生产订单领料单-重复计划"对话框，选择"生产订单：0000000001 到 0000000001"，单击"确定"按钮，打开"生产订单领料单--重复计划"窗口，如图 6-11 所示。

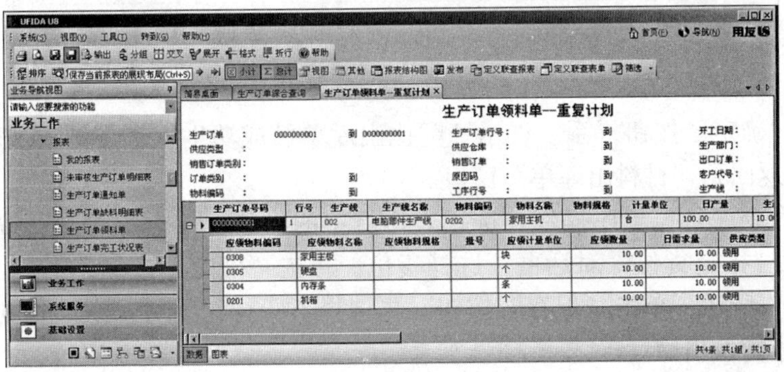

图 6-11　生产订领料表

提示：

如果车间管理需要凭证，可以单击"打印机"按钮，打印出"生产订单领料单"。

2）材料出库

库存管理参照生产订单领料单，做"配比"功能材料出库单，即产品生产配套材料发放管理，俗称"限额材料领料单"。"配比"材料领料单，是引用的生产订单"子件"用料表中的数据，也就是二车间电脑部装生产线，生产 10 台家用主机，"0000000001"号生产订单的材料出库单。

操作步骤：

（1）登录"企业应用平台"，单击"业务工作"页签，选择"供应链"→"库存管理"→"出库业务"→"材料出库单"模块，打开"材料出库单"窗口。

（2）单击"配比"按钮，弹出"配比出库单"窗口，选择"订单号"，弹出"生单来源"对话框，选择"生产订单"，单击"确认"按钮，弹出"查询条件选择 -- 父项过滤条件"对话框，再选择"生产订单号：0000000001 到 0000000001"。

（3）单击"确定"按钮，弹出"生产父件选择"窗口，单击"ALL"按钮，显示"生产所属子项"信息，检查无错误后，单击"确定"按钮，弹出"配比出库单选择"窗口。

（4）参考表 6-7，输入对应材料出库的仓库编码"机箱为 002，半成品仓库；内存条、硬盘、家用主板为 003，外购品仓库"，如图 6-12 所示。

图 6-12　配比出库单

（5）单击"确定"按钮，系统提示"配比出库单已成功生成 2 张材料出库单！"，单击"确定"按钮，返回到"材料出库单"窗口。

（6）外购品仓库货位出库操作。选择表体行中的物料，单击"货位"按钮，单击"货位编码"，弹出"指定货位"对话框，选择货位。单击"确定"按钮，返回"材料出库单"窗口，如图 6-13 所示，单击"保存"按钮。再选择下一行的物料，继续相同的操作，直到所有的物料完成货位出库。

（7）单击"货位"按钮，退出货位操作，单击"审核"按钮，审核"0000000002"材料出库单。

（8）单击"⏮"按钮，审核"0000000001"材料出库单。

3）产品入库

"0000000001"生产订单加工完成后，将完工的"家用主机"入库到半成品仓库。

操作步骤：

（1）登录"企业应用平台"，单击"业务工作"页签，选择"供应链"→"库存管理"→"入库业务"→"产成品入库单"模块，打开"产成品入库单"窗口。

（2）单击"生单"按钮，选择"生产订单（蓝字）"，弹出"查询条件选择 - 生产订单列

表"，选择"生产订单号：0000000001 到 000000001"，单击"确定"按钮，弹出"生产订单
入库生单列表"窗口，单击"ALL"按钮，显示生产订单信息，单击"确定"按钮，打开
"产成品入库单"窗口。

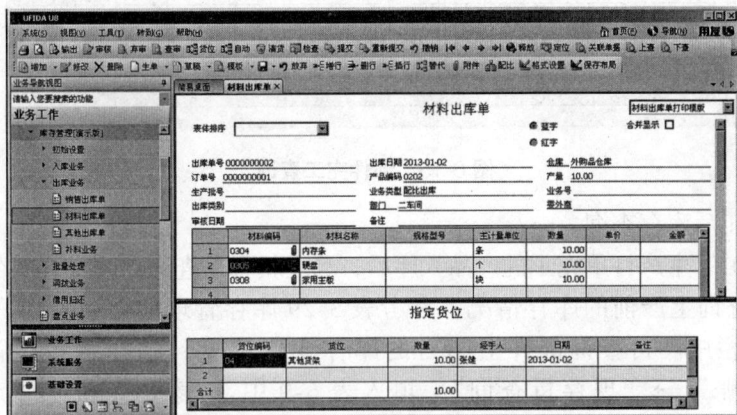

图 6-13　部件生产材料的货位出库

（3）单击"保存"按钮，然后单击"审核"按钮，如图 6-14 所示。

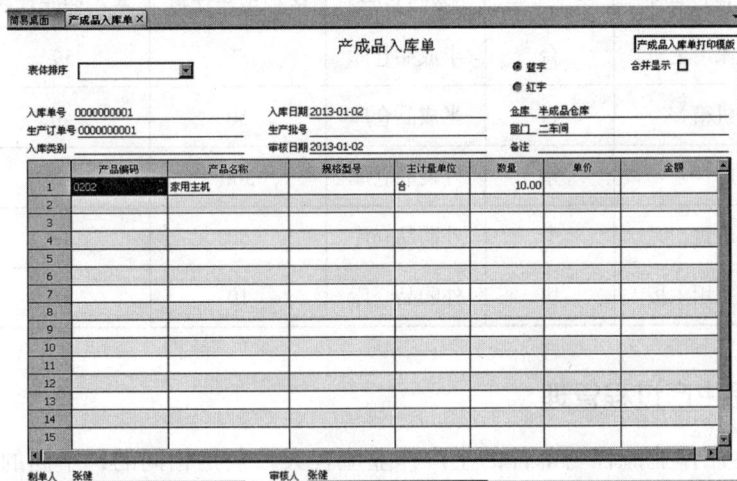

图 6-14　半成品入库

4）部件完工查询

"0000000001"生产订单加工完成后，马上就可以查询到所用材料信息，以及完工的产
品信息。

操作步骤：

（1）单击"业务工作"页签，选择"供应链"→"库存管理"→"报表"→"库存账"→"出
入库流水账"模块，打开"查询条件选择 - 出入库流水账"对话框。

（2）选择"单据日期：2013-01-01 到 2013-01-02"，打开"出入库流水账"窗口，如
图 6-15 所示。

（3）单击"确定"按钮。

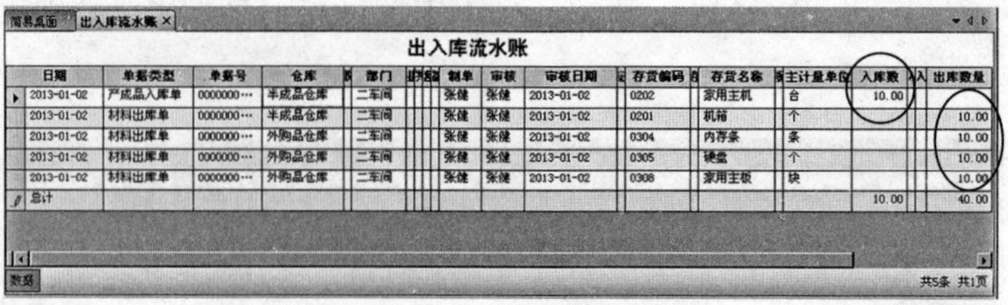

图 6-15   部件完工查询

5）部件完工后库存查询

"0000000001"生产订单完工的产品入库后，马上就可以查询到改变的库存量。

例如，先查询生产前的库存情况：参考表 3-29 库存管理期初列表，填入表 6-9"生产前库存量"栏中。再查询部件生产后的库存变化情况：选择"库存管理"→"报表"→"库存账"→"现存量查询"，填入表 6-9 中。"家用主机"生产前后的库存量对比如表 6-9 所示。

表 6-9   "家用主机"生产前后的库存量对比

物料编码	物料名称	单　　位	物料仓库	生产前库存量	生产后库存量	库存记账
0202	家用主机	台	半成品仓库	7	17	增加
0201	机箱	台	半成品仓库	50	40	减少
0304	内存条	条	外购品仓库	300	290	减少
0305	硬盘	个	外购品仓库	50	40	减少
0308	家用主板	块	外购品仓库	10	0	减少

6.3.3   产成品生产过程管理

产成品的生产作业流程与部件的生产作业流程大致上是相同的，不同的是生产线的领料、投料和入库地点不一样。

1. 填制生产订单

产成品生产加工时，是从半成品仓库或外购品仓库领料，在总装车间加工成为成品，暂存在产成品仓库里，等待销售出库。

1）填制产成品生产订单

2013 年 1 月 3 日，一车间依据表 6-6 所示资料，输入"家用电脑，生产数量 17 台"的生产订单。

操作步骤：

（1）登录"企业应用平台"，单击"业务工作"页签，选择"生产制造"→"生产订单"→"生产计单生成"→"重复计划手动输入"模块，打开"重复计划手动输入"窗口。

（2）单击"增加"按钮，表头输入"部门：一车间；生产类别：正常生产；开工日期：2013-01-03；完工日期：2013-01-03"。表体输入"物料名称：家用电脑；生产线：001；生产数量：17；末件开工日：2013-01-03；预入仓库：001，产成品仓库"，生产订单状态为"锁定"。

（3）单击"保存"按钮，如图 6-16 所示。

（4）单击"审核"按钮。

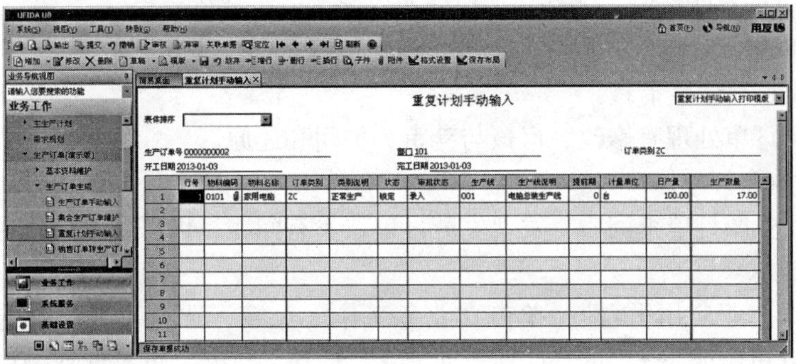

图 6-16　产成品生产订单审核

2）产成品生产订单通知查询

操作步骤：

（1）登录"企业应用平台"，单击"业务工作"页签，选择"生产制造"→"生产订单"→"报表"→"生产订单通知"模块，弹出"选择"对话框，选择"重复计划明细表"，单击"确定"按钮。

（2）弹出"查询条件选择 - 生产订单明细表"，选择"开工日期：2013-01-01 到 2013-01-03"，单击"确定"按钮。

（3）打开"重复计划明细表"窗口，如图 6-17 所示。

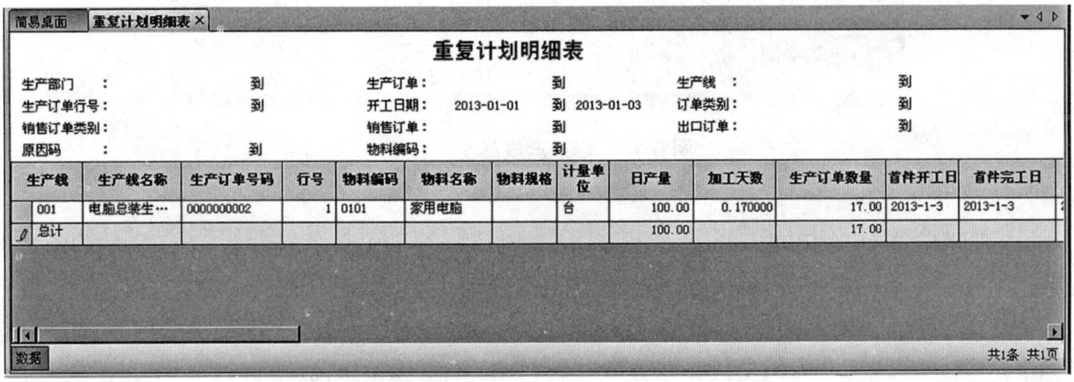

图 6-17　"重复计划明细表"窗口

3）产成品生产订单的状态

生产订单有四种状态：锁定 / 未审核、已审核、关闭、删除。企业各部门可根据生产订单的状态，跟踪它们的执行情况。

（1）生产订单的四种状态。

① 锁定 / 未审核——正在输入过程中的生产订单，对它可以修改。

② 已审核——确定的生产订单是可以执行的，对它可以弃审。

③ 关闭——生产订单执行完毕或确定不能执行，可以关闭或还原。

④ 删除——删除的生产订单是不能查询的。

（2）生产订单修改、删除处理。

① 已审核单据不能修改、删除，如要修改、删除，需要先弃审。

② 已关闭单据不能修改、删除，如要修改、删除，需要先还原。

2. 产成品生产订单审核

产成品生产订单处理有修改、审核与弃审、关闭和还原。

1）产成品生产订单修改

假设产成品生产订单查询后，发现生产订单数量有问题，可以及时修改生产订单。

操作步骤：

（1）登录"企业应用平台"，单击"业务工作"页签，选择"生产制造"→"生产订单"→"生产计单生成"→"重复计划手动输入"模块，打开"重复计划手动输入"窗口。

（2）单击"弃审"按钮，弃审成功后，再单击"修改"按钮，可修改生产订单上的生产数量，例如图 6-18 所示，修改生产数量为 17 台。如果要修改子件，单击"子件"按钮，弹出"重复计划手动输入 - 子件资料"对话框，便可以修改该生产订单子件的 BOM 资料。

（3）单击"保存"按钮，完成生产订单修改，单击"审核"按钮。

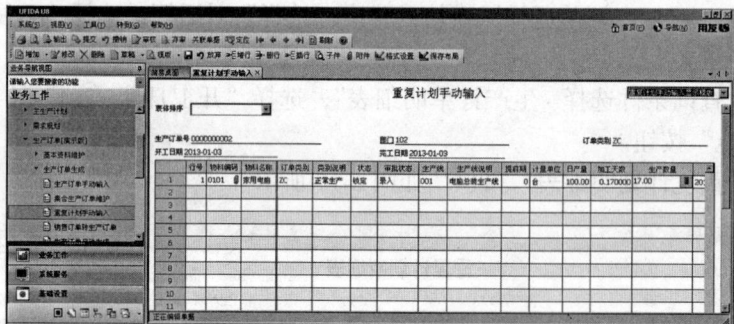

图 6-18   修改产成品生产订单

3. 产成品生产订单执行

与部件生产订单相同，产成品生产订单的执行过程也分为投料、加工、产出三个过程。

投料是指生产线依据"生产订单领料单"到半成品仓库去领料，半成品仓库发料，即是一车间总装生产线与仓库的交接，双方以"材料出库单"作为原始凭证。

加工是指生产线依据产成品的生产工艺要求，生产出合格的产成品。

产出是指生产线将完工合格的产品送到仓库暂时保存，即一车间总装生产线与产成品仓库的交接，双方都以"入库单"作为原始凭证。

1）生产订单领料单

生产领料单是车间领料的依据。一旦生产订单审核后，系统会自动生成它的领料单。一车间总装生产线将依据"生产订单领料单",到半成品仓库去领料。

操作步骤:

(1)登录"企业应用平台",单击"业务工作"页签,选择"生产制造"→"生产订单"→"报表"→"生产订单领料单"模块,弹出"选择"对话框,选择"重复计划"后,单击"确定"按钮。

(2)弹出"选择"提示,选择"重复计划"后,单击"确定"按钮。

(3)弹出"查询条件选择 - 生产订单领料单 - 重复计划"对话框,选择"生产订单:0000000002 到 0000000002",单击"确定"按钮,打开"生产订单领料单"——"重复计划"窗口,如图 6-19 所示。

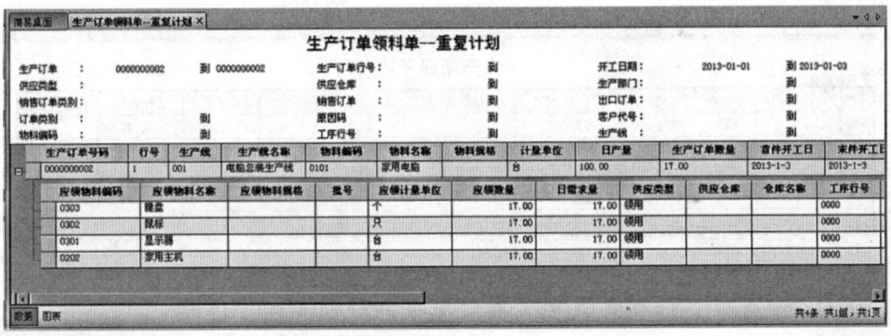

图 6-19　产成品生产订单领料单

📢 **提示:**

如果车间管理需要凭证,单击"打印机"按钮,打印生产订单领料单。

2)材料出库

库存管理参照生产订单号的领料单,做"配比"功能材料出库单,即产品生产配套材料发放管理,俗称"限额材料领料单"。"配比"材料领料单是引用的生产订单"子件"用料表中的数据,即一车间电脑总装生产线,生产 17 台家用电脑,"0000000002"生产订单的材料出库单。

操作步骤:

(1)登录"企业应用平台",单击"业务工作"页签,选择"供应链"→"库存管理"→"出库业务"→"材料出库单"模块,打开"材料出库单"窗口。

(2)单击"配比"按钮,弹出"配比出库单"窗口,单击"订单号:…",弹出"生单来源"提示,选择"生产订单",单击"确认"按钮,弹出"查询条件选择 - 父项过滤条件"对话框,再选择"生产订单号:0000000002 到 0000000002"。

(3)单击"确定"按钮,弹出"订单生成列表"窗口,显示"生产父项选择",单击"ALL"按钮,显示"生产所属子项",如图 6-20 所示。

(4)检查无错误后,单击"确定"按钮,返回"配比出库单"窗口。

(5)参考表 6-8,输入对应材料出库的仓库编码"家用主机为 002,半成品仓库""显示器、鼠标、键盘为 003,外购品仓库",如图 6-21 所示。

(6)单击"确定"按钮,系统提示"配比出库单已成功生成 2 张材料出库单!",单击"确定"按钮,返回到"材料出库单"窗口。

(7)外购品仓库货位出库操作。选择第一行的物料,单击"货位"按钮,双击"货位编码：…"，弹出"选定货位"对话框，选上货位编码后单击"确定"按钮，返回"材料出库单"，如图 6-22 所示，单击"保存"按钮；再选择下一行的物料，继续相同的操作，直到完成。

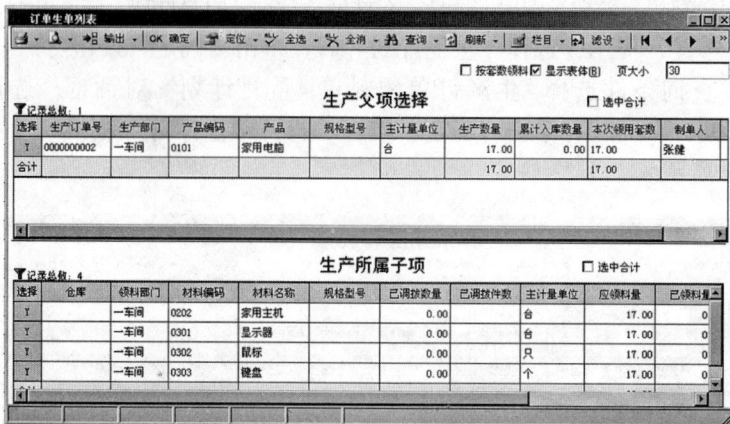

图 6-20　产成品生产材料配比

图 6-21　产成品生产订单出库单

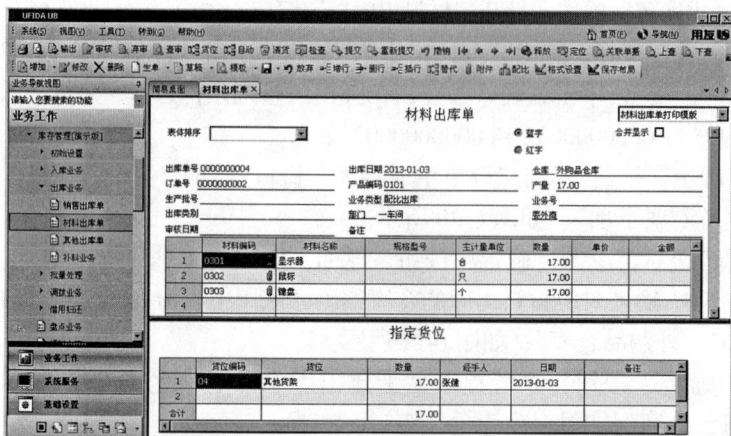

图 6-22　产成品生产订单货位出库

（8）单击"货位"按钮，退出货位操作。

（9）单击"审核"按钮，审核"0000000004"材料出库单。

（10）单击 ◄ 按钮，审核"0000000003"材料出库单。

3）产品入库

"0000000002"生产订单加工完成后，将生产完成的"家用电脑"入库到产成品仓库。

操作步骤：

（1）登录"企业应用平台"，单击"业务工作"页签，选择"供应链"→"库存管理"→"入库业务"→"产成品入库单"模块，打开"产成品入库单"窗口。

（2）单击"生单"按钮，选择"生产订单（蓝字）"，弹出"查询条件选择 - 生产订单列表"，选择"生产订单号：0000000002 到 0000000002"，单击"确定"按钮，弹出"生产订单入库单列表"窗口，显示"生产订单生单表头"，单击"ALL"按钮，显示"生产订单生单表体"信息，单击"确定"按钮，返回"产成品入库单"窗口。

（3）单击"保存"按钮，然后单击"审核"按钮，如图 6-23 所示。

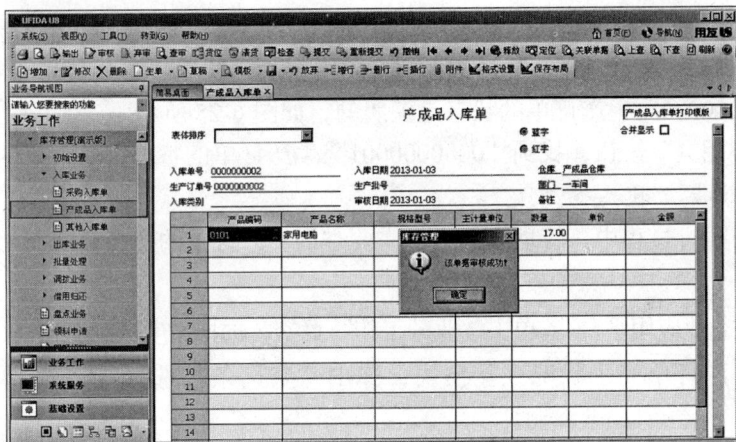

图 6-23　产成品入库

4）产成品完工查询

"0000000002"生产订单加工完成后，马上就可以查询到所用的材料信息，以及完工的产品信息。

操作步骤：

（1）登录"企业应用平台"，单击"业务工作"页签，选择"供应链"→"库存管理"→"报表"→"库存账"→"出入库流水账"模块，打开"查询条件选择 - 出入库流水账"对话框。

（2）选择"单据日期：2013-01-03 到 2013-01-03"过滤条件，打开"出入库流水账"窗口，如图 6-24 所示。

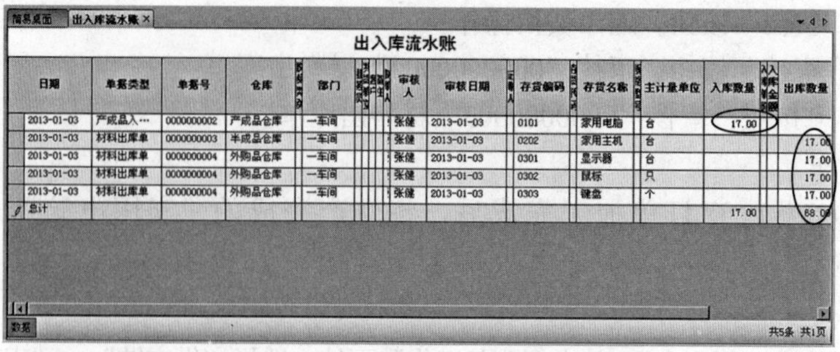

图 6-24 产成品生产订单完工查询

6.3.4 生产订单信息分析

1. 查询生产订单关闭

前面叙述过生产订单有四种状态：锁定 / 未审核、已审核、关闭、删除。当生产订单执行完成后系统自动关闭，关闭的生产订单是不可以再去领料生产的。

操作步骤：

（1）登录"企业应用平台"，单击"业务工作"页签，选择"生产制造"→"生产订单"→"生产计单生成"→"重复计划手动输入"模块，打开"重复计划手动输入"窗口。

（2）"0000000002"生产订单的状态是关闭的，如图 6-25 所示。

（3）单击"翻页"按钮，找到"0000000001"生产订单的状态也是关闭的。

2. 生产订单完工状态查询

在生产订单执行过程中，管理者们常常需要查询生产订单的执行情况。

操作步骤：

（1）登录"企业应用平台"，单击"业务工作"页签，选择"生产制造"→"生产订单"→"报表"→"生产订单完工状况表"模块，弹出"查询条件选择 - 生产订单完工状况表"对话框。

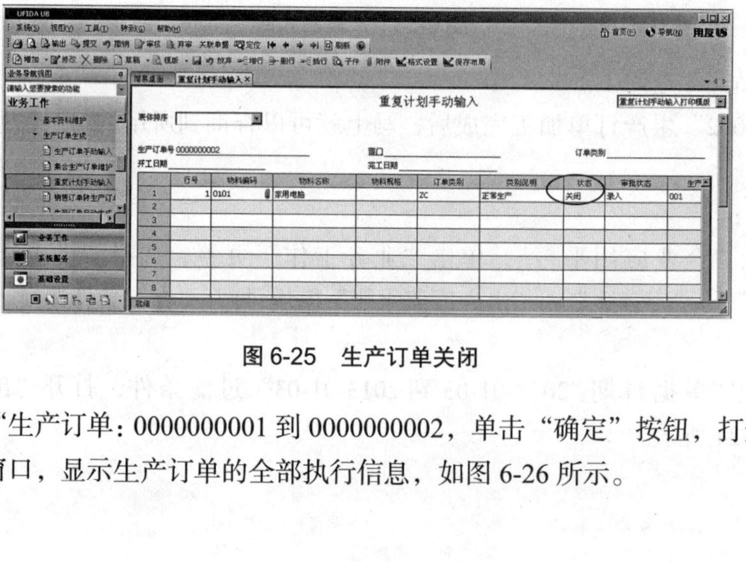

图 6-25 生产订单关闭

（2）选择"生产订单：0000000001 到 0000000002，单击"确定"按钮，打开"生产订单完工状况表"窗口，显示生产订单的全部执行信息，如图 6-26 所示。

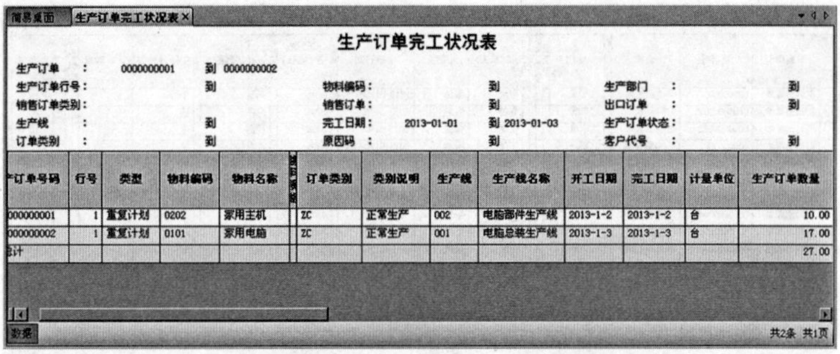

生产订单完工状况表

生产订单号码	行号	类型	物料编码	物料名称	订单类别	类别说明	生产线	生产线名称	开工日期	完工日期	计量单位	生产订单数量
0000000001	1	重复计划	0202	家用主机	ZC	正常生产	002	电脑部件生产线	2013-1-2	2013-1-2	台	10.00
0000000002	1	重复计划	0101	家用电脑	ZC	正常生产	001	电脑总装生产线	2013-1-3	2013-1-3	台	17.00
总计												27.00

图 6-26　生产订单完工状况表

3. 生产订单用料分析

当产品的生产订单完工以后，管理者们常常要分析一下，车间生产的标准用量与实际用量的情况。

操作步骤：

（1）登录“企业应用平台”，单击“业务工作”页签，选择“生产制造”→“生产订单”→“报表”→“生产订单用料分析表”模块，弹出“选择”提示，选择“生产订单”，单击“确定”按钮，弹出“查询条件选择”对话框，选择“生产订单：0000000001 至 0000000002”，单击“确定”按钮。

（2）打开“生产订单用料分析表“--”生产订单”窗口，如图 6-27 所示。

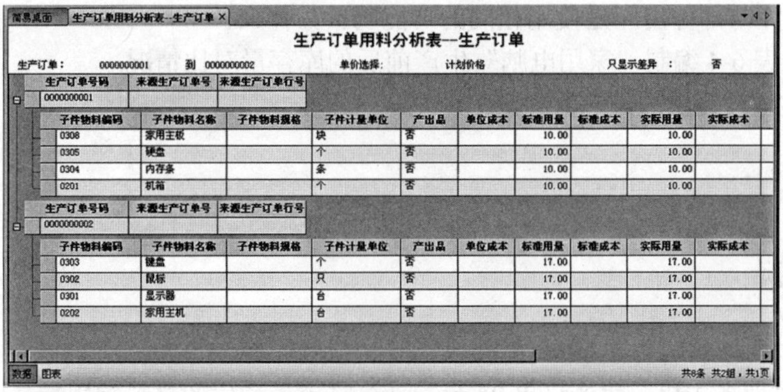

生产订单用料分析表--生产订单

生产订单：0000000001 到 0000000002　单价选择：计划价格　只显示差异：否

生产订单号码	子件物料编码	子件物料名称	子件物料规格	子件计量单位	产出品	单位成本	标准用量	标准成本	实际用量	实际成本
0000000001	0308	家用主板		块	否		10.00		10.00	
	0305	硬盘		个	否		10.00		10.00	
	0304	内存条		条	否		10.00		10.00	
	0201	机箱		个	否		10.00		10.00	
0000000002	0303	键盘		个	否		17.00		17.00	
	0302	鼠标		只	否		17.00		17.00	
	0301	显示器		台	否		17.00		17.00	
	0202	家用主机		台	否		17.00		17.00	

图 6-27　生产订单用料分析

4. 库存流水账分析

当本次案例结束之后，可查询到本次生产的产品物流变化的动态信息，也就是企业经常使用的库存流水账明细。

操作步骤：

（1）登录“企业应用平台”，单击“业务工作”页签，选择“供应链”→“库存管理”→“报表”→“库存账”→“出入库流水账”模块，弹出“查询条件选择 - 出入库流水账”。

（2）选择“单据日期：2013-01-02 到 2013-01-03”，单击“确定”按钮，打开“库存流水账”窗口，如图 6-28 所示。

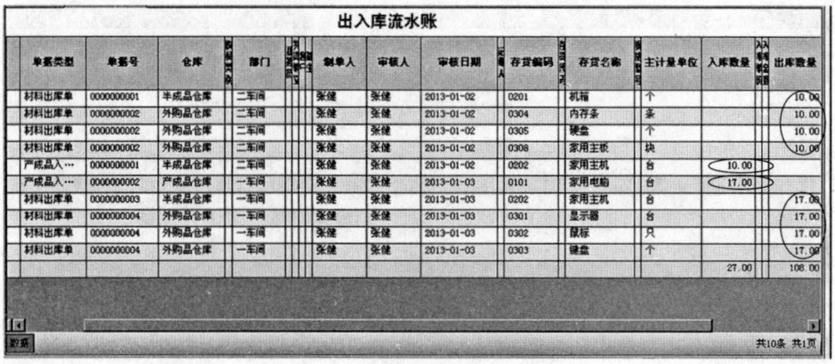

图 6-28   库存流水账信息

思考题

1. 在生产制造模块中可以编制哪两种生产订单？
2. 生产管理应用模式中涉及哪些模块？
3. 生产管理业务流程涉及哪些部门？
4. 生产订单的方式有哪几种？
5. 简述重复计划订单作业流程。
6. 简述材料出库的操作步骤。
7. 简述产成品入库操作步骤。
8. 部件生产入库与产成品生产入库是使用相同的功能吗？为什么？
9. 材料出库与部件出库是使用相同的功能吗？为什么？
10. 请依据表 6-4 编制"家用电脑"生产前后的库存量对比情况。
11. 请描述生产订单的作业流程。

练习题

1. 生产订单与采购订单联动练习

（1）假设"商务主机"生产订单 25 台，计算需求量和生产材料领用量，填入表 6-10 中。

表 6-10   需求量和生产订单量的计算

行　号	物料编码	物料名称	现有库存量	单　位	生产订单量	需求量	生产材料领用量
1	0203	商务主机	4	台	25	?	?

（2）按表 6-10 的生产订单量计算领用量和库存缺料量，填入表 6-11 中。

表 6-11 生产订单的领用量和库存缺料量的计算

行 号	物料编码	物料名称	现有库存量	单 位	领 用 量	库存缺料量
1	0304	内存条	300	条	?	
2	0305	硬盘	50	个	?	
3	0308	商务主板	0	块	?	?
4	0201	机箱	50	台	?	

（3）对"库存缺料量"进行采购作业。

（4）对"需求量"进行生产订单作业。

2. 模拟企业生产管理练习

工作任务：生产计划部门要求一车间生产 14 台商务电脑，二车间生产 10 台"商务主机"。按照"表 6-1 生产管理模拟企业岗位分工"做多用户的生产管理系统的练习。

1）要求

① 岗位策划。参考表 6-1 进行多角色分工，用户授权，以团队分工协作的方式，按照图 6-2，做生产订单的操作，并学会分析产品生产的信息。感受企业真实的产品生产的过程，体会团结、协同、高效运作的快乐。

② 环境准备。设置系统日历为 2013 年 1 月 2 日；指定信息主管的主机为服务器；引入 D:\生产制造管理账套 -2；按照表 6-1 所示资料增加用户、角色、授权。

2）岗位分工作业

① 二车间班组长：重复计划手动输入商务主机生产 10 台。

② 一车间班组长：重复计划手动输入商务电脑生产 14 台。

③ 生产计划部门的生产计划员：审核一车间和二车间的生产订单。

④ 二车间物料员：打印本车间的生产订单领料单，到仓库领料。

⑤ 一车间物料员：打印本车间的生产订单领料单，到仓库领料。

⑥ 仓储部外购品仓管员：材料出库。

⑦ 仓储部半成品仓管员：产成品入库，材料出库。

⑧ 仓储部产成品仓管员：产成品入库。

3）作业信息分析

① 对生产订单关闭后的存货现存量截图。

② 对库存管理的出入库流水账截图。

第7章 销售管理

7.1 背景知识

7.1.1 销售管理简介

销售管理是 ABC 电脑制造公司生产制造管理系统的子系统之一，参考图 1-4，销售管理是制造型企业产、供、销三大业务之一。

销售管理的目的是为客户或最终用户提供满意的商品和最佳的服务，完成企业的资金转化并获取利润，从而实现企业的经济价值和社会价值。

销售管理的任务之一是执行销售计划，而销售计划是通过普通销售业务来实现的。销售管理要求跟踪客户订单，跟踪销售业务活动，推行"销售业务过程管理"，提升企业管理的水平。正是 ERP 系统企业业务平台，提供了销售业务过程管理的可能，它不仅规范了销售业务操作的过程，也让销售的增值环节变得透明。

7.1.2 销售管理应用模式

图 7-1 所示是一个普通销售业务的过程管理方案,本章称之为"普通销售业务应用模式"。它是由图 1-4 所示 ABC 电脑制造公司总体应用模式分解出来的。它是一个集销售管理、库存管理、存货核算、应收款管理为一体的业务解决方案。

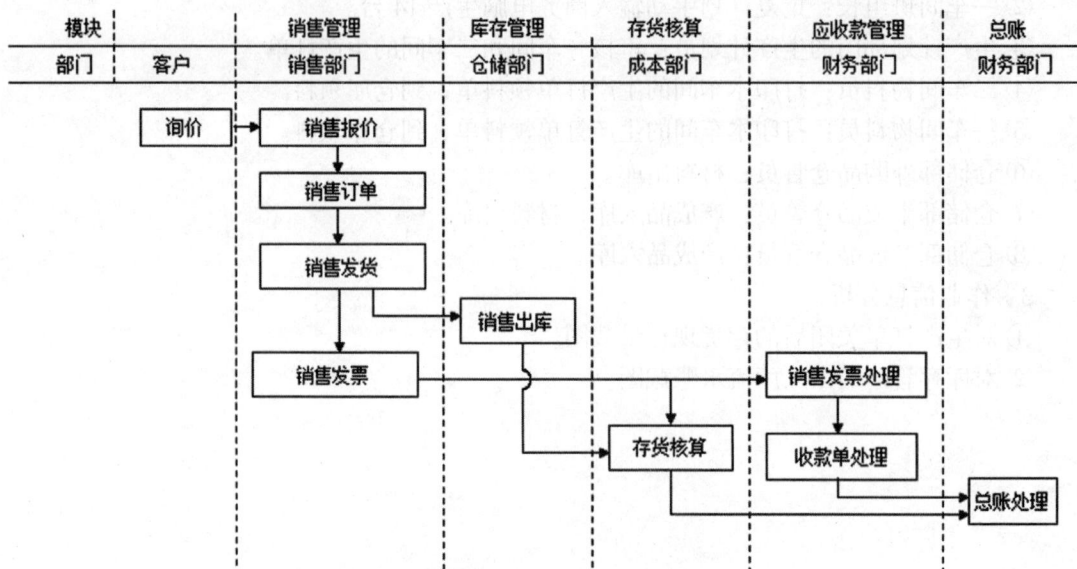

图 7-1 普通销售业务应用模式

　　1. 普通销售业务应用模式的特点

　　（1）应用模式相对固化了普通销售业务中的活动与流程。它覆盖企业与客户之间所有的销售业务的信息。从信息系统处理的角度说，普通销售业务应用模式能够采集、存储、传递销售过程中的所有活动信息。

　　（2）销售业务信息的传递消除了部门之间的障碍、人为的障碍、地点与时空的障碍。

　　（3）普通销售业务应用模式是基于企业内部网络（Intranet）的 ERP 平台的、交互式的作业方式。

　　2. 普通销售业务应用模式的应用

　　（1）应用模式规定企业里的每一笔销售业务都由客户询价开始，按照销售业务作业的顺序：进行销售报价填制、销售订单执行、销售发货、销售出库、填制销售发票，到填制收款单结束，即六类单据处理的过程。

　　（2）而对应于每一类单据的控制都有审核销售报价、审核销售订单、审核销售发货、审核销售出库、复核销售发票、审核收款六种控制。

　　（3）销售管理系统实时地采集、存储、传递每一笔销售业务过程中的所有活动信息，包括物流、价值流和资金流信息，并将这些信息及时、准确地提供给不同的业务部门，用来支持普通销售业务流程的运作。

　　因此，ERP 平台销售业务的实现，要从两个方面去理解。一是系统前台，各部门都在"企业应用平台"上，按业务流程进行"人机交互式"的业务活动；二是系统后台，有一双看不见的"手"采集、存储、传递及处理业务活动的信息。正是这双看不见的"手"可以帮助企业提高销售作业的效率。

7.1.3　普通销售业务流程

　　图 7-2 所示是普通销售应用模式的业务流程。从信息管理系统的技术角度，可以将普通销售业务流程分为三类信息：物流信息、价值流信息与资金流信息。它们描述了普通销售业务物料流动的过程、价值流动的过程和资金流动的过程。

　　下面是对图 7-2 中三类过程信息的深度分析。

　　（1）物流信息。观察图 7-2，不难看出销售业务是通过一系列的单据进行作业的。物流信息是销售业务的主体，它包括销售报价、销售订单、销售发货、销售发票四类作业。而前道作业向后道作业扭转时，是通过审核或复核控制的。例如销售订单审核后，才能进行销售发货。

　　（2）价值流信息。当销售出库时，企业的物料库存减少，库存成本立刻发生变化，库存成本核算将产生价值流信息。物料的价值流信息是销售成本的关键数据，销售成本核算的凭证自动传递到财务部门对应的总账科目之下。

　　（3）资金流信息。当销售出库时，将进行应收款处理，这时企业的资金流信息将支持网上应收账款处理，其应收款处理凭证将自动传递到财务部门对应的总账科目之下。

　　在规定的会计期间，所有的销售业务与财务信息无缝连接，及时、准确地反映财务应收款的信息和产品的销售利润信息。

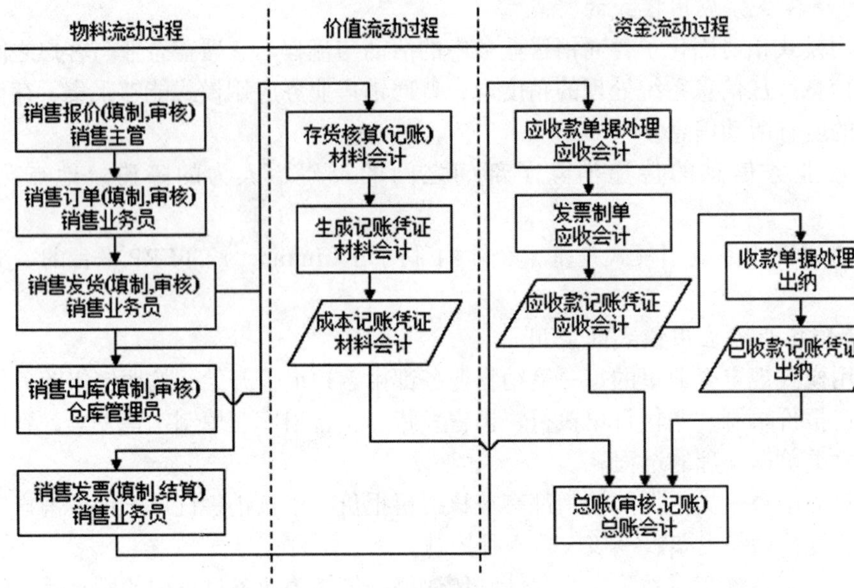

图 7-2 普通销售业务流程

7.1.4 销售管理系统构成

以往人们熟悉的销售管理系统是通过销售报价、销售订单、仓库出库、销售发票等综合运用的管理系统，即单纯的销售物流管理的系统。但是站在企业产品经营决策的层面，销售管理系统一定要与成本管理系统、财务管理系统进行无缝连接才能构成一个完整的业务过程。

本章销售管理系统包括销售管理、库存管理、存货核算、应付款管理与总账管理五个模块，覆盖销售部门、仓储部门、成本管理部门和财务部门的日常业务作业。按专业分工，它们覆盖了销售管理流程、库存管理流程、存货核算流程、应付款流程和付款五个流程。每一个流程都设有多个岗位，参考表 7-1。

7.1.5 销售管理系统工作原理

销售管理系统的工作原理及系统数据处理技术如下。

1. 销售部门

（1）销售订单管理。销售订单，即客户的订单，它是主生产计划系统的重要需求来源之一。销售订单可以参照销售报价单，也可以手工输入。销售订单在销售管理中的作用是可以控制发货单，也可以控制销售出库，或销售发票的管理。总之销售订单的审核，一方面将会影响企业资源需求计划；另一方面还会引起物流、价值流、资金流的变化。

（2）销售发货管理。客户发货时要求填写发货单，发货单要依据销售订单生成，可以根据销售订单来控制发货的客户、品种、数量、价格等。

（3）销售发票信息管理。销售发票可依据发货单生单，也可以新增单。填制销售发票并复核后，自动地传至存货核算及应收款管理系统。

2. 仓储部门

仓储部门的库存管理：销售出库参照发货单生成，仓库自动记账，销售出库信息传递至存货核算系统。

3．财务部门

（1）成本记账处理。在存货核算系统中登记存货明细账，并制单生成凭证传至总账管理系统。存货核算系统提供销售成本信息。

（2）财务记账处理。在应收款管理系统中，记录销售发票凭证，并自动地传至总账管理系统。

（3）总账处理。审核记账凭证并记账，最终将所有的资金数据归集在总账事先设置的科目之下。

7.2 实务实操指导

7.2.1 实操内容

（1）销售订单管理。

（2）成本核算处理。

（3）应收款管理。

（4）总账处理。

7.2.2 实操要求

1．技能要求

在 ERP 系统平台上学习普通销售业务管理。

（1）学会普通销售业务的基本技能。

（2）学会销售业务的物流管理技能。

（3）学会销售业务的成本核算技能。

（4）学会销售业务应收款处理技能。

2．环境要求

在单用户环境下，按表 7-1 所示资料、图 7-2 所示普通销售业务的流程，一个人模拟多岗位进行操作。

表 7-1 销售管理模拟企业分工

用 户	角 色	部 门	岗 位	操 作 内 容
admin		信息部门	信息主管	引入 D：\ABC 电脑制造公司 -1
2004	销售业务员	销售部门	销售业务员	填制 / 审核销售报价单，填制 / 审核销售订单
				填制 / 复核专用销售发票
5003	仓库管理员	仓储部门	产成品仓管员	填制 / 审核发货单，填制 / 审核销售出库单
7001	材料会计		材料会计	存货核算记账，生成记账凭证
7003	应收会计	财务部门	应收会计	应收账款记账，制单处理
7004	出纳		出纳	填制 / 审核收款单，记账凭证，手工核销

7.2.3　实操准备

1. 账套引入

系统日历为"2013-01-02"，以 admin 的身份登录"系统管理"平台，将 D：\ABC 电脑制造公司 -1 的账套引入系统。

2. 登录"企业应用平台"

以操作员"1000，张健"账套主管的身份登录，输入密码：无；选择账套：[666] ABC 电脑制造公司；登录"企业应用平台"，进行普通销售业务的实务实操。

7.3　普通销售业务管理

按照图 7-2 所示普通销售业务流程，从客户询价"销售报价"开始，参照生成"销售订单"，并修改产品的数量；然后参照销售订单生成"发货单"，参照"发货单"生成"销售出库单"，核算销售成本，编制销售发票，进行应收款处理，最终将每一笔销售业务由销售订单生成的凭证都能自动地归集到总账设定的科目之下。

7.3.1　典型案例

1. 情境描述

（1）系统日历为 2013 年 1 月 2 日，志远公司需要购买商务电脑，向 ABC 电脑制造公司询价；销售一部填制 / 审核"销售报价单"。双方磋商达成买卖 10 台商务电脑的业务，要求每台单价为 6 000 元，并要求 2013 年 1 月 11 日提货。

（2）系统日历为 2013 年 1 月 3 日，销售一部依据"销售报价单"，填制 / 审核"销售订单"。

（3）系统日历为 2013 年 1 月 11 日，销售一部按规定日期，依据"销售订单"发货，填制"发货单"，销售部门开具销售发票并复核；仓储部门依据"发货单"生成"销售出库单"并审核；成本会计做销售成本凭证。财务会计处理应收账款。

2. 基本技能

（1）熟悉销售业务应用模式。

（2）熟悉销售业务流程。

（3）会维护基础数据。

（4）学习表 7-1 中的部门、岗位和日常业务操作技能。

3. 知识链接

（1）结合销售管理、物流管理、财务管理多专业的知识，理解现代管理的应用技术。

（2）结合企业信息管理知识，理解销售业务流程重组的应用技术。

7.3.2　销售订单管理

1. 销售报价

销售报价是企业向客户提供商品、规格、价格、结算方式等的信息窗口。当双方达成协议后，销售报价单可以转为销售合同或销售订单。

1）填制 / 审核销售报价单

2013 年 1 月 2 日，客户志远公司需要购买商务电脑，向销售一部咨询价格。销售一部销售业务员李勋报价 6 000 元 / 台，填制并审核销售报价单。

操作步骤：

（1）登录"企业应用平台"，单击"业务工作"页签，选择"供应链"→"销售管理"→"销售报价"→"销售报价单"模块，打开"销售报价单"窗口。

（2）单击"增加"按钮，填制报价单，只能手工增加。

（3）表头输入"选择业务类型：普通销售（默认为普通销售）；客户简称：志远公司；销售部门：销售一部；业务员：李勋"。

（4）表体输入"存货名称：商务电脑；数量：1；报价：6 000，无税单价：6 000"，如图 7-3 所示。

（5）单击"保存"按钮，保存报价单。

（6）单击"审核"按钮，确定报价单。

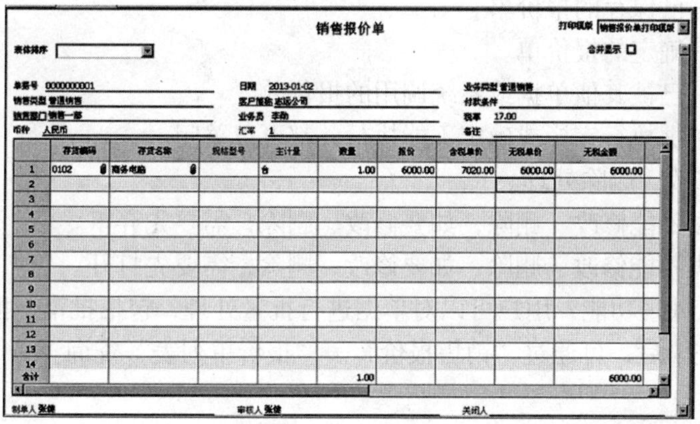

图 7-3　销售报价单

◀》 **提示：**

（1）销售报价单是可选单据，企业可以根据业务的实际需要进行选用。

（2）无税单价的控制，是在销售管理"销售选项"中设置"报价不含税"。

（3）在企业应用时，"审核人"通常是由管理人员担任，审核后的单据将进入下一环节的业务处理。

2）销售报价单查询

操作步骤：

（1）登录"企业应用平台"，单击"业务工作"页签，选择"供应链"→"销售管理"→"销售报价"→"报价单列表"模块，弹出"查询条件选择 - 报价单查询条件"对话框。

（2）选择"客户编码：0001 至 0004"，单击"确定"按钮，打开"销售报价单列表"，如图 7-4 所示。

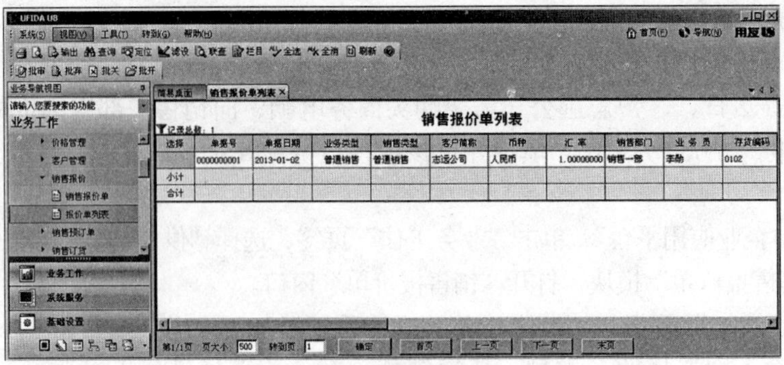

图 7-4 销售报价单列表

3）销售报价单的状态

企业管理者可以根据销售报价单的状态，跟踪销售报价的执行情况及产品在市场的反响。

（1）销售报价单的五种状态。

① 输入——正在输入过程中的报价单。

② 未审核——已保存的报价单。

③ 已审核——确定的报价单。

④ 已执行——已被其他单据或系统调用的报价单。

⑤ 关闭——单据执行完毕或确定不能执行，都可以关闭。

（2）报价单修改、删除处理。

① 已审核单据不能修改、删除，如要修改、删除，需要先弃审。

② 已关闭单据不能修改、删除，如要修改、删除，需要先打开。

（3）利用批量处理功能，用户可以对单据进行批量处理，包括批审、批弃、批关、批开。报价单输入完毕后，可通过"销售报价"→"报价单列表"查询。

2. 销售订单

销售报价单由购销双方磋商，客户确定要货后，转为销售订单。企业依据销售订单组织货源，并对订单销售的执行过程进行管理和跟踪。

1）填制 / 审核销售订单

2013 年 1 月 3 日，志远公司接受报价后，决定订购 10 台商务电脑。双方协定于 1 月 11 日发货。参照销售报价单生成销售订单后，进行保存、审核及订单查询。

操作步骤：

（1）登录"企业应用平台"，单击"业务工作"页签，选择"供应链"→"销售管理"→"销售订货"→"销售订单"模块，打开"销售订单"窗口。

（2）单击"增加"按钮，在"生单"下拉列表框中选择"报价"，弹出"查询条件选择 - 订单参照报价单"窗口。选择"报价单日期：2013-01-02"，单击"确定"按钮，打开"参照生单"窗口。

（3）单击"ALL"按钮，"选择"栏显示"Y"，如图 7-5 所示。

（4）单击"确定"按钮，返回"销售订单"窗口，系统自动传递报价单数据。

（5）自动传递资料"销售部门：销售—部，业务员：李勋，客户简称：志远公司"。

（6）表体修改为"数量：10 台；无税单价：6 000"，拉动滚动条，输入"预发货日期：

2013-01-11"。

（7）单击"保存"按钮，然后单击"审核"按钮，如图 7-6 所示。

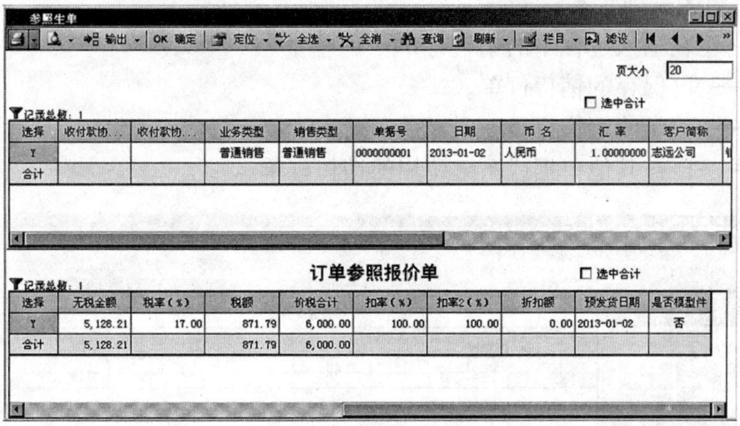

图 7-5　选择报价单

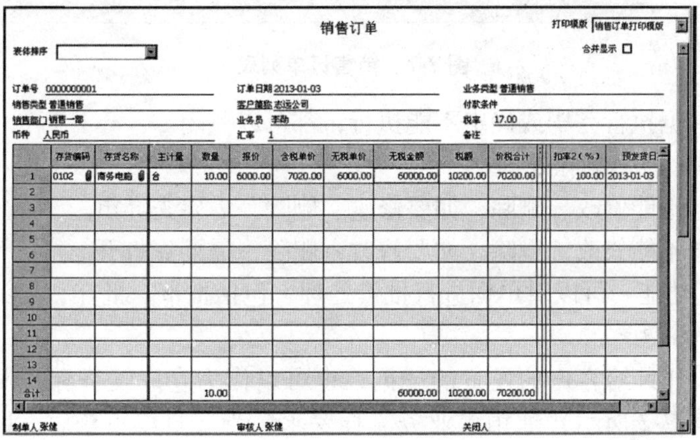

图 7-6　编制销售订单

◁》 提示：

（1）参照报价单生单，可直接根据报价单带入。

（2）预计发货日期应大于订货日期。

（3）在企业应用时，"审核人"通常是由管理人员担任，以便于控制业务流程。

2）销售订单查询

操作步骤：

（1）登录"企业应用平台"，单击"业务工作"页签，选择"供应链"→"销售管理"→"销售订货"→"销售订单"→"订单列表"模块，弹出"查询条件选择 - 销售订单过滤条件"对话框，选择"订单日期：2013-01-01 到 2013-01-03"。

（2）单击"确定"按钮，弹出"销售订单列表"窗口，显示 0000000001 号销售订单，如图 7-7 所示。

3）销售订单的状态

销售管理可以根据销售订单的状态，跟踪销售订单的执行情况。

（1）销售订单的五种状态。

① 输入——正在输入过程中的销售订单。

② 未审核——已保存的销售订单。

③ 已审核——确定的销售订单。

④ 已执行——已被其他单据或系统调用的销售订单。

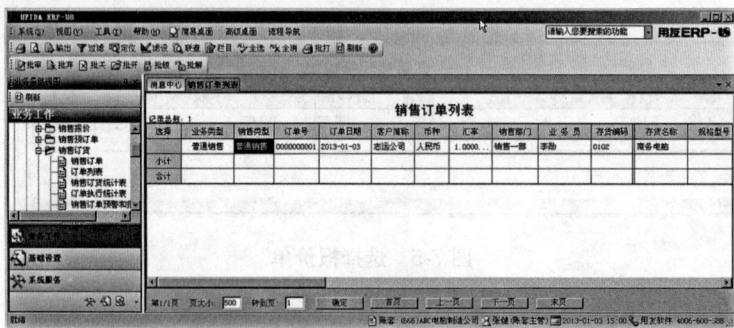

图 7-7　销售订单列表

⑤ 关闭——单据执行完毕或确定不能执行，都可以关闭。

（2）销售订单修改、删除处理。

① 已审核单据不能修改、删除，如要修改、删除，需要先弃审。

② 已关闭单据不能修改、删除，如要修改、删除，需要先打开。

（3）批量处理功能：可以对单据进行批量处理，包括批审、批弃、批关、批开。

3．销售发货

发货单是企业开具给客户的发货的凭据，也可以作为仓库发货和开发票的凭证。本章实务实操是按照图 7-2 所示普通销售业务流程要求，当发货单审核后，再依据发货单生成销售发票。

1）销售发货单

2013 年 1 月 11 日，ABC 电脑制造公司向志远公司发货。参照销售订单生成发货单。

操作步骤：

（1）登录"企业应用平台"，单击"业务工作"页签，选择"供应链"→"销售管理"→"销售发货"→"发货单"模块，打开"发货单"窗口。

（2）单击"增加"按钮，弹出"查询条件选择 - 参照订单"对话框。选择"订单日期：2013-01-03 到 2013-01-11"条件，单击"确定"按钮，打开"参照生单"。

（3）单击"ALL"按钮，"选择"栏显示"Y"，单击"确定"按钮，返回"发货单"窗口，"销售订单"的资料自动传递过来。

（4）输入"仓库名称：产成品仓库"。

（5）单击"保存"按钮，然后单击"审核"按钮，如图 7-8 所示。

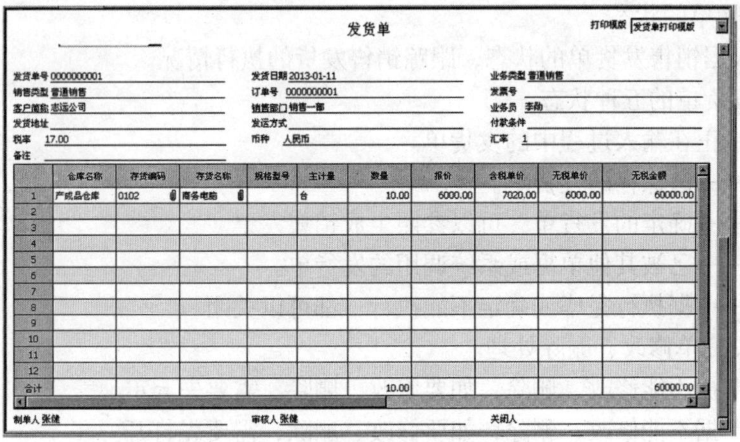

图 7-8 发货单

◁》 提示：

（1）如果在销售选项中勾选"是否有超订量发货控制"复选框，则可以超过销售订单数量进行发货。

（2）在参照订单发货时，一张订单可多次发货，多张订单也可一次发货。

（3）系统参数设置销售生成销售出库单，则销售发货单审核时生成销售出库单，否则在库存管理系统中根据发货单生成销售出库单。

（4）发货单也可以参照销售订单填制或手工填制。

（5）在企业应用时，"审核人"通常是由管理人员担任，以便于控制业务流程。

2）销售发货单查询

操作步骤：

（1）登录"企业应用平台"，单击"业务工作"页签，选择"供应链"→"销售管理"→"销售发货"→"发货列表"模块，弹出"查询条件选择"对话框。

（2）选择"发货日期：2013-01-01 到 2013-01-11"，单击"确定"按钮，打开"发货单列表"窗口，如图 7-9 所示。

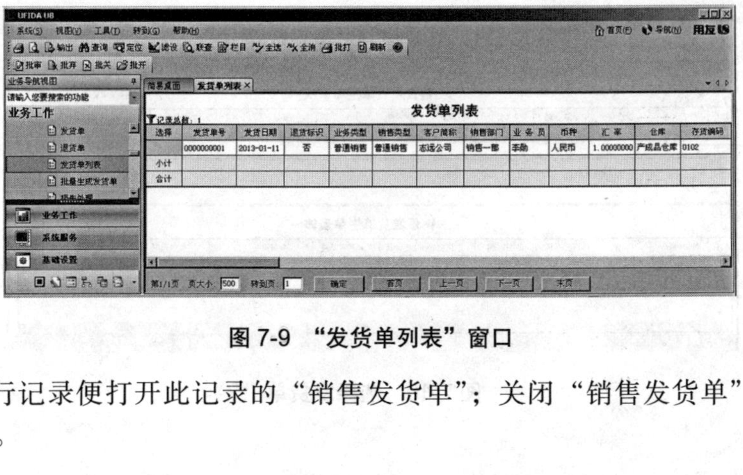

图 7-9 "发货单列表"窗口

（3）双击行记录便打开此记录的"销售发货单"；关闭"销售发货单"，返回"发货单列表"窗口。

3）销售发货单的状态

企业可以根据销售发货单的状态，跟踪销售发货的执行情况。

（1）销售发货单的五种状态。

① 输入——正在输入过程中的发货单。

② 未审核——已保存的发货单。

③ 已审核——确定的发货单，可以参照生成销售发票。

④ 已执行——已被其他单据或系统调用的发货单。

⑤ 关闭——单据执行完毕或确定不能执行，都可以关闭。

（2）销售发货单修改、删除处理。

① 已审核单据不能修改、删除，如要修改、删除，需要先弃审。

② 已关闭单据不能修改、删除，如要修改、删除，需要先打开。

（3）批量处理功能，用户可以对单据进行批量处理，包括批审、批弃、批关、批开。

4. 销售出库

销售出库单是产品出库的重要凭据，出库单的产品与数量将传递至存货核算系统，它是存货成本核算和生成销售发票的重要依据。

1）填制 / 审核销售出库单

2013 年 1 月 11 日，在库存核算系统，由仓库管理员参照发货单生成销售出库单。

操作步骤：

（1）登录"企业应用平台"，单击"业务工作"页签，选择"供应链"→"库存管理"→"出库业务"→"销售出库单"模块，打开"销售出库单"窗口。

（2）选择"生单"下拉列表中的"销售生单"模块，弹出"查询条件选择 - 销售发货单列表"对话框，选择"发货单号：0000000001 到 0000000001"，单击"确定"按钮，打开"销售生单"窗口。

（3）单击"ALL"按钮，"选择"栏显示"Y"，如图 7-10 所示。

（4）单击"确定"按钮，返回"销售出库单"窗口，如图 7-11 所示，销售发货单的资料自动传递过来。

（5）单击"保存"按钮，然后单击"审核"按钮，系统弹出"该单据审核成功！"提示，单击"确定"按钮。

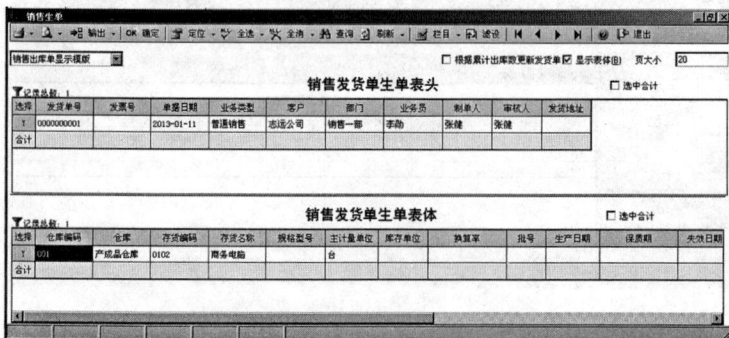

图 7-10　选择发货单

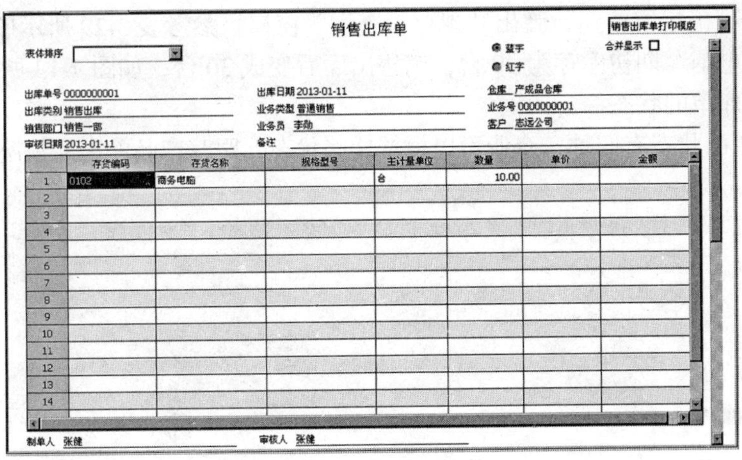

图 7-11　销售出库单审核

📢 **提示：**

（1）销售出库单的生成方式取决于销售管理系统相关参照的设置。如果勾选"是否销售生成出库单"复选框，则销售出库单在销售管理系统中由发货单审核时自动生成。

（2）在企业应用时，"审核人"通常是由成本会计担任，确认产品已经出库后，进入成本核算处理。

2）销售出库单查询

操作步骤：

（1）登录"企业应用平台"，单击"业务工作"页签，选择"供应链"→"库存管理"→"报表"→"库存账"→"现存量查询"模块，弹出"查询条件选择-现存量查询"对话框，选择"仓库：001-产成品仓库"，如图 7-12 所示。

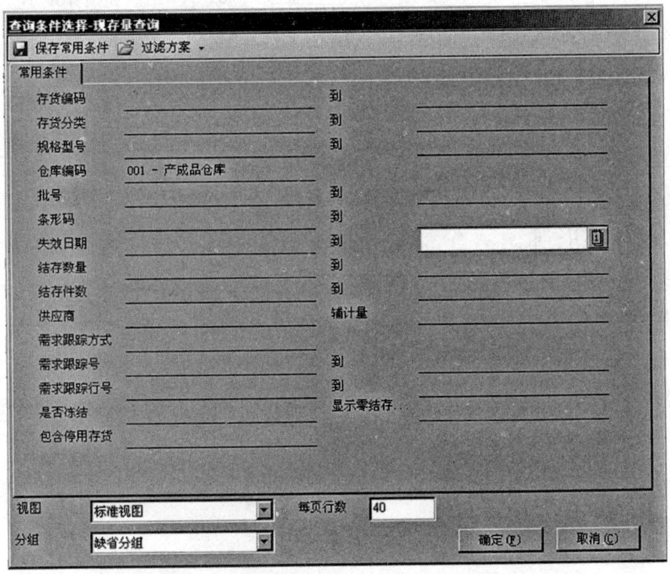

图 7-12　"查询条件选择-现存量查询"对话框

（2）单击"确定"按钮，弹出"现存量查询"窗口。参考表 3-29 所示库存管理期初数据列表，"商务电脑"期初库存为 40 台，销售出库后变成 30 台，如图 7-13 所示。

3）销售出库单的状态

销售出库单的状态有四种，企业可以根据这些状态，跟踪产品的出库情况。

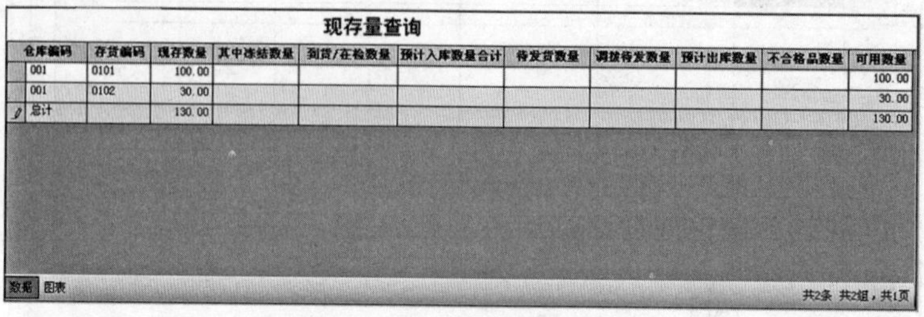

现存量查询										
仓库编码	存货编码	现存数量	其中冻结数量	到货/在检数量	预计入库数量合计	待发货数量	调拨待发数量	预计出库数量	不合格品数量	可用数量
001	0101	100.00								100.00
001	0102	30.00								30.00
总计		130.00								130.00

共2条 共2组，共1页

图 7-13　现存量查询

① 修改——若超出销售出库单的数量，可以更新发货单数量。

② 删除——未审核的销售出库单，可以删除。

③ 审核——不可修改销售出库单的数量。

④ 弃审——可修改销售出库单的数量。

5．销售发票

销售发票是企业开具给客户的应收款的证明，上面记载着货物的名称、单价、数量、总价、税额等资料。一般来说，企业每发出一批货时，都开具一张发票，并随同货物一起交给客户。但有些客户因采购次数频繁，发票太多，单据的数量也多，很麻烦，因此要求每月结算一次，汇总开成一张发票。

销售发票有增值税专用发票、普通发票及所附明细清单。如果客户档案中未输入税号，该客户只能开具普通发票。销售发票复核后，系统将通知财务部门进行存货核算和应收账款登记，在应收款管理系统审核登记应收明细账，制单生成应收款的相关凭证。

1）填制/复核销售专用发票

2013 年 1 月 11 日，ABC 电脑制造公司依据"发货单"开具销售专用发票。

操作步骤：

（1）登录"企业应用平台"，单击"业务工作"页签，选择"供应链"→"销售管理"→"销售开票"→"销售专用发票"模块，打开"销售专用发票"窗口。

（2）单击"增加"按钮，弹出"查询条件选择 - 参照订单"对话框，单击"取消"按钮（或关闭该对话框），返回"销售专用发票"窗口。

（3）在"生单"下拉列表框中选择"参照发货单"，弹出"查询条件选择 - 发票参照发货单"对话框。

（4）选择"客户简称：志远公司"，单击"确定"按钮。打开"参照生单"窗口，单击"ALL"按钮，"选择"栏显示"Y"，单击"确定"按钮，返回"销售专用发票"窗口，如图 7-14 所示，系统自动传递发货单的相关信息。

（5）单击"保存"按钮，然后单击"复核"按钮。

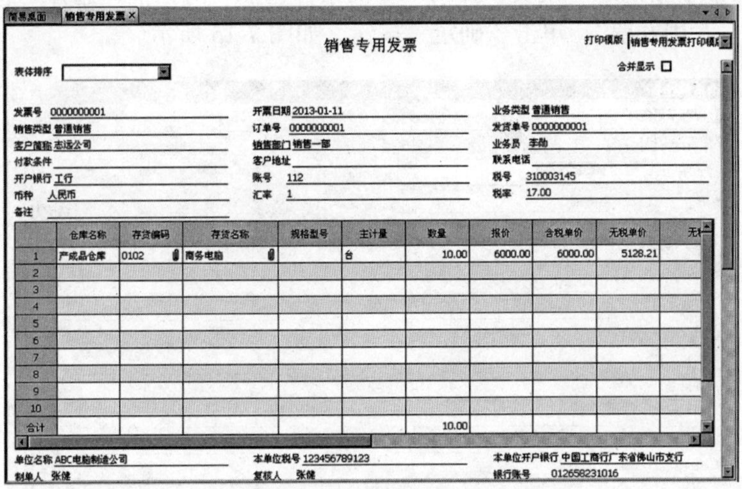

图 7-14 销售专用发票

📢 提示：

（1）如果要修改的话，可以对其中部分内容进行修改后再复核。

（2）在企业应用时，"复核人"通常是由管理人员担任，系统认为这是一次"事件"的抉择：控制是否要进入下一步的收款处理。

2）销售发票的状态

企业可以根据销售发票的状态，跟踪销售发票的执行情况。

销售发票有修改、复核、弃复、删除四种状态。

① 修改——修改销售发票中的内容。

② 复核——复核的发票可在应收款管理系统中进行审核、制单。已复核的单据不能修改、删除，如要修改、删除，需要先弃复。

③ 弃复——弃复的发票，回到修改状态。

④ 删除——删除该发票。

7.3.3 存货核算处理

存货核算系统成本计价方式有多种，一般有先进先出、后进先出、移动平均、个别计价四种计价方式，进行出库成本核算记账。对于采用全月平均计价法、计划价 / 售价法计价的存货在期末处理时做出库成本核算。

当销售出库单或销售发票复核后，应该是对客户销售成本核算的最理想的时机。销售出库成本确定标准有两种：一种是依据销售出库单，另一种是依据销售发票，两者只能选择一种。

1. 存货核算记账

2013 年 1 月 11 日，对客户志远公司的销售发票进行存货成本记账处理。

操作步骤：

（1）登录"企业应用平台"，单击"业务工作"页签，选择"供应链"→"存货核算"→"业务核算"→"正常单据记账"模块，弹出"查询条件选择"对话框，选择"仓库：产成品仓库""单据类型：专用发票"，单击"确定"按钮，如图 7-15 所示。

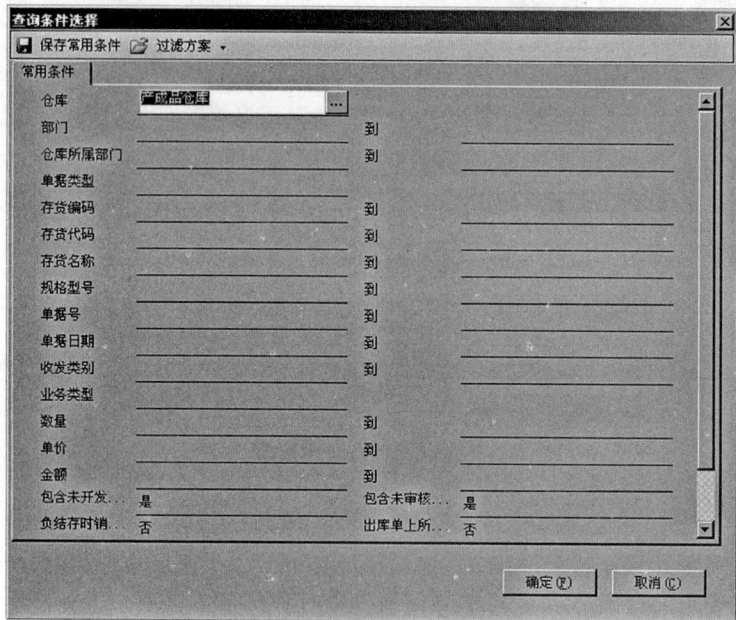

图 7-15 正常单据记账条件

（2）进入"正常单据记账列表"窗口，单击"ALL"按钮，或单击"选择"栏，显示"Y"，如图 7-16 所示。

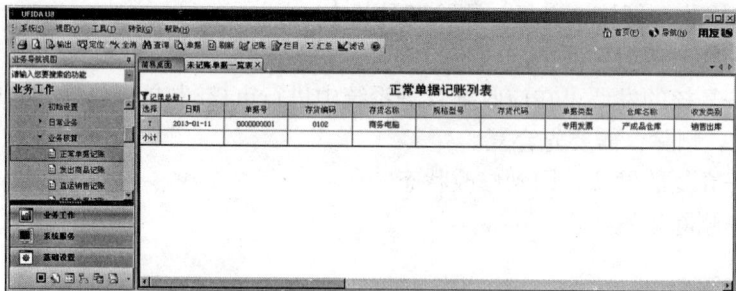

图 7-16 正常单据记账列表

（3）单击"记账"按钮，记账成功，单据在列表中消失。还可利用"恢复记账"模块，回到未记账状态。

◀》 提示：

（1）采用全月平均计价法计价时，需要在进行期末处理后才能进行出库成本的核算。而存货核算系统进行期末处理的前提是采购管理系统、销售管理系统、库存管理系统已结账。

（2）在销售管理参数设置中可选择用销售发票或销售出库单记账，系统默认为销售出库单。

2. 生成记账凭证

2013 年 1 月 11 日，对销售给志远公司业务的销售发票生成销售成本记账凭证。

操作步骤：

（1）登录"企业应用平台"，单击"业务工作"页签，选择"供应链"→"存货核算"→"财务核算"→"生成凭证"模块，打开"生成凭证"窗口。

（2）单击"选择"按钮，打开"查询条件"对话框，选择"销售专用发票，仓库：001-产成品仓库"，如图 7-17 所示。

（3）单击"确定"按钮，弹出"未生成凭证单据一览表"，单击"ALL"按钮，在"选择"栏选择"|"单据，单击"确定"按钮，进入"生成凭证"窗口，如图 7-18 所示。

图 7-17 销售专用发票记账

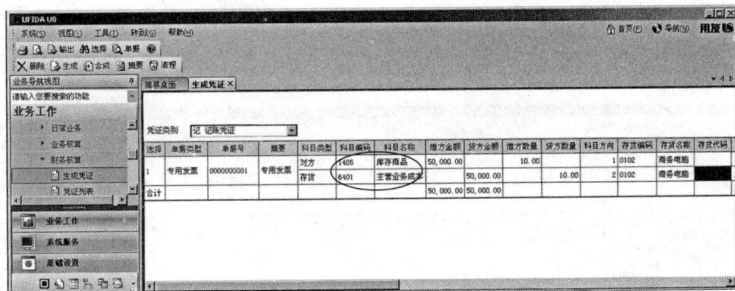

图 7-18 生成记账凭证

（4）输入科目编码，单击"生成"按钮，生成记账凭证。

（5）检查无误后，单击"保存"按钮，凭证左上角显示"已生成"，该凭证传递至总账系统，如图 7-19 所示。

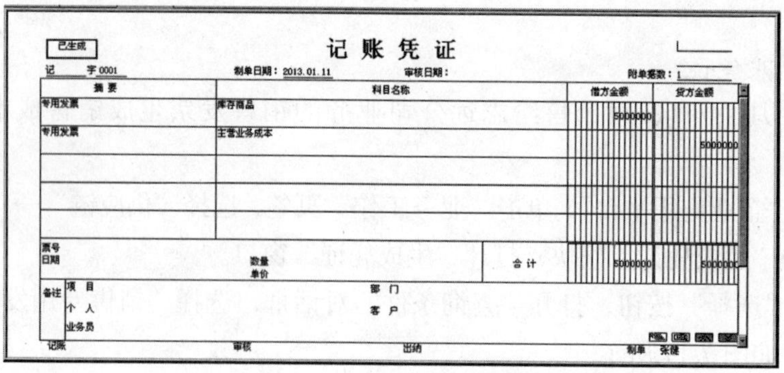

图 7-19 专用发票生成凭证

7.3.4 应收款管理

应收款管理主要是针对销售业务转入应收款的处理。应收款管理明确了应收账款的款项来源，以及收款核销情况。应收款管理包括应收单据处理、收款单据处理及核销三个部分。

1. 应收单据

应收单据是从销售管理系统传来的已复核的销售发票。对它进行制单，并对应收款发票做记账凭证，该记账凭证将自动传递至总账系统。

1）应收单据处理

2013 年 1 月 11 日，审核客户志远公司，即审核从销售管理系统传来的销售专用发票。审核后进行制单，生成应收款的记账凭证。

操作步骤：

（1）登录"企业应用平台"，单击"业务工作"页签，选择"财务会计"→"应收款管理"→"应收单据处理"→"应收单据审核"模块，弹出"应收单查询条件"对话框。

（2）选择"客户：0001"，单击"确定"按钮，进入"应收单据列表"，如图 7-20 所示。

（3）单击"ALL"按钮，单击"审核"按钮，系统提示"本次审核选中单据［1］张，本次审核成功单据［1］张，本次审核未成功单据［0］张"，单击"确定"按钮。

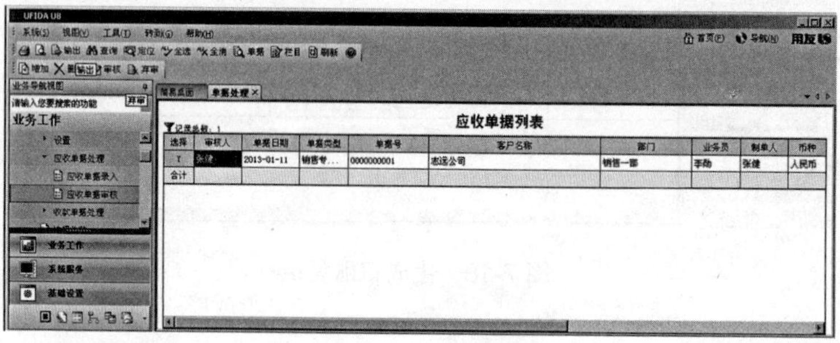

图 7-20 应收单据审核

2）制单处理

操作步骤：

（1）登录"企业应用平台"，单击"业务工作"页签，选择"财务会计"→"应收款管理"→"制单处理"模块，弹出"制单查询"对话框。

（2）选择"客户：志远公司"，单击"确定"按钮，打开"销售发票制单"记账凭证窗口。

（3）单击"ALL"按钮，"选择"栏显示"1"，单击"制单"按钮，弹出"记账凭证"。

（4）输入科目名称，单击"保存"按钮，显示"已生成"，如图 7-21 所示。

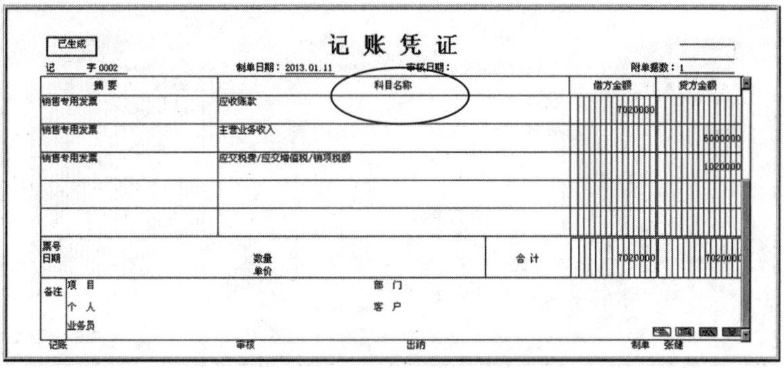

图 7-21　生成应收款凭证

2. 收款单据

收款单据是指企业在收到客户的货款后，将在应收款管理系统输入客户的收款单，作为收款的依据。收款有时会分批进行，例如在销售合同中规定分几批付款的情况，因此系统设置了核销的功能，每当收过一次款后，将已经收款的数目与应该收款的数目进行核销，计算出还需要收款的数目。当收到的货款等于应收款时，表示本次销售业务结束；如果收到的货款小于应收款，则进行分步核销；如果收到的货款大于应收款，则余款作为预收处理。核销便于财务管理直观地了解客户的收款情况。

1）收款单处理

2013 年 1 月 11 日，收到志远公司的货款后，进行收款处理。

操作步骤：

（1）登录"企业应用平台"，单击"业务工作"页签，选择"财务会计"→"应收款管理"→"收款单据处理"→"收款单据录入"模块，打开"收款单"窗口。

（2）单击"增加"按钮，先输入表头数据，如图 7-22 所示，表头输入完成后，再单击表体，数据自动传递过来。

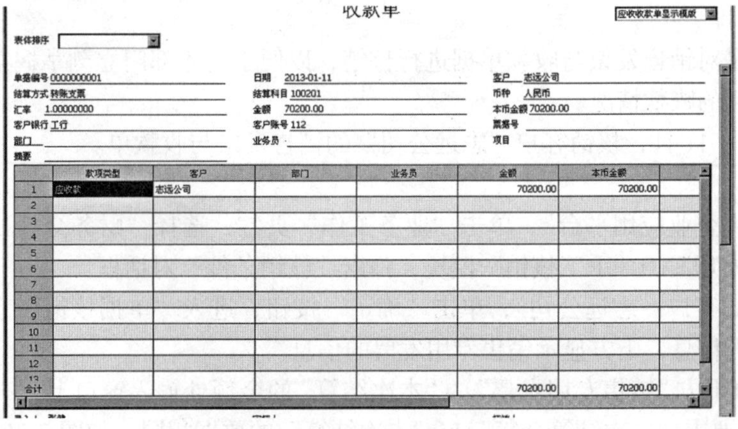

图 7-22　收款单

（3）单击“保存”按钮后，再单击“审核”按钮，弹出系统提示“是否立即制单？”，单击“是”按钮，弹出“记账凭证”，输入科目。单击“保存”按钮，则显示“已生成”，如图 7-23 所示。

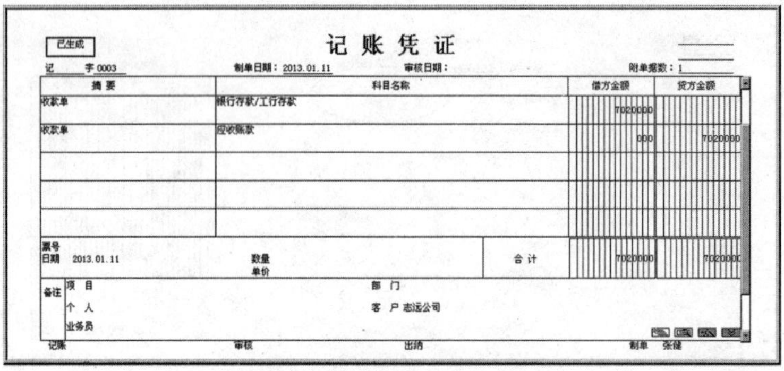

图 7-23 收款单生成记账凭证

2）记账凭证查询

操作步骤：

（1）登录“企业应用平台”，单击“业务工作”页签，选择“财务会计”→“总账”→“凭证”→“查询凭证”模块，弹出“查询凭证”对话框。

（2）选择“凭证类别：记 记账凭证”“月份：2013.01”，单击“确定”按钮，查询到三张凭证，如图 7-24 所示。如果双击“专用发票”，可弹出它的记账凭证。

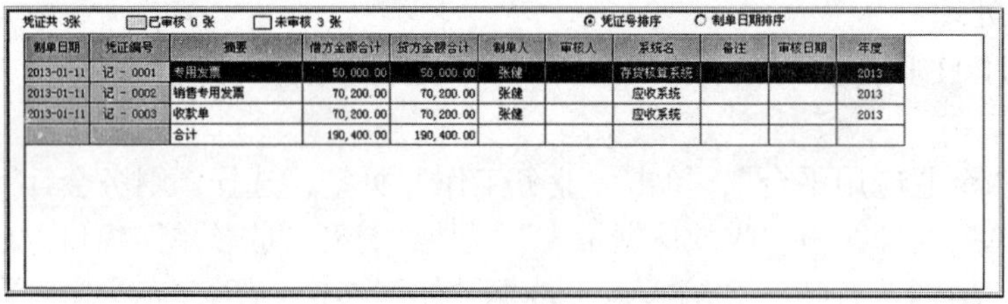
凭证共 3张 已审核 0 张 未审核 3 张 凭证号排序 制单日期排序

制单日期	凭证编号	摘要	借方金额合计	贷方金额合计	制单人	审核人	系统名	备注	审核日期	年度
2013-01-11	记 - 0001	专用发票	50,000.00	50,000.00	张健		存货核算系统			2013
2013-01-11	记 - 0002	销售专用发票	70,200.00	70,200.00	张健		应收系统			2013
2013-01-11	记 - 0003	收款单	70,200.00	70,200.00	张健		应收系统			2013
		合计	190,400.00	190,400.00						

图 7-24 销售记账凭证查询

3）核销处理

核销处理是对销售发票与收款单据进行核销，以便于财务部门立刻掌握某一客户的应收账款和已经收到的账款情况。

2013 年 1 月 11 日，核销客户“志远公司”的销售发票与收款单。

操作步骤：

（1）登录“企业应用平台”，单击“业务工作”页签，选择“财务会计”→“应收款管理”→“核销处理”→“手工核销”模块，弹出“核销条件”对话框。

（2）输入“客户：志远公司”，单击“确定”按钮，进入“单据核销”窗口。窗口上方显示收款单据的信息，下方显示销售专用发票的信息。

（3）在窗口下方“销售专用发票”的“本次结算”的金额处输入窗口上方“收款单”的“本次结算金额”。要求“本次结算金额”与“本次结算”的数据相同，如图 7-25 所示。

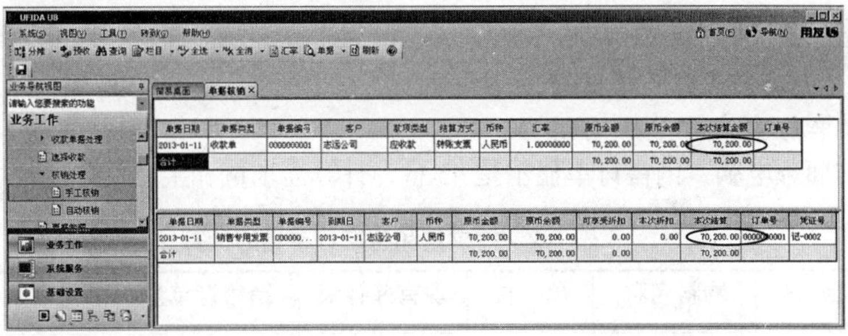

图 7-25 单据核销

（4）单击"保存"按钮，完成核销处理。

7.3.5 销售利润分析

在销售业务的处理过程中，查询销售统计表可以清楚地掌握每一种产成品销售的利润情况。

操作步骤：

（1）登录"企业应用平台"，单击"业务工作"页签，选择"供应链"→"销售管理"→"报表"→"统计表"→"销售统计表"模块，弹出"查询条件选择 - 销售统计表"对话框。

（2）选择"客户：志远公司"，单击"确定"按钮，打开"销售统计表"窗口，如图 7-26 所示。

（3）2013 年 1 月 11 日，客户志远公司的销售订单显示：销售了 10 台商务电脑，单价6 000 元，成本 50 000 元，合计毛利 10 000 元，毛利率 16.67%。

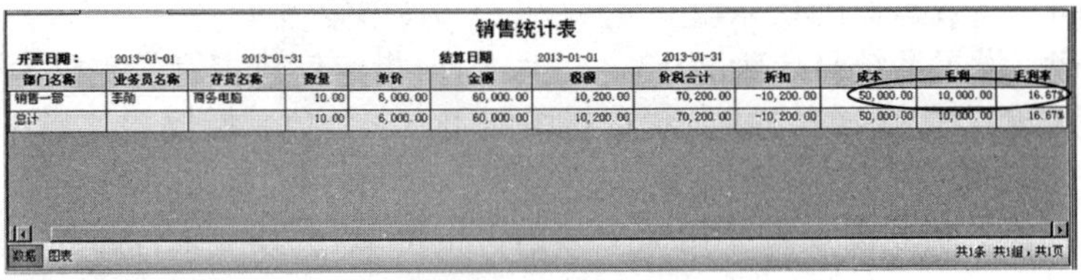

图 7-26 销售统计表

思考题

1. 销售管理的主要任务是什么？
2. 销售管理系统由哪几个模块组成？它覆盖了哪几个部门？
3. 简述普通销售业务应用模式。该模式可以修改吗？如何修改？
4. 简述普通销售业务的业务流程、操作顺序，以及它涉及了哪些岗位。
5. 分析在本章实务实操中，销售出库记账是在什么操作时进行的？
6. 如果销售管理采取"先收款，后发货"，其应用模式应该如何设计？

练习题

1. 销售订单与生产订单联动练习

（1）假设"商务电脑"销售订单显示是 43 台，计算需求量和生产订单量，填入表 7-2 中。

表 7-2　需求量和生产订单量的计算

行　号	物料编码	物料名称	单　位	现有库存量	销售订单量	需求量	生产订单量
1	0102	商务电脑	台	40	43	？	？

按表 7-2 计算出的生产订单量，再计算它的材料领用量，填入表 7-3 中。

表 7-3　生产订单的材料领用量的计算

行　号	物料编码	物料名称	单　位	现有库存量	材料领用量
1	0203	商用主机	台	4	？
2	0301	显示器	台	194	？
3	0302	鼠标	只	100	？
4	0303	键盘	个	100	？

（2）完成生产订单的练习。

（3）完成销售订单的练习。

2. 模拟企业销售管理练习

按照"表 7-1 模拟企业岗位分工"做多用户的销售管理系统练习。

1）要求

① 岗位策划。参考表 7-1 进行多角色分工，用户授权，以团队分工协作的方式按照图 7-2，做生产订单的操作，并学会分析产品生产的信息。感受企业真实的产品生产的过程，体会团结、协同、高效运作的快乐。

② 环境准备。设置系统日历为 2013 年 1 月 2 日；指定信息主管的主机为服务器；引入 D：\ 生产制造管理账套 -2；按照表 7-1 所示资料增加用户、角色、授权。

2）岗位分工操作

① 销售二部业务员：向友好公司提交"销售报价单"，其中 1 台商务电脑 5 500 元（原币单价）。

② 销售二部业务员：与客户磋商后确认，销售商务电脑 20 台，填制销售订单，填制"发货单"。

③ 财务部应收会计：参照"发货单"，开具"销售专用发票"。

④ 仓储部产成品仓管员：参照"发货单"填制 / 审核销售出库单。

⑤ 财务部材料会计：成本核算。

⑥ 财务部应收会计：收单款处理，制单处理。

⑦ 财务部出纳：出纳填制 / 审核收款单，核销处理。

3）作业信息分析

① 对销售出库后的现存量截图。

② 对库存管理的出入库流水账截图。

③ 对销售管理的销售统计表截图。

第8章 生产计划管理

8.1 背景知识

8.1.1 生产计划管理简介

生产计划管理是 ABC 电脑制造公司生产制造管理系统的子系统之一，参考图 1-4。生产计划管理是通过 ERP 系统中的主生产计划和物料需求计划功能实现的。观察图 1-3 所示 MRPII 的逻辑处理流程，对企业的计划与控制系统进行纵向分析可知，MPS/MRP 计划是"承上"起到了贯彻企业的宏观计划的作用（即图 1-3 中的产品规划和资源需求计划），"启下"起到了执行车间作业和采购作业的微观计划的作用（即图 1-3 中的采购作业和车间作业）；横向分析可知，MPS/MRP 是产品规划与主生产计划连接销售管理、采购管理、生产管理的信息"桥梁"，通过这座"桥梁"完成生产计划的"驱动"。

企业生产计划的主要任务是依据市场的需求，对最终产品、部件和原材料进行合理的资源配置。这项任务涉及企业里的采购、生产、销售作业中的所有数据，并要求它们具有及时性、准确性和时效性。此外，这项任务还涉及企业管理者们对资源计划的策略，以及相关策略的计算方法和参与资源分配的参数。

在产品经营管理总目标的指导下，ERP 管理系统信息高度集中，其强大的数据处理能力，以及实时数据的捕获、传递能力，给企业集约式的管理奠定了基础，给企业资源得以最大限度地利用提供了可能，给动态资源调配提供了机会。因此，企业采用 MPS/MRP 计划的解决方案，对传统生产管理的思维、传统生产计划处理方式以及传统生产计划业务流程是一个巨大的挑战。

1. 术语

1）MPS 与 MRP 计划

生产计划管理的主要任务是执行企业的主生产计划。

MPS 计划的对象是最终产品，也称为产成品或成品，是独立需求计划。

MRP 计划是针对产成品的部件或原材料的，是相关需求计划。

MPS 计划的展望期一般为年、月、季、周。在主生产计划规定的时间范围内，MPS 计划的运算结果是用来回答生产什么、需要什么、需要多少、什么时候需要等问题的，这些问题是通过 MRP 逻辑处理实现的，参考图 1-1。

2）物料需求

（1）独立需求。独立需求是指 BOM 最顶层的 0 阶码的最终产品，它通常来自市场客户对产品的需求、BOM 的结构，详细内容可参考本书第 4 章。

（2）相关需求。相关需求是指 BOM 除了 0 阶码之外的物料，它是相对最终产品的需求，通俗地说，就是由最终产品引起的需求。

（3）毛需求。毛需求量（Gross Requirement）是指在给定的计划周期内产品的总需求量。

（4）净需求。净需求量（Net Requirement）是指在给定的计划周期内产品的实际需求量。计算净需求量要综合毛需求量和安全库存量，并考虑期初的结存与本期可以计划产出的数量。计算公式为

净需求 = 本时段毛需求 - 前时段末的可用库存量 - 本时段计划接收量 + 安全库存量

3）供需策略

提到物料的供应管理，常常会让人想到它们的供需策略，例如一次性购买，或分批购买所得到的优惠政策等。供需策略有以下 2 种。

（1）期间供应法（PE）：在物料的设定期间内计算净需求时，系统会考虑在企业现有资源的情况下，自动生成规划数量和时间，供应日期为设定期间内的第一天。

（2）批量供应法（LP）：在物料各时点计算物料的净需求时，分别生成规划订单。计算出物料的需求后，再考虑物料的固定供应量、最小供应量、供应倍数等生成规划数量和时间。

2. 需求时间的计算

1）需求日期

需求日期是由需求决定的。独立需求的需求日期是由客户决定的，相关需求的需求日期是由对应的独立需求的日期及其提前日期决定的。

例如，最常用的有固定提前期。固定提前期是指不管需求量多少，每一个物料从开始到完成的时间。所谓“开始”是指发采购订单给供应商的时间；自制件是指生产订单的开工时间。所谓“完成”是指采购件完成验收入库的时间；自制件（即部件）是指可以提供到下一道生产工序开始工作的时间。通俗地说，采购件是从发出采购订单到物料采购入库需要的时间，如果需要 5 天的时间，则该物料的固定提前期为 5 天。

2）时界与时栅

通常，产品从计划到生产会需要一段时间，例如前面提到的 MPS 的计划展望期为年、月、季、周（本章实操为了简单方便，采用的是月、半月、周计划）。在执行月计划、半月计划、周计划时，根据生产日期的紧迫情况，针对物料的供需情况，进行不同的计划方式处理。例如，对未来一个月的需求，可以考虑滚动生产计划；对未来的半个月的需求，可以考虑固定生产计划，而对周计划，则必须满足客户订单。具体地说，客户订单的需求日便是计划的时界。因此人们将就此三种情况，对计划进行分段处理，在不同的时界区段内采用不同的资源计算方法。我们称区段与区段的分隔为时栅，简单地说，时栅是不同计划区段间分隔的时间节点。

（1）区段设置。时栅共分三个时间段，每一个区段的天数由使用者自行决定。例如，时栅三个区段的天数分别为 7、15、30，MPS/MRP 展开时的系统日期为 2013/01/02，则时栅三个区段的起止日期分别如下。

区段 1：2013/01/02—2013/01/08。

区段 2：2013/01/09—2013/01/23。

区段 3：2013/01/24—2013/02/22。

三个行号必输其一。

（2）预测消抵算法。MPS 计划的需求来源有两个：一个是客户订单，另一个是预测订单。因此，MPS 计划处理存在三种方式：一是只考虑客户订单的需求；二是只考虑预测订单需求；三是既考虑客户订单需求，又考虑预测订单需求。

（3）MPS 计划处理的特点。由于预测订单的需求是来自产品规划的，是一个长期的计划，例如年计划，如果只考虑年计划驱动采购作业和车间作业，那么将引起产品库存增长，带来库存风险，但是足够的产品库存对市场是有好处的。而客户订单的需求是要消耗产品库存的，如果只考虑客户订单需求，出现"零库存"管理，则会引起市场的敏感，导致客户丢失。只有两者都灵活地使用，才能相互"取长补短"，这就要求企业处理好"预测订单"和"客户订单"这两个需求来源的关系。

3. 需求来源处理

1）需求来源处理方式分类

客户订单与预测订单组合构成需求来源，系统提供了 7 种处理方式。

（1）预测订单。

（2）客户订单。

（3）预测订单 + 客户订单，不消抵。

（4）预测订单 + 客户订单，正向消抵（销售订单日期大的方向）。

（5）预测订单 + 客户订单，反向消抵（销售订单日期小的方向）。

（6）预测订单 + 客户订单，先正向再反向消抵。

（7）预测订单 + 客户订单，先反向再正向消抵。

2）消抵逻辑处理

MPS 计划依据需求的来源，并遵照一定的规律进行消抵。系统将消抵后的数量作为建议需求计划。消抵处理是在各区段内进行的，规定不可跨区段，如图 8-1 所示。

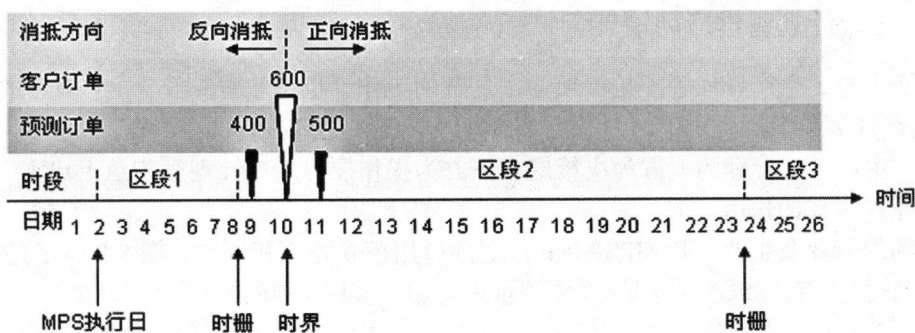

图 8-1　消抵逻辑处理

例如，客户订单需求日为 10 日，数量为 600，在区段 2 使用"预测订单 + 客户订单"的逻辑处理如下。

（1）反向消抵：客户订单将会消抵掉 9 日的预测订单量，则该区段的需求量为：600 客户订单量和 11 日的 500 预测订单量。

（2）正向消抵：客户订单将会消抵掉 11 日的预测订单量，则该区段的需求为：9 日的 400 预测订单，10 日的 600 客户订单量。

（3）先反向再正向消抵：客户订单会先把 9 日的预测订单数量消抵，余下的部分再消抵 11 日的预测订单量。这时该区段的需求量变成了：10 日的 600 客户订单量和 11 日的 300 预测订单量。

（4）先正向再反向消抵：客户订单先把 11 日的预测订单量消抵，余下的部分再消抵 9 日的预测订单量。这时该区段的需求量变成了：10 日的 600 客户订单量和 9 日的 300 预测订单量。

4. 计划参数设置

MPS/MRP 计划可以通过对特定的计划参数的设置对产品生产计划进行"精细"管理。

1）工作日历

MPS/MRP 计划必须与企业的工作日历联系起来，因为时间也是企业的重要资源之一。因此，企业可以根据自身的实际情况设置工作日历。而且不同的工作中心可以设置不同的工作日历，例如工作中心 1，规定周工作日为 5 天；工作中心 2，规定周工作日为 6 天；等等。ERP 系统提供这方面的功能，方便工作日历的新增、修改、删除和查询。

📢 提示：

（1）工作日历一旦被其他资料引用，则不可以删除。

（2）如果需要删除，则需要先将引用删除。

2）预测版本

预测版本是指引用 MPS/MRP 的预测计划版本号，用以分类引用 MPS/MRP 的需求来源。

3）计划代码

计划代码是指处理 MPS/MRP 的计划版本号，用以区分不同的 MPS/MRP 处理结果。

8.1.2　生产计划管理应用模式

在企业里，生产计划管理是一项非常复杂的工作，也是非常专业化的一项工作。本书中的生产计划管理，是指图 1-3 所示的"计划 / 管理层"，它的处理思维可参考图 1-2。图 1-4 中生产计划管理的上方为决策层，下方为操作层，生产计划管理承上启下，起到驱动生产系统运作的作用。

不同的行业及企业，其 MPS/MRP 计划的应用模式是不相同的。图 8-2 所示是 ABC 电脑制造公司的 MPS/MRP 应用模式，是目前较常用、容易实现的模式。

图 8-2 中的预测订单是连接企业产品经营规划与资源需求计划的"桥梁"，参考图 1-3。产品规划是一个相对长期的计划，是定期输入系统的；而销售订单，也就是客户订单，它来源于市场，是随机产生的，也需要动态地输入系统中。

在执行 MSP/MRP 计划时，ERP 系统会自动处理预测订单和销售订单数据的关系。它依据产品 BOM 逐级分解相关需求，处理产成品、部件、原材料的现存量，处理采购订单在途量，处理生产订单的在制量，并计算出所有物料的净需求，最终提供建议采购计划和建议生产计划。值得提醒的是，建议采购计划和建议生产计划只是决策信息，而提供给决策者的关于采购作业和车间作业的信息还需要管理者做出最后的抉择。

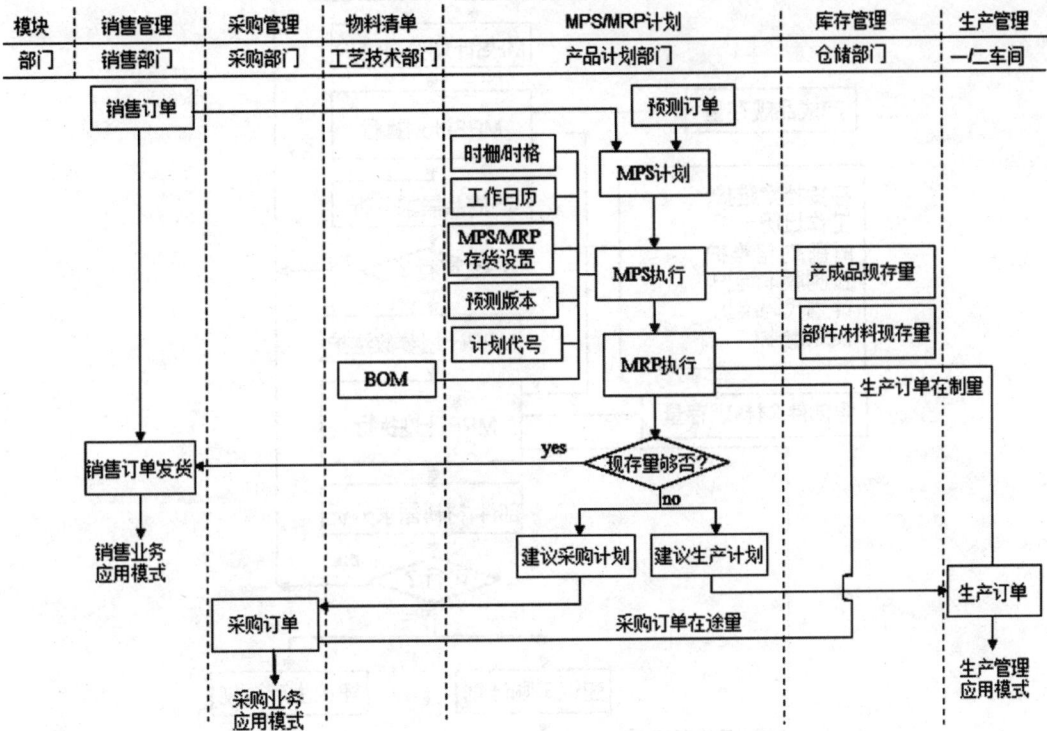

图 8-2　MPS/MRP 应用模式

8.1.3　生产计划管理业务流程

生产计划管理业务流程涉及三个方面的工作内容，即基础数据维护、主生产计划（MPS）运算处理和物料需求计划（MRP）运算处理，如图 8-3 所示。

基础数据维护可以保证 MPS/MRP 能够正常运行。其中包括设置指定产品的存货档案、工作中心维护、时栅资料维护、时格资料维护、预测版本维护、计划代码维护、产品的物料清单以及工艺路线的维护等。

MPS 是针对最终产品，即计算独立需求的净需求，包括产成品生产多少、产品的现存量、什么时候生产等信息。

MRP 是针对最终产品的相关物料，即计算相关需求的净需求，包括零部件生产多少、它们的现存量、什么时候生产等信息。

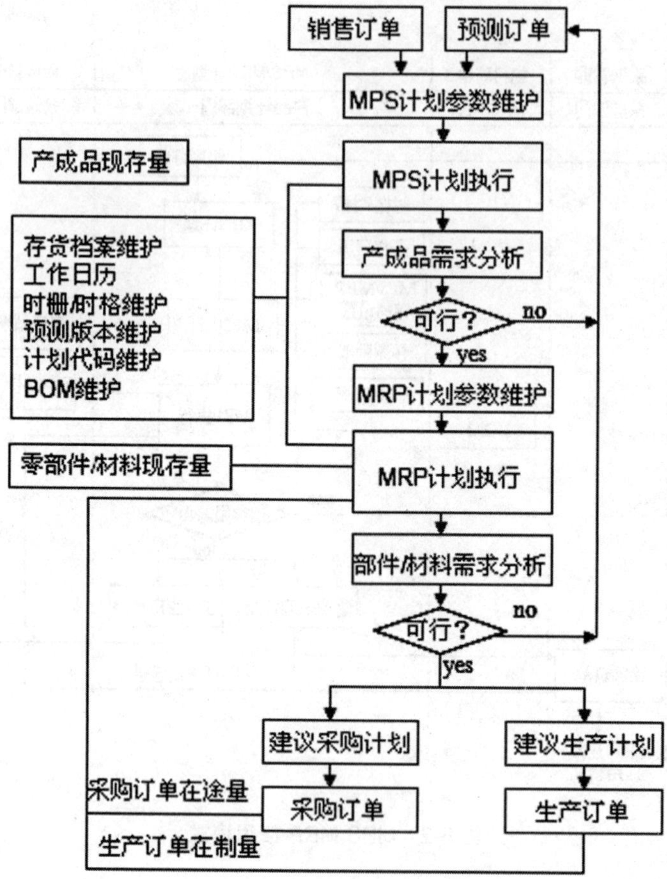

图 8-3　生产计划管理业务流程

8.1.4　生产计划管理系统构成

　　图 8-2 所示为 MPS/MRP 应用模式，也就是 ABC 电脑制造公司的生产计划管理系统，它是一个控制系统，包括销售管理、库存管理、物料清单、MPS/MRP、存货核算、生产管理六个模块，覆盖了销售部门、采购部门、仓储部门、工艺技术部门及生产计划部门的日常业务工作。

　　如果按专业分工，生产计划管理流程覆盖了销售管理流程、库存管理流程、生产管理流程、存货核算流程的连接。每一个流程都设置多个岗位，多项操作，参考表 8-1。

8.1.5　生产计划管理系统工作原理

　　参考图 8-2 所示 MPS/MRP 应用模式和图 8-3 所示生产计划业务管理流程，主要包括基础数据维护、MPS/MRP 前稽查、MPS 执行、MRP 执行、MPS/MRP 信息分析、MPS/MRP 计划作业流程。其工作原理如下。

　　1. 基础数据维护

　　基础数据维护是 MPS/MRP 运行前期的准备，具体工作如下。

（1）维护基础数据：时栅和时格资料、工作中心、工作日历、预测版本、计划代码、存货资料、供需政策、MPS、提前期等，以及 MPS 计划参数。

（2）维护产品资料：BOM。

（3）维护需求来源：预测订单，或销售订单。

2. MPS/MRP 前稽查

要准确获取资源净需求量，首先要求采购管理、生产管理、销售管理模块数据正常，也就是日常业务运作无异常数据。系统提供以下数据稽查：

（1）销售订单执行有否错误，例如超发货量等。

（2）采购订单执行有否错误，例如超退货量等。

（3）生产订单执行有否错误，例如超发料量等。

（4）检查库存管理有否错误，例如负库存量等。

其中任何一种异常都可能带来 MPS/MRP 计算错误的问题。

3. MPS 执行

执行 MPS 时，后台计算机系统自动地连接 MPS 计划参数，参照产成品的资源信息计算出产成品的净需求量，提交 "MPS 的供需资料查询—明细" 报告，建议的产成品生产计划，即 MRP 的执行依据。

4. MRP 执行

MRP 是依据 MPS 的结果计算的。后台计算机系统自动连接 MPS 计划参数，分解 BOM，连接相关需求的资源信息，计算建议物料需求量，提交 "MRP 的供需资料查询—明细" 报告，以及建议的物料采购计划和半成品的生产计划。

5. MPS/MRP 信息分析

通常一个具有规模的企业，它的 MPS/MRP 的计算数据量是较大的，这就要靠管理目标锁定数据的范围，才有可操作性。

例如，锁定特定的产品或物料进行分析，一旦建议需求计划可行，便生效本次 MPS/MRP 计划代码，MPS/MRP 进入闭环控制与管理。否则，也可能带来资源计划的风险，例如，错误的采购作业或生产作业。

6. MPS/MRP 计划作业流程

一般 MPS/MRP 计划作业流程如图 8-4 所示。

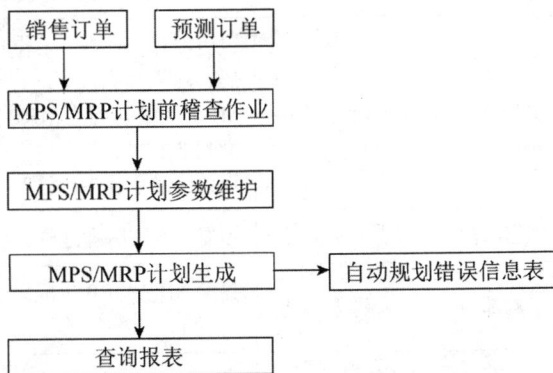

图 8-4 MPS/MRP 计划作业流程

（1）掌握需求来源：查询销售订单和预测订单。

（2）MPS/MRP 计划前稽查。

（3）维护 MPS/MRP 运行参数。

（4）维护 MPS/MRP 的执行，生成需求信息，或错误信息。

（5）查询报表，进行建议需求计划分析。

8.2 实务实操指导

8.2.1 实操内容

生产计划方式：

（1）按产品库存的管理目标。

（2）按客户订单的管理目标。

（3）按产品规划的管理目标。

8.2.2 实操要求

1. 技能要求

（1）理解产品主生产计划的意义，掌握 MPS/MRP 业务流程。

（2）学会维护 MPS/MRP 计划的相关数据。

（3）学会 MPS/MRP 计划的需求来源处理逻辑，以及资源管理与控制的基本方法。

（4）掌握物料需求信息分析，并理解"供需"平衡处理，掌握 MPS/MRP 闭环管理技能。

2. 环境要求

单用户实务实操环境，要求一个人按表 8-1 所示完成生产计划管理系统实操。

表 8-1 生产计划管理模拟企业岗位分工

用 户	角 色	部 门	岗 位	操 作 内 容
admin		信息部门	信息主管	引入 D：\ABC 电脑制造公司 -1
2001	生产计划员	生产计划部	生产计划员	设置时栅／时格，工作日历，存货设置，计划代码，输入预测订单； MPS 计划执行，MRP 计划，分析物料供需平衡报告； 审核产品重复生产订单，审核部件重复生产订单
2004	销售业务员	销售部门	销售业务员	填制／审核销售订单，填制发货单
2002	采购业务员	采购部门	采购业务员	参照 MPS/MRP 生成采购订单，填制／审核采购到货单
4002	线长	一车间	班组长	参照 MPS/MRP 自动生成生产订单

续表

用　户	角　色	部　门	岗　位	操作内容
4003	线长	二车间	班组长	参照 MPS/MRP 自动生成生产订单
5001	仓库管理员		材料仓管员	填制 / 审核采购入库单，填制 / 审核材料出库单
5002	仓库管理员	仓储部门	半成品仓管员	填制 / 审核部件入库单，填制 / 审核产成品入库单，填制 / 审核部件出库单
5003	仓库主管		产成品仓管员	填制 / 审核产成品入库单，填制 / 审核销售出库单

8.2.3　实操准备

1. 账套引入

系统日历为 2013-01-02，以 admin 的身份登录"系统管理"平台，将 D：\ABC 电脑制造公司 -1 账套引入系统。

2. 登录"企业应用平台"

以操作员"1000，张健"账套主管的身份登录，输入密码：无；选择账套：[666] ABC 电脑制造公司；登录"企业应用平台"，进行生产计划管理的实务实操。

3. MPS/MRP 资料准备

1）工作日历设置

工作日历代号选择"SYSTEM"，从 2013 年 1 月 1 日；星期一至星期五，每天工作 8 个小时，星期六和星期天休息。

操作步骤：

（1）登录"企业应用平台"，单击"基础设置"页签，选择"基础档案"→"业务"→"工作日历维护"模块，弹出"工作日历维护"对话框。

（2）进入"工作日历维护"对话框，如图 8-5 所示。

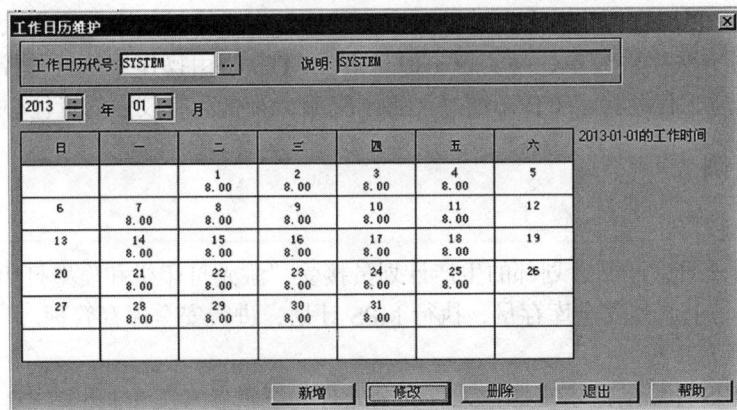

图 8-5　工作日历设置

（3）查看到工作日历设置的结果，单击"退出"按钮。

2）维护重复计划时格

操作步骤

（1）登录"企业应用平台"，单击"基础设置"页签，选择"基础档案"→"生产制造"→"时格资料维护"模块，打开"时格资料维护"窗口。

（2）单击"增加"按钮，输入"时格代号：01；时格说明：重复计划时格"，如图 8-6 所示。

（3）单击"保存"按钮。

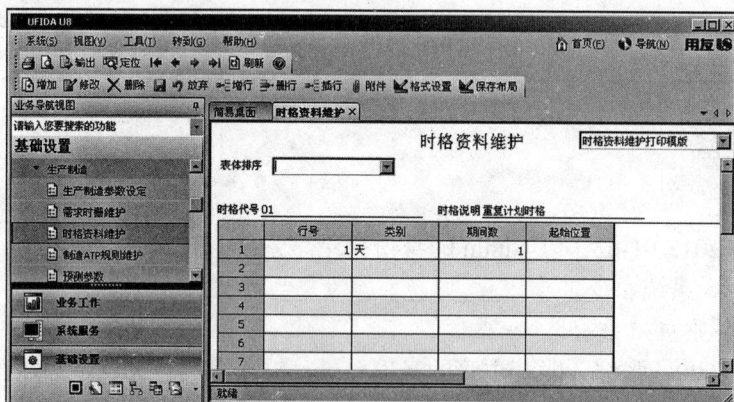

图 8-6 时格维护

8.3 MTS 生产计划方式

安全库存的管理，是面向库存制造（Make to Stock，MTS）最典型、最常用的生产计划方式。它的管理思想是在满足客户需求的同时，保持一定数量的产品库存用以应对不断变化的市场。

安全库存管理通常是由仓储部门执行的。在企业不能确定市场需要什么样的产品时，运用安全库存方法，可以缓解采购和制造的压力，目的是规避物料的库存管理风险。

MTS 的管理方法比较简单，易实现。但是由于 MTS 是由操作层执行与控制的，会要求参与的员工素质高、有经验、工作态度好、善于交流、对企业有较强的责任心。

8.3.1 典型案例

1. 情境描述

2013 年 1 月 2 日，产品计划部的生产计划员接受"激光打印机和喷墨打印机"安全库存管理任务以后，马上调整安全库存量，执行 MPS 计划，进行安全库存管理。

2. 基本技能

（1）查询 MPS 计划的需求来源：无。安全处理的逻辑参考图 1-1 和图 8-2。

（2）维护产品的安全库存量。

（3）熟悉 MPS 作业流程。

① 维护表 8-2 和表 8-3 所示资料、MPS 运行参数。

② MPS 执行前做好稽查，确认有否库存异常。

③ MPS 执行，计算产品的安全库存量。

④ MPS 建议需求计划分析。

⑤ MPS 生效，进入采购业务应用模式，详细内容可参考本书第 5 章。

3．知识链接

（1）结合库存管理知识，理解安全库存的应用技术。

（2）结合企业信息管理知识，理解库存信息共享的含义。

8.3.2 实操资料维护

假设企业预测"激光打印机"和"喷墨打印机"的市场较大，可以做一定量的安全库存，用以保证产品的畅销。

1．存货档案修改

2013 年 1 月 2 日，生产计划员接受安全库存管理的任务。根据表 8-2 所示修改存货参数。

表 8-2　产品安全库存管理资料

存货编码	存货名称	内销	固定提前期	MPS/MRP	供需政策	安全库存量
0310	激光打印机	是	7	MPS	PE	200
0311	喷墨打印机	是	7	MPS	PE	200

操作步骤：

（1）登录"企业应用平台"，单击"基础设置"页签，选择"基础档案"→"存货"→"存货档案"模块，打开"存货档案"窗口。

（2）先选择"存货分类"→"外购品"，再选择"激光打印机"，弹出"修改存货档案"对话框，如图 8-7 所示。

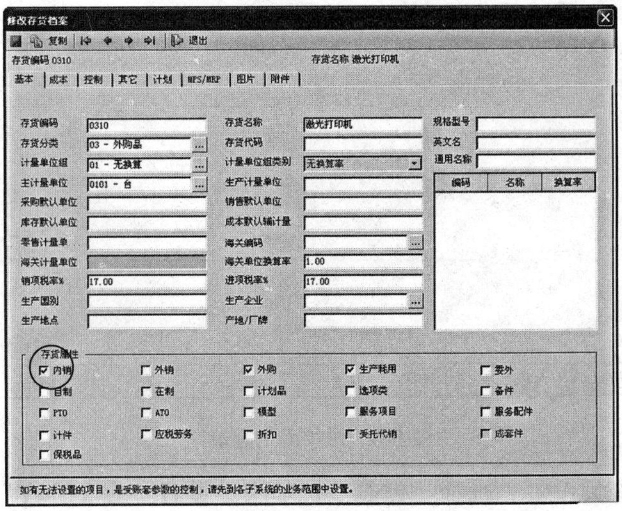

图 8-7　修改存货档案

（3）MPS 计划设置。选择"MPS/MRP"选项卡，勾选"MPS 件"复选框，并设置"计划方法"为 R，"供需政策"为 PE，如图 8-8 所示。

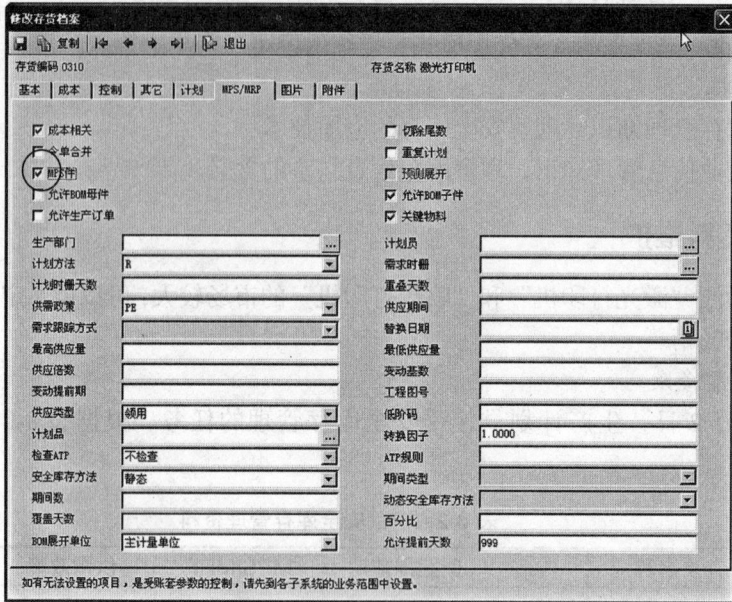

图 8-8　设置 MPS

（4）固定提前期设置。选择"计划"选项卡，设置"固定提前期"为 7，如图 8-9 所示。

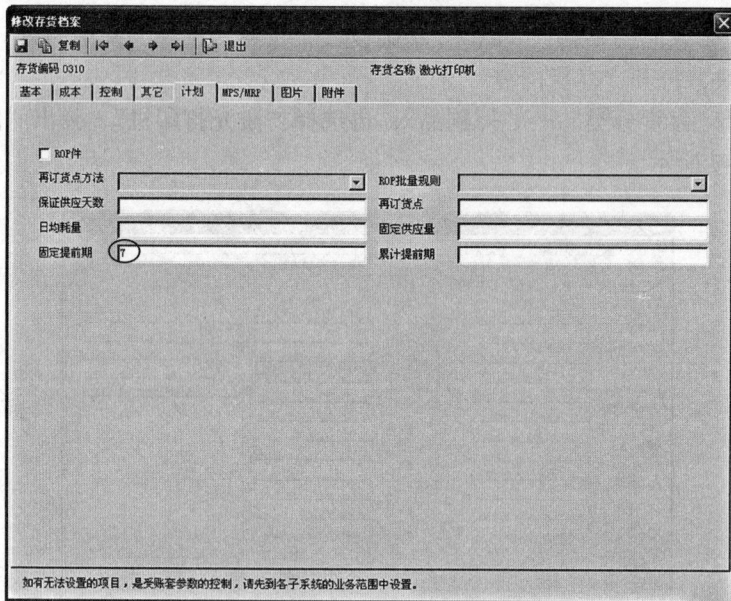

图 8-9　维护固定提前期

（5）安全库存参数设置。选择"控制"选项卡，设置"安全库存"为 200，如图 8-10 所示。

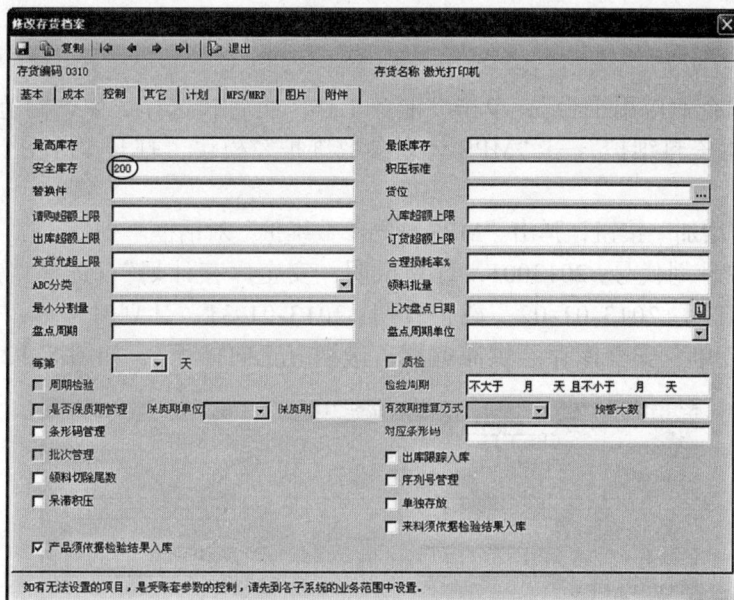

图 8-10　设置安全库存参数

2. 安全库存时栅维护

依据表 8-3 进行时栅维护。

表 8-3　安全库存时栅

行　　号	日　　数	需 求 来 源
1	10	预测 + 客户订单不消抵

操作步骤：

（1）登录"企业应用平台"，单击"基础设置"页签，选择"基础档案"→"生产制造"→"需求时栅维护"模块，打开"需求时栅维护"。

（2）单击"增加"按钮，表头输入"时栅代号、时栅说明"；表体输入"行号、日数、需求来源"，如图 8-11 所示。

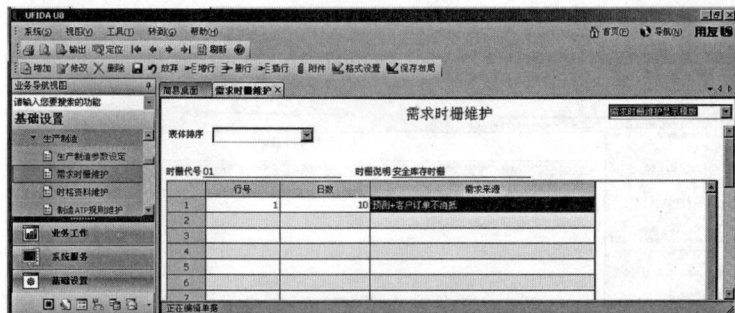

图 8-11　安全库存时栅维护

（3）单击"保存"按钮。

4．MPS 计划参数维护

操作步骤：

（1）登录"企业应用平台"，单击"业务工作"页签，选择"生产制造"→"主生产计划"→"基本资料维护"→"MPS 计划参数维护"模块，打开"MPS 计划参数维护"窗口。

（2）单击"增加"按钮，弹出"MPS 计划参数维护"对话框。

（3）输入"计划代号：2013001，计划说明：安全库存计划"；选择"需求时栅：01；计划期间起始日期：2013-01-02；截止日期：2013-01-31；计划时考虑：生产订单、采购订单、计划订单、安全库存、供需追溯、逾期时正向排程"，如图 8-12 所示。

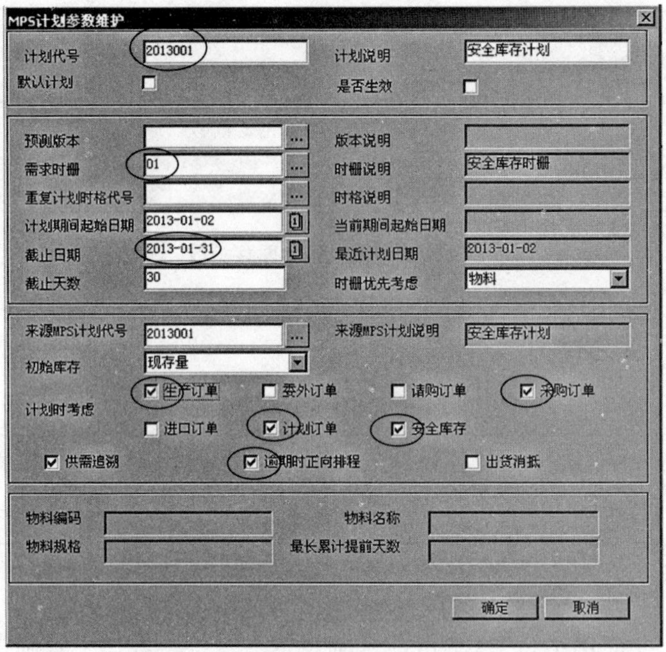

图 8-12　安全库存 MPS 计划参数维护

（4）单击"确定"按钮，返回"MPS 计划参数维护"窗口，显示安全库存计划参数，如图 8-13 所示。

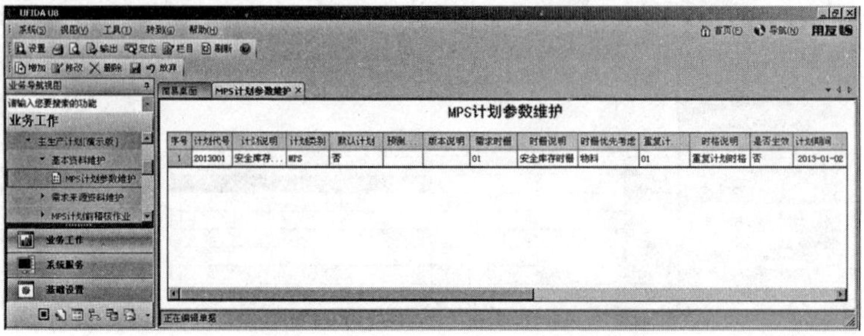

图 8-13　显示安全库存 MPS 计划参数

8.3.3　MPS 计划前稽查

1.　库存异常状况查询

在 MPS 计划执行前, 必须先检查库存中是否有负库存量, 以免影响 MPS 计划的计算结果。

操作步骤:

(1) 登录"企业应用平台", 单击"业务工作"页签, 选择"生产制造"→"主生产计划"→"MPS 计划前稽核作业"→"库存异常状况查询"模块, 弹出"过滤条件选择"对话框。

(2) 在"过滤条件选择"对话框, "常用条件"栏下"包含非 MRP 仓"选择"否", 单击"过滤"按钮, 打开"库存异常状况查询"窗口若没有异常, 将不会显示任何信息。

2.　仓库净算定义查询

在 MPS 计划执行前, 还需检查仓库是否被定义为 MRP 计算。如果没有, 该仓库将不参与 MPS 计划的运算。

操作步骤:

登录"企业应用平台", 单击"业务工作"页签, 选择"生产制造"→"主生产计划"→"MPS 计划前稽核作业"→"仓库净算定义查询"模块, 打开"仓库净算定义查询"窗口, 如图 8-14 所示。

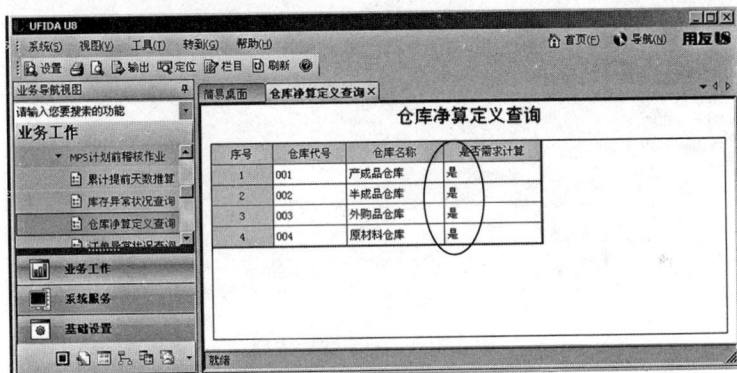

图 8-14　仓库净算定义

◆》 **提示:**

仓库净算定义是在"基础设置"页签的"基础档案"→"业务"→"仓库档案"中修改。

8.3.4　MPS 计划作业

1.　手工计算表 8-4 的资料

2013 年 1 月 2 日, 用手工计算表 8-4 资料, 可得出安全库存管理下, 存货的建议需求量和建议需求日期。

表 8-4 安全库存量管理

存货编码	存货名称	固定提前期	安全库存量	现 存 量	建议需求量	建议需求日期
0310	激光打印机	7	200	100	100	2013-01-09
0311	喷墨打印机	7	200	0	200	2013-01-09

2. MPS 计算表 8-4 的资料

2013 年 1 月 2 日，用 MPS 计算表 8-4 的资料。

操作步骤：

（1）登录"企业应用平台"，单击"业务工作"页签，选择"生产制造"→"主生产计划"→"MPS 计划作业"→"MPS 计划生成"模块，弹出"MPS 计划生成"对话框，输入"来源 MPS 计划代号：2013001"，如图 8-15 所示。

（2）单击"执行"按钮，系统自动执行所定的 MPS 计划。

（3）完成后弹出"［MPS 计划生成］处理成功"对话框，单击"确定"按钮，完成 MPS 计划的处理。

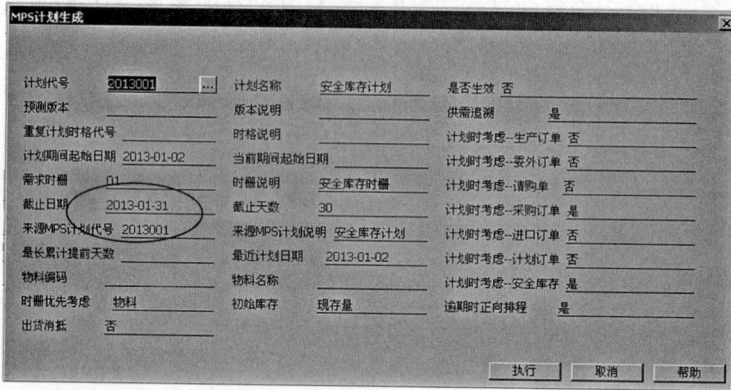

图 8-15 MPS 计划生成

3. MPS 执行结果查询

MPS 计划执行完成后，可以通过"供需资料查询 - 物料"窗口快速地查询到执行的结果。

操作步骤：

（1）登录"企业应用平台"，单击"业务工作"页签，选择"生产制造"→"主生产计划"→"MPS 计划作业"→"供需资料查询 - 物料"模块，将"查询选择"设为 MPS，"查询方式"设为"明细"，单击"查询"按钮，弹出"查询条件选择"对话框。

（2）输入"计划代号"为"计划代号 - 安全库存计划"。

（3）单击"确定"按钮，打开"供需资料查询 -- 物料"窗口，显示物料的 MPS 计划情况，如图 8-16 所示。

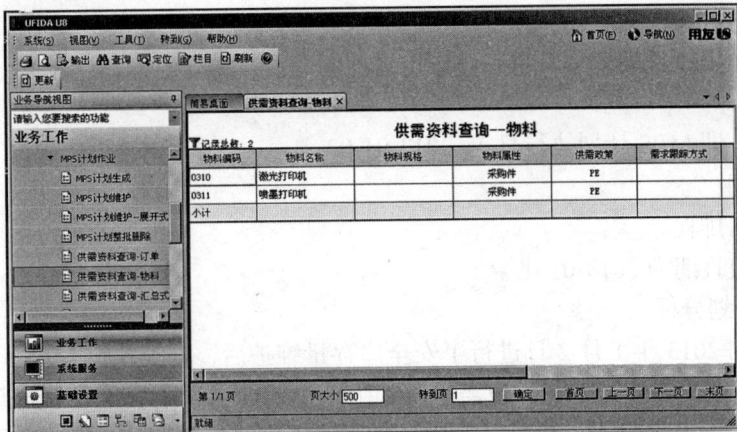

图 8-16 "供需资料查询 -- 物料"窗口

（4）双击"激光打印机"，弹出"供需资料查询 -- 明细（物料）"窗口，如图 8-17 所示。

确认物料的固定提前期、安全库存、现存量、供需日期、订单余量等信息与表 8-4 是相同的。

图 8-17 "供需资料查询 -- 明细（物料）"窗口

4. 供需平衡计算

1）数量计算

根据图 8-12 "计划时考虑"的设置，行 1 规划供应的"订单余量"的计算为：

$$（采购订单 + 现存量）< 安全库存量$$

因为：

采购订单：0 台。

现存量：100 台。

安全库存量：200 台。

$$采购订单（10 台）+ 现存量（100 台）< 安全库存量（100 台）$$

所以：系统会自动地产生一个订单余量 100 台。当订单执行后结存量为 200 台，即满足安全库存管理的要求。

2）日期计算

供应日期与审核日期有关，且考虑固定提前期。

因为：

审核日期（即 MPS 计划执行日）：2013-01-02。

固定提前期：7。

逾期时正向排程。

所以：供应日期为 2013-01-09。

3）MPS 计划分析

本案例是在 2013 年 1 月 2 日进行了安全库存量维护后，马上执行 MPS 计划的，显然因不满足安全库存量会产生逾期的供应需求，又由于在 MPS 参数中设置了"逾期时正向排程"，所以系统考虑固定提前期为 7 天，则审核日期和供应日期为 2013-01-09；如果不设置"逾期时正向排程"，需求日期为 2012-12-26。

由此得出结论：计划代号 2013001 的 MPS 建议是从 2013 年 1 月 9 日起激光打印机开始执行安全库存管理的任务。

5．安全库存信息分析

安全库存信息分析过程是指学习使用 MPS 的报表功能的过程。

1）建议计划

激光打印机和喷墨打印机的建议计划量，是用来控制采购部门编制采购订单的。

操作步骤：

（1）登录"企业应用平台"，单击"业务工作"页签，选择"生产制造"→"主生产计划"→"报表"→"建议计划量明细表（MPS）"模块。

（2）弹出"选择"对话框，选择"计划订单"，单击"确定"按钮。

（3）弹出"查询条件选择 - 建议计划量明细表（MPS）- 计划订单"对话框，选择"计划代号：2013001- 安全库存计划"，单击"确定"按钮。

（4）打开"建议计划量明细表（MPS）-- 计划订单"窗口，如图 8-18 所示。

对照图 8-17（见圆圈标识部分），ERP 系统计算的"供 / 需"栏目"供"的量与表 8-4 手工计算的建议需求量和建议需求日期是相同的。

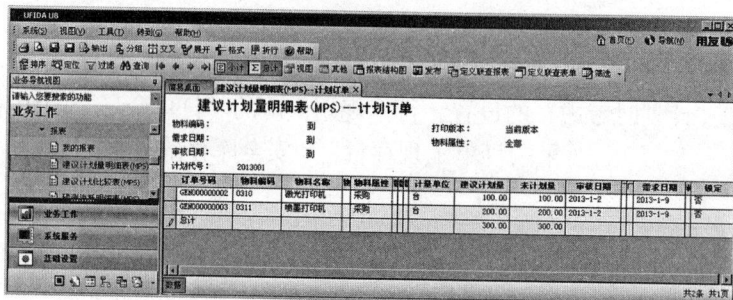

图 8-18　"建议计划量明细表（MPS）-- 计划订单"窗口

2）供需追溯分析

MPS 计划执行后，追溯 MPS 的供需资料，可观察到本次执行产品的建议计划的来源情况。

操作步骤：

（1）登录"企业应用平台"，单击"业务工作"页签，选择"生产制造"→"主生产计划"→"报表"→"供需追溯明细表（MPS）"模块，弹出"查询条件选择 - 过滤追溯明细表（MPS）"对话框。

（2）选择"计划代号：2013001- 安全库存计划"，单击"确定"按钮，打开"供需追溯明细表（MPS）"窗口，如图 8-19 所示。

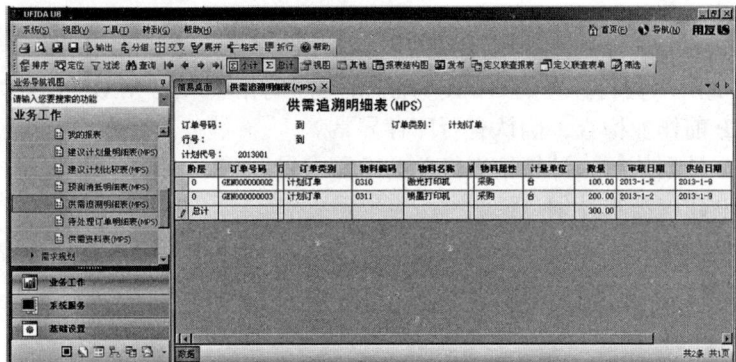

图 8-19　"供需追溯明细表（MPS）"窗口

8.3.5　生产计划闭环管理

生产计划闭环管理的概念，是通过 MPS/MRP 来控制和管理采购作业与生产作业的。参考图 8-19，MPS 建议：2013 年 1 月 9 日，采购 100 台激光打印机、200 台喷墨打印机。

生效建议需求计划：MPS 计划生效，表示生产计划部门向采购部门下达"供需日期""订单余量"等信息（参考图 8-17）。

操作步骤：

（1）登录"企业应用平台"，单击"业务工作"页签，选择"生产制造"→"主生产计划"→"基本资料维护"→"MPS 计划参数维护"模块，打开"MPS 计划参数维护"窗口。

（2）单击"修改"按钮，弹出"MPS 计划参数维护"对话框。

（3）勾选"是否生效"复选框。

8.4　MTO 生产计划方式

当企业确定自己某些特定的产品已经有确定的市场时，通常会采用面向客户订单的生产计划方式（Make to Order，MTO）。此时企业的管理可能更多的是关注客户订单需求的产品的生产订单执行情况，物料的投入 / 产出，以及客户订单的执行率。

8.4.1 典型案例

1. 情境描述

2013 年 1 月 2 日，生产计划部接受"商务电脑"的订单，采用按客户订单生产的计划方式。

2. 基本技能

（1）查询 MPS 计划的需求来源"客户订单"，计划的逻辑处理参考图 1-1 和图 8-2。

（2）维护销售订单。

（3）熟悉 MPS/MRP 计划作业流程。

① 维护表 8-5 所示资料，查询 BOM、维护时栅 / 时格、MPS/MRP 计划参数。

② MPS/MRP 前作业稽查，确认有否库存异常。

③ MPS/MRP 计划执行，计算销售订单的净需求量。

④ MPS/MRP 建议需求计划分析。

⑤ MPS/MRP 计划生效，进入采购业务，或生产管理应用模式，详细内容可参考本书第 5 章和第 6 章。

3. 知识链接

（1）结合工商管理专业知识，理解面向客户订单管理的应用技术。

（2）结合企业信息管理知识，理解 MPS/MRP 的处理逻辑及实现，参考图 1-1。

8.4.2 实操资料准备

企业根据"商务电脑"的市场已经接近"饱和"的信息，决定执行按订单生产的计划方式，实施该产品的"零"库存管理。

1. 存货档案修改

2013 年 1 月 2 日，销售部门确定客户"志远公司"的 60 台"商务电脑"的销售订单。客户要求 2013 年 1 月 18 日交货。生产计划员接到任务以后，查询了"商务电脑"的现存量有 40 台，还需要生产 20 台。

生产计划员执行"订单管理"的任务，按表 8-5 修改存货属性、重复计划、MPS/MRP、固定提前期。

表 8-5 "商务电脑"的 BOM 资料

价码	物料编码	物料名称	计量单位	存货属性	重复计划	MPS/MRP	固定提前期
0	0102	商务电脑	台	内销，自制	是	MPS	1
1	0301	显示器	台	外购，生产消耗	否	MRP	7
1	0302	鼠标	只	外购，生产消耗	否	MRP	7
1	0303	键盘	个	外购，生产消耗	否	MRP	7
1	0203	商务主机	台	自制，生产消耗	是	MRP	1
2	0304	内存条	条	外购，生产消耗	否	MRP	7
2	0305	硬盘	个	外购，生产消耗	否	MRP	7
2	0309	商务主板	块	外购，生产消耗	否	MRP	7
2	0201	机箱	个	委外，生产消耗	否	MRP	7
3	0401	金属板（1*2M）	片	外购，生产消耗	否	MRP	7

操作步骤：

（1）登录"企业应用平台"，单击"基础设置"页签，选择"基础档案"→"存货"→"存货档案"模块，打开"存货档案"。

（2）在左侧窗格中选择"存货分类"→"01-产成品"；在右侧窗格中选择"商务电脑"，弹出"修改存货档案"对话框，如图 8-20 所示。

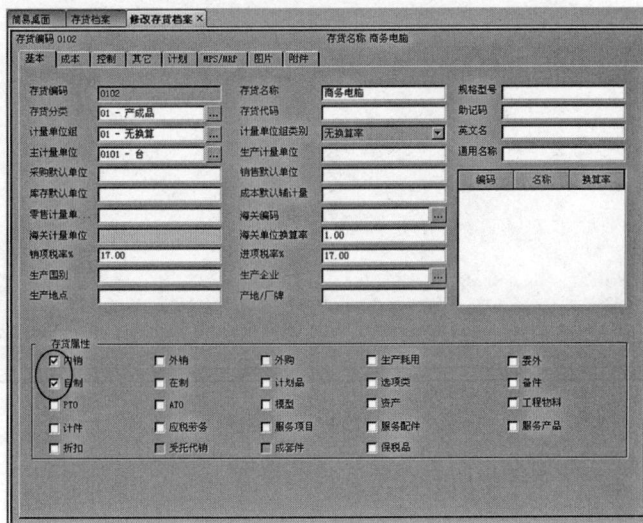

图 8-20　"修改存货档案"对话框

（3）MPS 计划设置。选择"MPS/MRP"选项卡，勾选"MPS 件"和"重复计划"复选框，并设置"计划方法"为 R，"供需政策"为 LP，如图 8-21 所示。

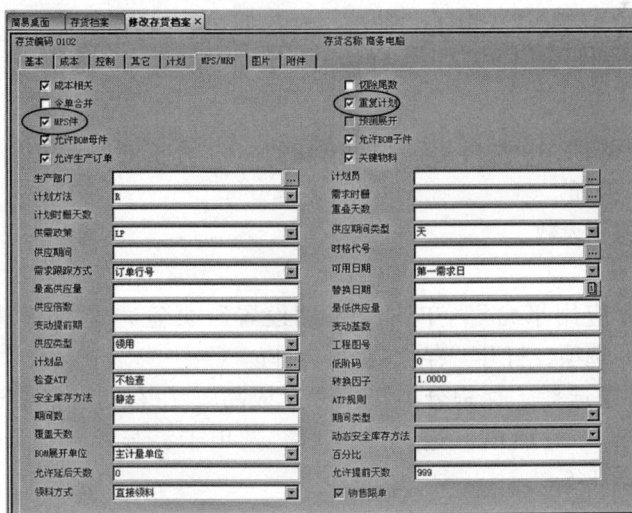

图 8-21　设置 MPS 和重复计划属性

（4）固定提前期设置。选择"计划"选项卡，设置"固定提前期"为 1，如图 8-22 所示。

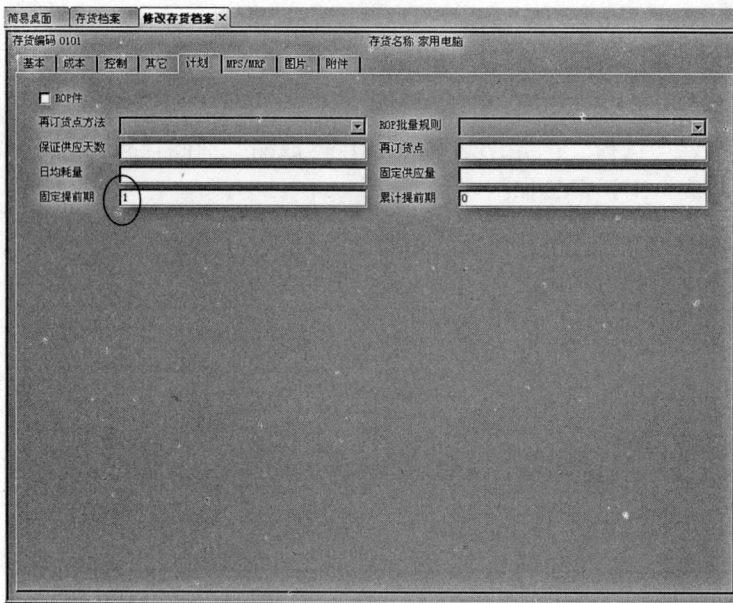

图 8-22   维护固定提前期

按照上述方法，完成表 8-5 中所有存货资料的设置。

2. 计算累计提前期

依据表 8-5 中的固定提前期，计算"商务电脑"的累计提前期。了解"商务电脑"生产的总天数，结果参考表 8-8 所示的累计提前期。

1) 计算累计提前期

操作步骤：

① 登录"企业应用平台"，单击"业务工作"页签，选择"生产制造"→"主生产计划"→"MPS 计划前稽核作业"→"累计提前天数推算"模块，弹出"累计提前天数推算"对话框。

② 单击"执行"按钮，稍后弹出"[累计提前天数推算]处理成功！"提示窗口。

③ 单击"确定"按钮。

2) 查询累计提前期天数

操作步骤：

（1）登录"企业应用平台"，单击"基础设置"页签，选择"基础档案"→"存货"→"存货档案"选项，打开"存货档案"窗口。

（2）在左侧窗格中选择"存货分类"→"产成品"，在右侧窗格中选择"商务电脑"，弹出"修改存货档案"对话框，选择"计划"选项卡，显示"累计提前期：16"，如图 8-23 所示，参考表 8-5。

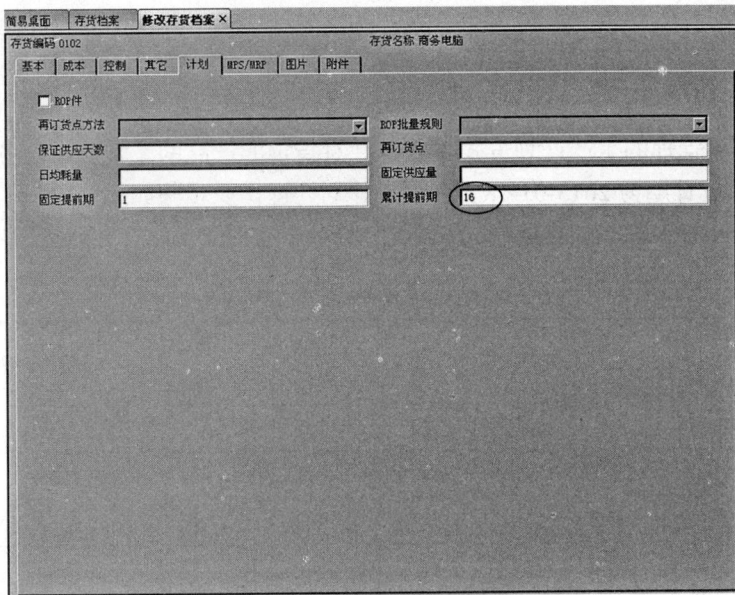

图 8-23　查询累计提前期

3. 订单管理时栅维护

MTO 生产计划的需求来源为"客户订单",设置计划处理时栅,如表 8-6 所示。

表 8-6　MTO 计划时栅

行号	日数	需求来源
1	30	客户订单

操作步骤:

(1)登录"企业应用平台",单击"基础设置"页签,选择"基础档案"→"生产制造"→"需求时栅维护"模块,打开"需求时栅维护"窗口。

(2)单击"增加"按钮,表头输入"时栅代号:02;时栅说明:MTO 计划时栅";表体输入"行号:1;日数:30;需求来源:客户订单",如图 8-24 所示。

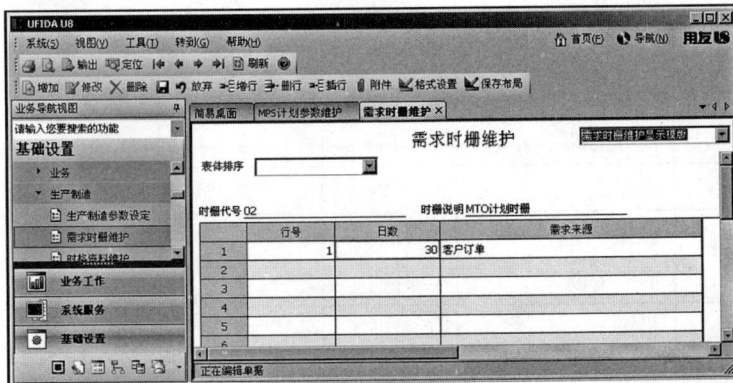

图 8-24　MTO 计划时栅维护

（3）单击"保存"按钮。

8.4.3　手工计划作业

基于客户订单管理的生产计划方式主要是针对指定的产品的。案例"商务电脑"的销售订单量为 60，发货日期为 2013-01-18。其手工计划处理作业步骤如下：

（1）分析产品 BOM 的相关资料，如表 8-7 所示。

表 8-7　"商务电脑"计划资料

阶码	物料编码	物料名称	用量	物料属性	重复计划	MPS/MRP	操作内容
0	0102	商用电脑	1	自制	是	MPS	独立需求
1	0301	显示器	1	外购	否	MRP	相关需求
1	0302	鼠标	1	外购	否	MRP	
1	0303	键盘	1	外购	否	MRP	
1	0203	商用主机	1	自制	是	MRP	
2	0304	内存条	1	外购	否	MRP	
2	0305	硬盘	1	外购	否	MRP	
2	0309	商用主板	1	外购	否	MRP	
2	0201	机箱	1	委外	否	MRP	
3	0401	金属件	1/3	外购	否	MRP	

（2）分析产品的累计提前期，由底向上的关键加工路线的提前期累加，如表 8-8 所示。

表 8-8　"商务电脑"的累计提前期

阶码	物料编码	物料名称	物料属性	固定提前期	累计提前期	关键路线计算
0	0102	商务电脑	自制	1	16	15+1
1	0301	显示器	外购	7	7	
1	0302	鼠标	外购	7	7	
1	0303	键盘	外购	7	7	
1	0203	商务主机	自制	1	15	14+1
2	0304	内存条	外购	7	7	
2	0305	硬盘	外购	7	7	
2	0309	商务主板	外购	7	7	
2	0201	机箱	委外	7	14	7+7
3	0401	金属板（1*2M）	外购	7	7	7

（3）计算 MPS/MRP 的需求量，即求净需求，计算公式为净需求 = 毛需求 - 现存量，如表 8-9 所示。

表 8-9 计算"商务电脑"（60 台）MPS/MRP 净需求量

阶码	物料编码	物料名称	物料属性	现存量	毛需求	建议净需求
0	0102	商务电脑	自制	40	60	20
1	0301	显示器	外购	194	20	0
1	0302	鼠标	外购	100	20	0
1	0303	键盘	外购	100	20	0
1	0203	商务主机	自制	4	20	16
2	0304	内存条	外购	300	16	0
2	0305	硬盘	外购	50	16	0
2	0309	商务主板	外购	0	16	16
2	0201	机箱	委外	50	16	0
3	0401	金属板（1*2M）	外购	8 000	0	0

（4）计算 MPS/MRP 的需求日，如表 8-10 所示。

表 8-10 "商务电脑" MPS/MRP 需求日

阶码	物料编码	物料名称	固定提前期	累计提前期	现存量	毛需求	净需求	发货日期	建议需求日期	建议审核日期
0	0102	商务电脑	1	16	40	60	20	2013-1-18	2013-1-18	2013-1-18
1	0301	显示器	7	7	194	20	0			
1	0302	鼠标	7	7	100	20	0			
1	0303	键盘	7	7	100	20	0			
1	0203	商务主机	1	15	4	20	16		2013-1-17	2013-1-17
2	0304	内存条	7	7	300	16	0			
2	0305	硬盘	7	7	50	16	0			
2	0309	商务主板	7	7	0	16	16		2013-1-16	2013-1-09
2	0201	机箱	7	14	50	16	0			
3	0401	金属板（1*2M）	7	7	8 000	0	0			

8.4.4 MPS 计划作业

MPS 计划作业是运用 ERP 管理信息系统处理产品的计划数据和需求日。案例"商务电脑"的销售订单量为 60 台，发货日期为 2013-01-18。

1. 需求来源

1）编制销售订单

操作步骤：

（1）登录"企业应用平台"，单击"业务工作"页签，选择"供应链"→"销售管理"→"销售订货"→"销售订单"模块，打开"销售订单"窗口。

（2）单击"增加"按钮，表头输入"订单日期：2013-01-18；客户简称：志远公司；销售部门：销售一部，业务员：李勋"。

（3）表体输入"存货名称：商务电脑；数量：60；无税单价：6 000"。

（4）单击"保存"按钮，然后单击"审核"按钮，如图 8-25 所示。

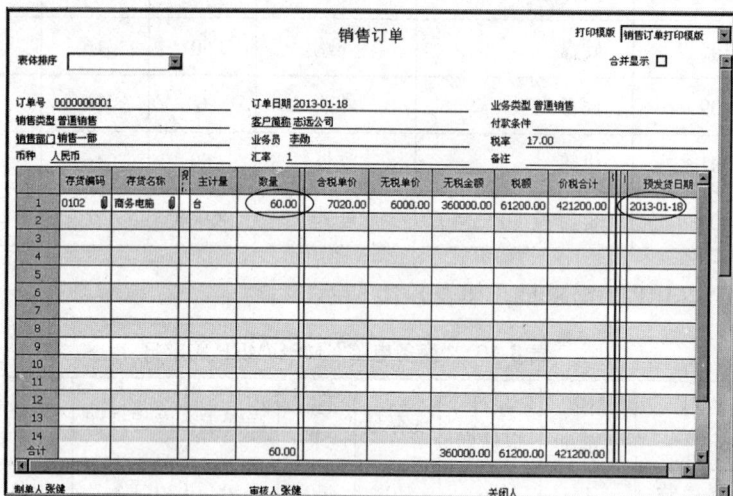

图 8-25 编制销售订单

📢 **提示：**

（1）编制销售订单的操作：请先重新登录"企业应用平台"，将操作日期修改为 2013-01-18，再输入销售订单并审核。

（2）再重新登录"企业应用平台"，操作日期修改为 2013-01-02。

2）MPS 计划参数维护

操作步骤：

（1）登录"企业应用平台"，单击"业务工作"页签，选择"生产制造"→"主生产计划"→"基本资料维护"→"MPS 计划参数维护"模块，打开"MPS 计划参数维护"窗口。

（2）单击"增加"按钮，弹出"MPS 计划参数维护"对话框。

（3）输入"计划代号：2013002P，计划说明：MTO 独立需求计划"；选择"需求时栅：02；重复计划时格代号：01；计划期间起始日期：2013-01-02；截止日期：2013-01-31；计划时考虑：勾选生产订单、计划订单、供需追溯、逾期时正向排程"复选框，如图 8-26 所示。

（3）单击"确定"按钮，返回"MPS 计划参数维护"窗口，显示安全库存计划参数，如图 8-27 所示。

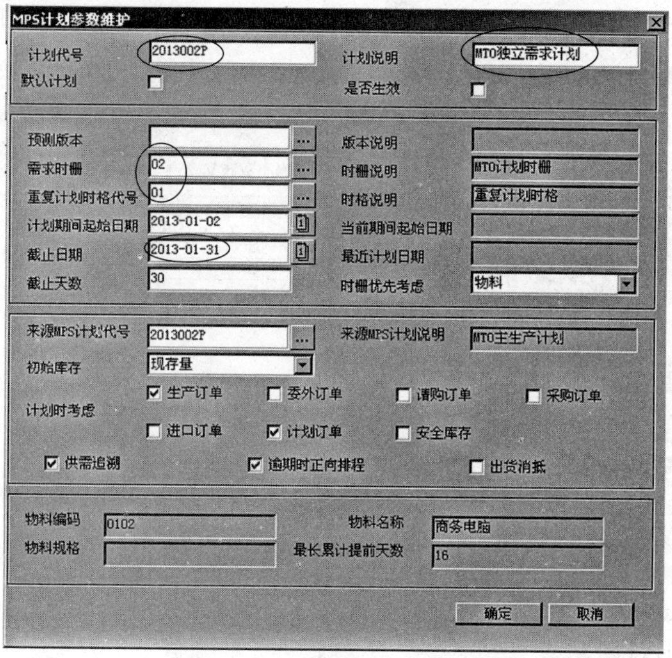

图 8-26　MTO 的 MPS 计划参数维护

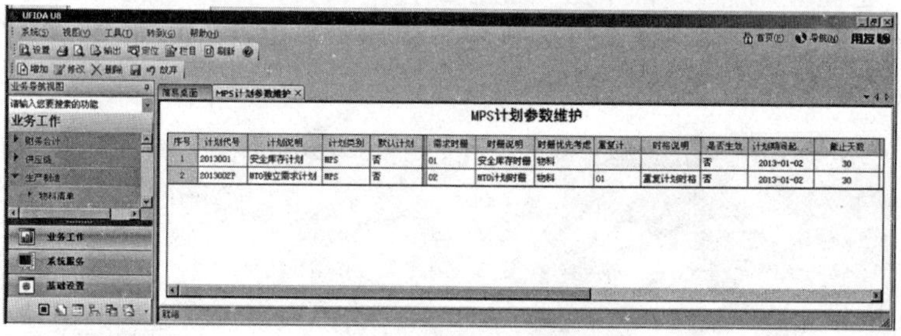

图 8-27　MTO 计划参数维护

2. MPS 计划前稽查

1）库存异常状况查询

在 MPS 计划执行前，必须先检查库存中是否有负库存，以免 MPS 计算出错。

操作步骤：

（1）登录"企业应用平台"，单击"业务工作"页签，选择"生产制造"→"主生产计划"→"MPS 计划前稽核作业"→"库存异常状况查询"模块，弹出"过滤条件选择"对话框。

（2）在"常用条件"栏下选择"包含非 MRP 仓"为"否"，单击"过滤"按钮，打开"库存异常状况查询"窗口若没有异常，将不会显示任何信息。

2. 仓库净算定义查询

在执行 MPS 计划前，还需检查仓库是否被定义为 MRP 计算，如果没有，该仓库将不参与 MPS 计划的运算。

操作步骤：

登录"企业应用平台"，单击"业务工作"页签，选择"生产制造"→"主生产计划"→"MPS 计划前稽核作业"→"仓库净算定义查询"模块，打开"仓库净算定义查询"窗口，如图 8-28 所示。

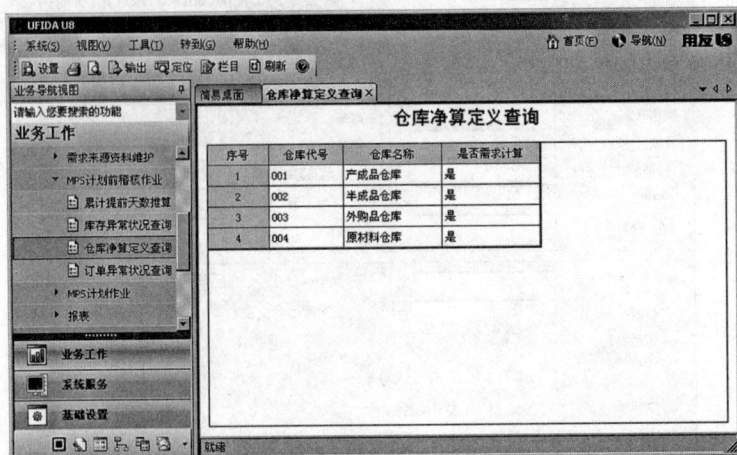

图 8-28　"仓库净算定义查询"窗口

3. MPS 计划运行

1）MPS 计划执行

操作步骤：

（1）登录"企业应用平台"，单击"业务工作"页签，选择"生产制造"→"主生产计划"→"MPS 计划作业"→"MPS 计划生成"模块，弹出"MPS 计划生成"对话框，输入"来源 MPS 计划代号"，如图 8-29 所示。

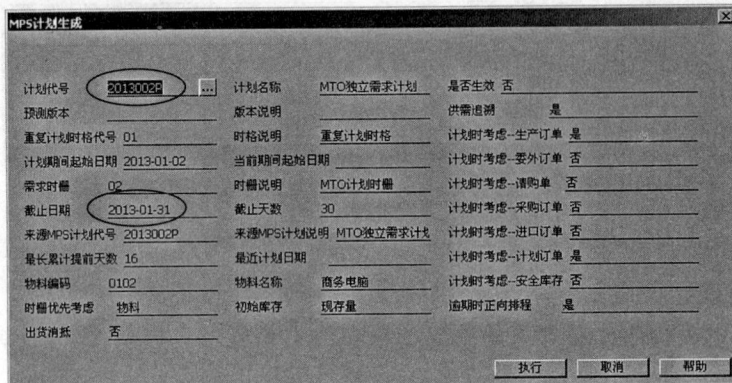

图 8-29　MPS 计划生成

（2）单击"执行"按钮，系统自动执行所定的 MPS 计划。

（3）完成后弹出"［MPS 计划生成］处理成功"对话框，单击"确定"按钮，弹出"［MPS 计划生成］处理成功"提示信息，单击"确定"按钮。

2）MPS 执行结果查询

MPS 计划执行完成后，可以通过"供需资料"快速地查询到执行的结果。

操作步骤:

(1)登录"企业应用平台",单击"业务工作"页签,选择"生产制造"→"主生产计划"→"MPS计划作业"→"供需资料查询-物料"模块,弹出"过滤条件选择"对话框。

(2)输入"计划代号:2013002P"。

(3)单击"确定"按钮,打开"供需资料查询-物料"窗口,显示物料的MPS计划情况,如图8-30所示。

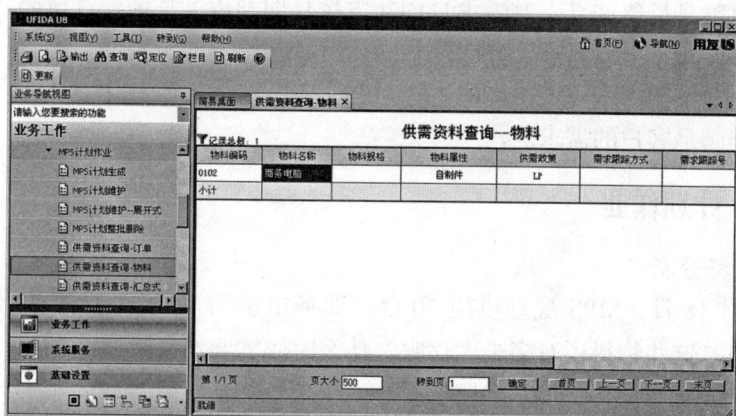

图8-30 供需资料查询

(4)双击"商务电脑",打开"供需资料查询--明细(物料)"窗口,如图8-31所示,依据现存可理解供/需数据,依据固定提前期可理解供需日期。

图8-31 供需资料明细

4. 供需平衡计算

1)数量计算

由行2的审核销售订单60(需)的数量,计算行1的规划供应量为:

$$规划供应量 = 销售订单量 - (生产订单量 + 现存量)$$

因为:

销售订单量:60台。

生产订单量:0台。

现存量: 40 台。

所以: 规划供应量为 60-（0＋40）=20 台。

2）日期计算

供需日期: 销售订单发货日期为 2013-01-18。

审核日期: 销售订单审核为 2013-01-18。

3）MPS 分析

由于商务电脑是最终产品，其需求日期和审核日期都应该是销售订单的"预发货日期"，即客户的需求日。

由此得出结论: 计划代号 2013002P 的 MPS 建议是 2013 年 1 月 18 日完成 20 台商务电脑的生产，才能满足客户的需求。

8.4.5 MRP 计划作业

1. MRP 数据分析

2013 年 1 月 18 日，MPS 规划供应 20 台"商务电脑"，那么生产这 20 台"商务电脑"需要用哪些物料？这些物料还有多少库存呢？什么时候需要？参考表 8-7 所示资料。

接下来通过 MRP 计划来回答上述问题。

2. MRP 计划运行

维护 MRP 计划参数:ERP 系统将根据"商务电脑"BOM 的阶码逐层展开，并计算物料需求，（参考图 1-1 所示 MRP 处理逻辑），从而按时、按量地计算出与"商务电脑"生产配套的材料需求量和需求日。

1）MRP 计划维护

操作步骤:

（1）登录"企业应用平台"，单击"业务工作"页签，选择"生产制造"→"需求规划"→"基本资料维护"→"MRP 计划参数维护"模块，弹出"MRP 计划参数维护"对话框。

（2）单击"增加"按钮，弹出"MRP 计划参数维护"对话框。

（3）输入"计划代号: 2013002R；计划说明: MTO 物料需求计划；需求时栅: 02；重复计划时格代号: 01；计划期间起始日期: 2013-01-02；截止日期: 2013-01-31；"计划时考虑"栏勾选生产订单、采购订单、计划订单、供需追溯、逾期时正向排程"复选框，如图 8-32 所示。

（4）单击"确定"按钮，返回"MRP 计划参数维护"对话框。

2）MRP 计划执行

操作步骤:

（1）登录"企业应用平台"，单击"业务工作"页签，选择"生产制造"→"需求规划"→"计划作业"→"MRP 计划生成"模块，弹出"MRP 计划生成"对话框，选择"计划代号: 2013002R；重复计划时格代号: 01"，如图 8-33 所示。

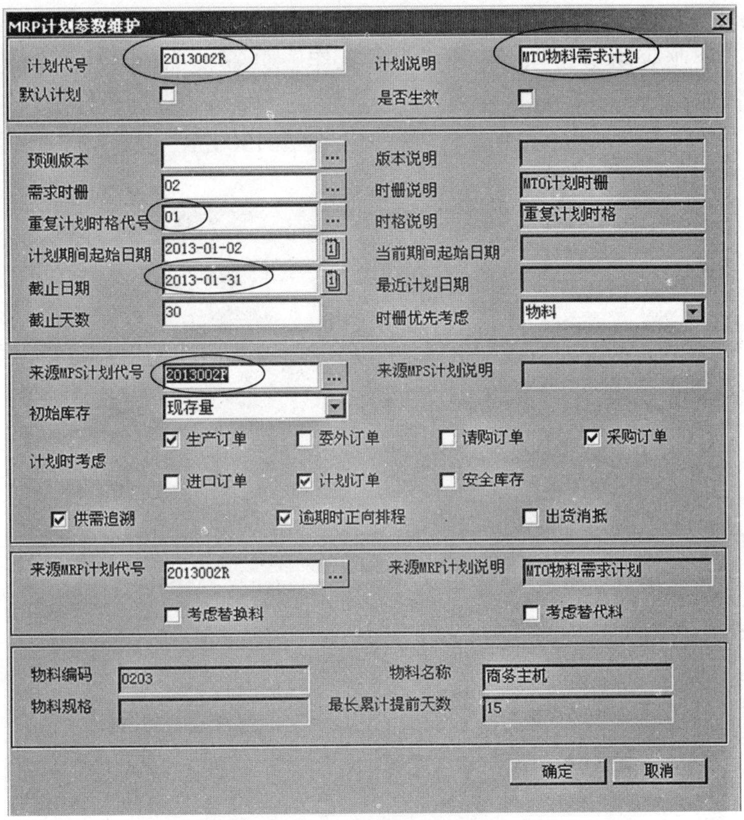

图 8-32 MTO 物料需求计划维护

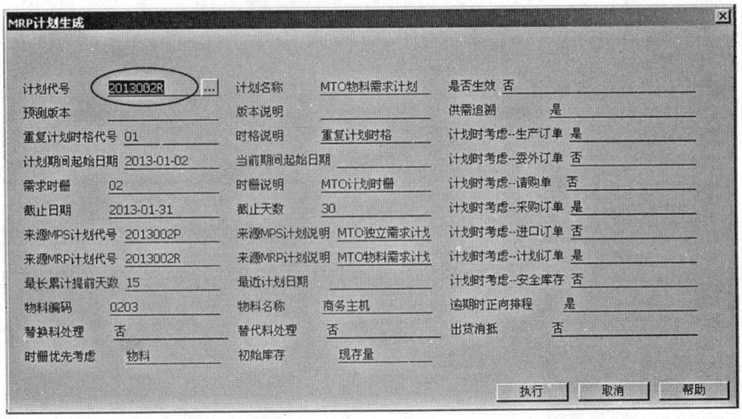

图 8-33 MRP 计划生成

（2）单击"执行"按钮，系统正在执行 MRP 计划。完成后弹出"［MRP 计划生成］处理成功！"对话框。

（3）单击"确定"按钮，完成 MRP 计划的处理。

3）查询 MRP 执行结果

操作步骤：

（1）登录"企业应用平台"，单击"业务工作"页签，选择"生产制造"→"需求规划"→"计划作业"→"供需资料查询 - 物料"模块，弹出"查询条件选择"对话框。

（2）设置"查询选择"为 MRP；"计划代号"为 2013002R，如图 8-34 所示。

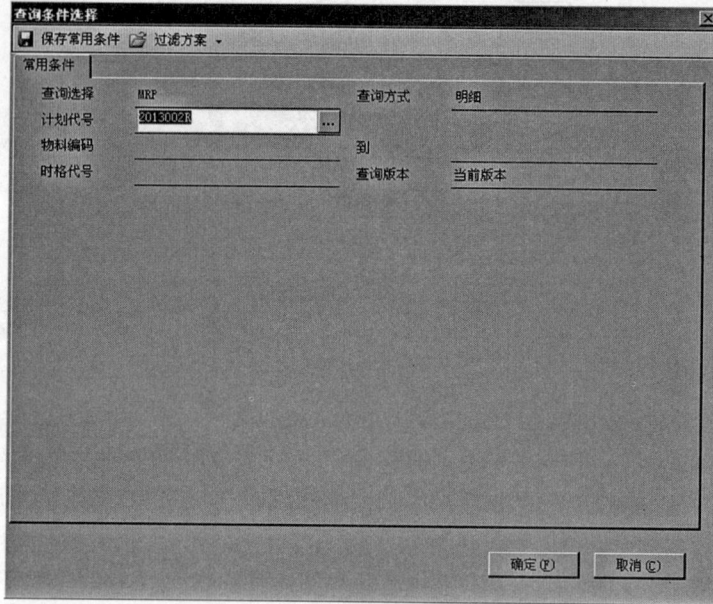

图 8-34　查询 MRP 运行结果

（3）单击"确定"按钮，打开"供需资料查询 -- 物料"窗口，显示物料的 MRP 计划情况。参考表 8-10，得知"商务主机""商务主板"有需求信息，如图 8-35 所示。

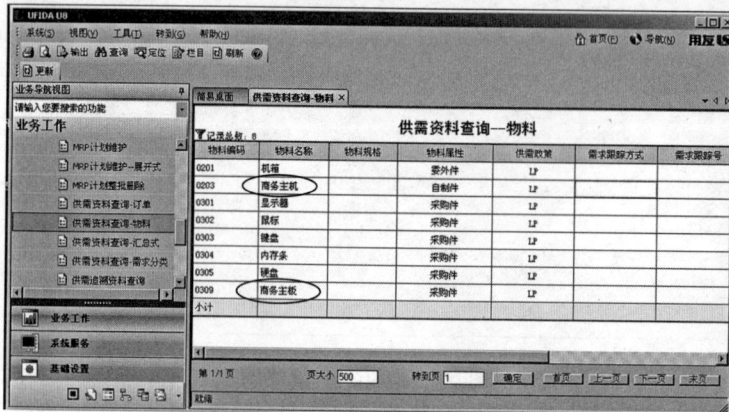

图 8-35　"供需资料查询 -- 物料"窗口

（4）双击"商务主机"，弹出"供需资料查询 -- 明细（物料）"窗口，如图 8-36 所示。

图 8-36　"供需资料查询 -- 明细（物料）"窗口

3. 供需平衡分析

1）数量计算

因"商务电脑"MPS 规划需求为 20 台，因此它的子件"商务主机"的毛需求为 20 台，又因"商务主机"有 4 台库存，因此"商务主机"的净需求为 16 台，所以"商务主机"的子件"商务主板"的供应只有 16 块。其算法如下：

$$规划供应量 = 商务主机净需求量 - （生产订单量 + 现存量）$$

因为：

商务主机净需求量：20 台。

生产订单量：0 台。

现存量：4 台。

所以：商务主板的规划供应量为：20 - （0 + 4）=16 台。请参考表 8-10。

2）日期计算

需求日期与规划日有关，且考虑固定提前期。

因为：

商务电脑的规划日期为：2013-01-18。

其固定提前期：1。

因此：

商务主机的需求日期：2013-01-17。

3）MRP 分析

"商务主机"是"商务电脑"的相关需求。因为"商务电脑"的 MPS"规划供应量"是 20 台，则"商务主机"的毛需求为 20 台，扣减它的现存量 4 台后，其净需求为 16 台；又因"商务电脑"审核日为 2013-01-18，其固定提前期为 1，所以"商务主机"的规划日期应该为 2013-01-17。

由此得出结论：计划代号 2013002R 的 MRP 建议是商务主机 16 台在 2013 年 1 月 17 日完成后，才能满足"商务电脑"销售订单的需求。

8.4.6　生产计划闭环管理

当生产计划员完成产品的计划后，进入操作层——执行采购作业和车间作业，参考

图 1-3。生产计划管理系统会将生效后的建议计划传递给采购管理系统和生产管理系统。反过来，采购订单或采购入库单，生产订单或生产订单完工入库的数据也会反馈给生产管理系统的。

1. MPS/MRP 计划生效

1）MPS 计划生效

操作步骤：

（1）登录"企业应用平台"，单击"业务工作"页签，选择"生产制造"→"主生产计划"→"MPS 计划作业"→"MPS 计划生成"模块，弹出"MPS 计划生成"对话框。

（2）双击"2013002P"计划，在弹出的对话框中对 MPS 计划参数进行维护。

（3）"是否生效"选择"是"，如图 8-37 所示。

（4）单击"执行"按钮。

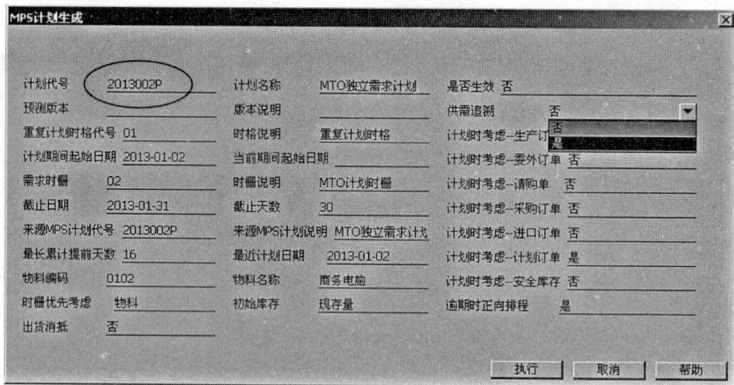

图 8-37　选择 MPS 计划生效

2）MRP 计划生效

操作步骤：

（1）登录"企业应用平台"，单击"业务工作"业签，选择"生产制造"→"需求规划"→"计划作业"→"MPS 计划生成"模块，弹出"MRP 计划生成"对话框。

（2）"是否生效"选择"否"，"时格说明"选择"重复计划时格"，如图 8-38 所示。

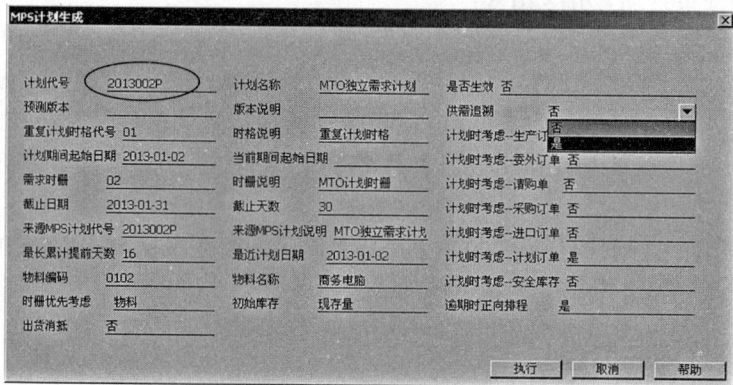

图 8-38　选择 MRP 计划生效

（3）单击"执行"按钮。

MPS/MRP 生效，意味着将生产计划处理的结果下达给采购部门和生产部门，通过采购订单和生产订单执行作业。此时需将第 5 章学习的采购管理业务流程和第 6 章学习的生产管理业务流程重组。

采购管理业务流程由各部门的采购人员申请，改变为参照 MPS/MRP 计划；生产订单由手动编制修改为自动生成，这样就保证了 MPS/MRP 计划的严肃性和可控制性。

2. MPS/MRP 生成采购订单

操作步骤：

（1）登录"企业应用平台"，单击"业务工作"页签，选择"供应链"→"采购管理"→"采购订货"→"采购订单"模块，打开"采购订单"。

（2）单击"增加"按钮，在"生单"下拉列表中选择"MPS/MRP 计划"，如图 8-39 所示。

（3）弹出"查询条件选择 - 采购订单 MPS/MRP 计划列表过滤"对话框。

图 8-39　参照 MRP 生成采购订单

（4）单击"确定"按钮，弹出"拷贝并执行"窗口，选择"ALL"并单击"确定"按钮，数据自动传递到"采购订单"。

采购订单执行过程请参考本书第 5 章。

3. MPS/MRP 生成生产订单

首先，应该维护好生产订单类别（请参考图 6-3）和"商务电脑""商务主机"的物料生产线关系（请参考图 6-6），然后参照"MPS/MRP 计划"自动生成生产订单。

操作步骤：

（1）登录"企业应用平台"，单击"业务工作"页签，选择"生产制造"→"生产订单"→"生产订单生成"→"重复计划自动生成"模块，弹出"查询条件选择"对话框。

（2）打开"重复计划自动生成"窗口，MPS/MRP 处理的生产订单数据自动传递过来，如图 8-40 所示。

（3）选择"商务主机"，单击"修改"按钮，输入"生产类别：正常生产；预入仓库：半成品仓库"。

（4）单击"保存"按钮，生产订单生成完成。

生产订单的执行过程可参考本书第 6 章。

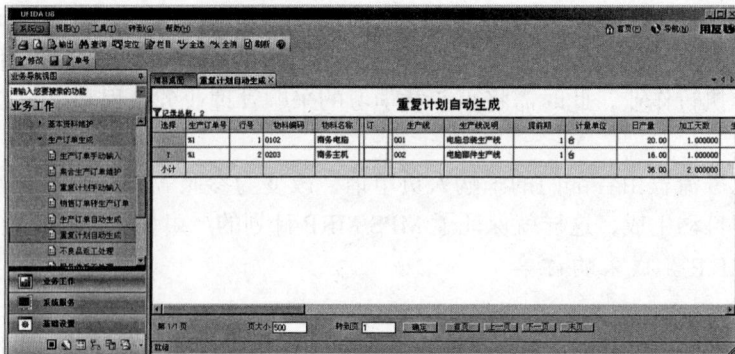

图 8-40   重复计划自动生成

至此，生产计划部门的 MTO，即面向客户订单的计划数据，便成功地传递到采购订单和生产订单上。

8.5   产品规划控制方式

当企业确定自己的"计划/管理层与决策层"进行信息链接时，参考图 1-3，即采用决策的"产品规划"，以及生产计划标准与客户订单同时管理与控制采购作业和车间作业。这是企业管理者最希望建立的生产计划管理模式。

因此该计划处理需要研究两类数据的逻辑关系，一类是采用决策层"产品规划"，用来作为生产计划的标准，参与计划的控制；另一类是销售部门的销售订单，也就是客户订单的数据，参与生产计划管理。这就是计划/管理层与决策层链接环节中的关键技术，参考图 1-3。

8.5.1   典型案例

1. 情境描述

在预测订单（即产品规划）中，企业的"商务电脑"产品规划数据为 100 台，起始与结束日期为 2013 年 1 月 22 日；销售订单显示 2013 年 1 月 18 日发货；MPS 计划日期为 2013 年 1 月 2 日。

2. 基本技能

（1）掌握 MPS 计划的时栅与需求来源的逻辑处理，参考图 1-1 和图 8-2。

（2）学会维护预测订单和销售订单。

（3）掌握不同的"时栅需求来源"的逻辑处理。

（4）学会物料供需资料的信息分析方法。

（5）掌握 MPS/MRP 计划的操作过程。

（6）了解 MPS/MRP 计划生效，如何链接采购管理和生产管理，详细内容可参考本书第 5 章与第 6 章的管理应用模式。

3. 知识链接

（1）结合工商管理知识，理解生产计划管理的应用技术。

（2）结合企业计划 / 管理的知识，理解闭环 MRPII 的处理逻辑及实现，参考图 1-3。

8.5.2　实操资料准备

1. 存货档案修改

2013 年 1 月 2 日，销售部门确定客户"志远公司"购买"商务电脑"60 台的销售订单。客户要求 2013 年 1 月 18 日交货。生产计划员接到任务以后，查询了"商务电脑"的现存量有 40 台，只需要生产 20 台。

依据表 8-11，生产计划员修改存货属性、重复计划、MPS/MRP、固定提前期。

表 8-11　"商务电脑"的 BOM 资料

阶码	物料编码	物料名称	计量单位	用量	存货属性	重复计划	MPS/MRP	固定提前期	累计提前期
0	0102	商务电脑	台	1	内销，自制	是	MPS	1	12
1	0301	显示器	台	1	外购，生产消耗	否	MRP	5	5
1	0302	鼠标	只	1	外购，生产消耗	否	MRP	5	5
1	0303	键盘	个	1	外购，生产消耗	否	MRP	5	5
1	0203	商用主机	台	1	自制，生产消耗	是	MRP	1	11
2	0304	内存条	条	1	外购，生产消耗	否	MRP	5	5
2	0305	硬盘	个	1	外购，生产消耗	否	MRP	5	5
2	0309	商务主板	块	1	外购，生产消耗	否	MRP	5	5
2	0201	机箱	个	1	委外，生产消耗	否	MRP	5	10
3	0401	金属板（1*2M）	片	1/3	外购，生产消耗	否	MRP	5	5

操作步骤：

（1）登录"企业应用平台"，单击"基础设置"页签，选择"基础档案"→"存货"→"存货档案"模块，打开"存货档案"窗口。

（2）在左侧窗格中选择"存货分类"→"01- 产成品"，在右侧窗格中选择"商务电脑"，弹出"修改存货档案"对话框，如图 8-41 所示。

（3）MPS 计划设置。选择"MPS/MRP"选项卡，勾选"MPS 件"和"重复计划"复选框，并设置"计划方法"为 R，"供需政策"为 LP，如图 8-42 所示。

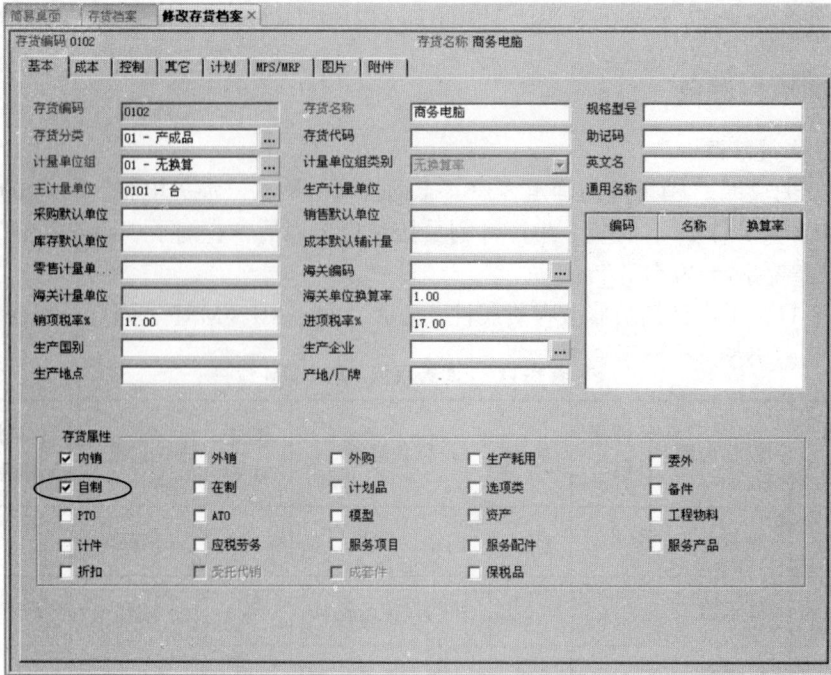

图 8-41　修改存货档案

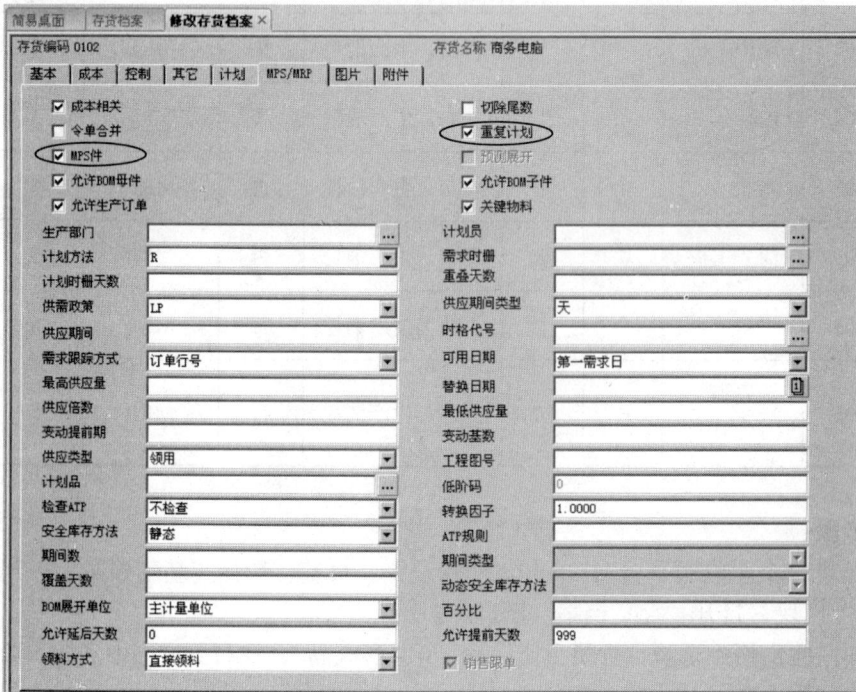

图 8-42　设置 MPS 件和重复计划

（4）固定提前期设置。选择"计划"选项卡，设置"固定提前期"为 1，如图 8-43 所示。

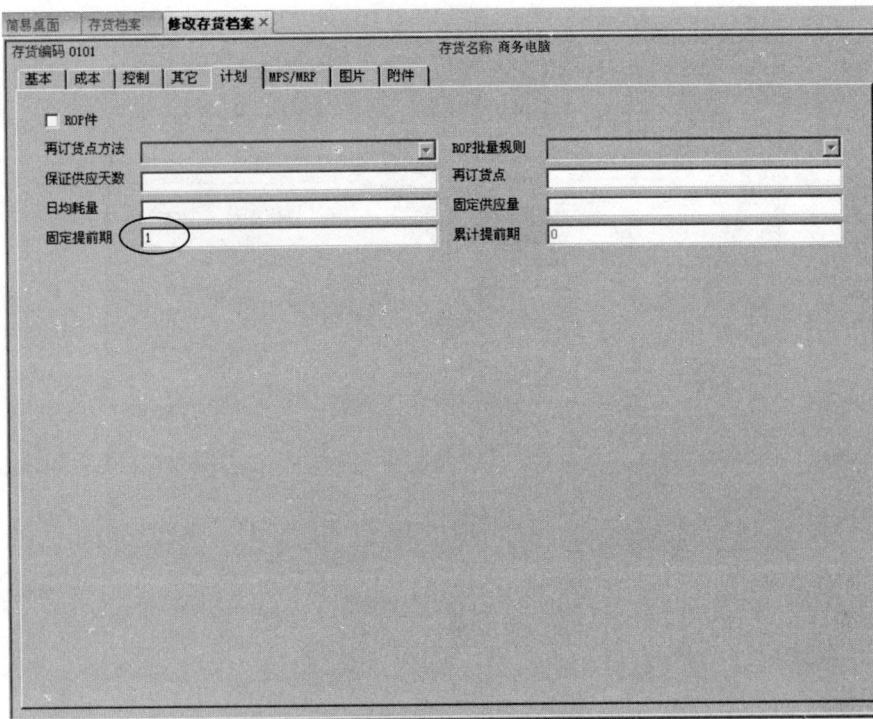

图 8-43　维护固定提前期

按照上述方法，完成表 8-11 中所有的存货资料的设置。

2．计算累计提前期

依据表 8-11 中的固定提前期，计算"商务电脑"的累计提前期，了解生产"商务电脑"一共需要 12 天，参考表 8-11。

1）计算累计提前期

操作步骤：

（1）登录"企业应用平台"，单击"业务工作"页签，选择"生产制造"→"主生产计划"→"MPS 计划前稽核作业"→"累计提前天数推算"模块，弹出"累计提前天数推算"对话框。

（2）单击"执行"按钮，稍后弹出"［累计提前天数］处理成功！"提示消息。

（3）单击"确定"按钮。

2）查询累计提前期天数

（1）登录"企业应用平台"，单击"基础设置"页签，选择"基础档案"→"存货"→"存货档案"模块，打开"存货档案"窗口。

（2）在左侧窗格中选择"存货分类"→"产成品"，在右侧窗格中选择"商务电脑"，弹出"修改存货档案"对话框，设置"累计提前期"为 12，如图 8-44 所示。

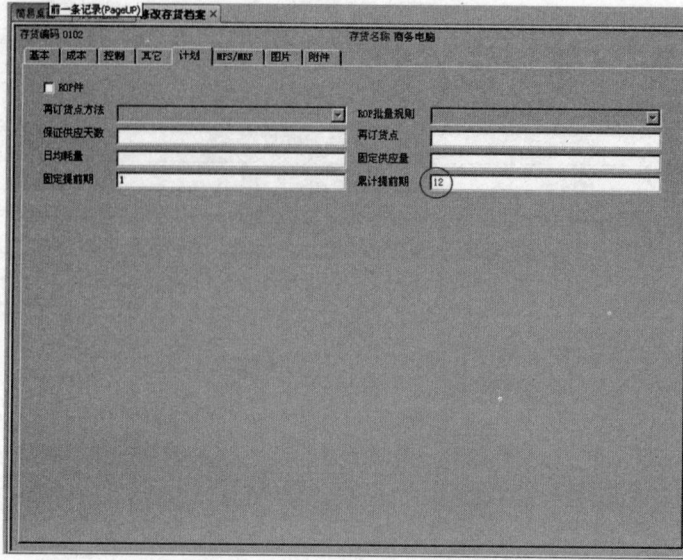

图 8-44 查询累计提前期

3. 订单管理时栅维护

操作步骤：

（1）登录"企业应用平台"，单击"基础设置"页签，选择"基础档案"→"生产制造"→"需求时栅维护"模块，打开"需求时栅维护"窗口。

（2）单击"增加"按钮，表头输入"时栅代号：03，时栅说明：产品规划时栅"。

（3）表体根据表 8-12 中所示数据输入"行号、日数、需求来源"，如图 8-45 所示。

表 8-12 产品规划时栅

行号	日数	需求来源
1	7	客户订单
2	15	预测 + 客户订单不消抵
3	30	预测 + 客户订单不消抵

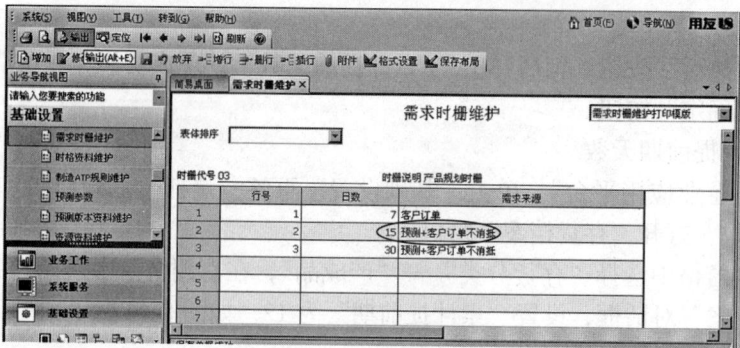

图 8-45 产品规划时栅维护

（4）单击"保存"按钮。

8.5.3 手工计划作业

与安全库存管理和 MTO 计划不同的是，产品规划控制方式是理想中的 MRPII 逻辑处理方式，参考图 1-3。产品规划控制方式比 MTO 计划多了一类"产品规划"数据，系统中用预测订单实现，参考图 8-2。用通俗的企业术语说，"产品规划"的应用对应着产品的"标准计划"，它与决策层的"产品规划 / 资源需求计划"关联，参考图 1-3。

例如表 8-13 所示产品规划资料。

如果企业的电脑产品的年销售规划为 100 万台，假设：依据电脑产品 100 台 / 天的生产能力，"家用电脑"和"商务电脑"分别规划为 50 万台，故它们的产品规划均为 100 台 / 天。

但是表中的"家用电脑"规划了 100 台，加上现存量后，销售订单显示 120 台，此时它的产品规划的实际执行情况是 120 台，显然是超规划的；而对于"商务电脑"规划了 100 台 / 天，但是只销售订单上只有 60 台，实际上是未完成产品规划的。

当然，通常企业产品规划的执行周期是按年、季、月或周业绩考核的。本案例为了学习方便，改为按天考核。

表 8-13 产品规划资料

销售规划 / 万台	产能 / (台 / 天)	产品规划 / 万台	物料编码	物料名称	产品规划 / (台 / 天)	销售订单 / 台	现存量 / 台	规划执行情况 / 台
100	100	50	0101	家用电脑	100	120	100	120
	100	50	0102	商务电脑	100	60	40	60

观察表 8-13，便得知 MPS 的需求来源：产品规划或销售订单，它们的处理逻辑不是简单的加减关系，而是通过时栅、"需求来源"逻辑处理的设置、预测订单（即产品规划）、客户订单（即销售订单）等多个参数的情况进行处理的。

接下来通过表 8-14，先手工处理"商务电脑"的需求来源，然后再用系统处理需求来源，对比理解 MPS 计划的处理方法。

表 8-14 手工处理需求来源的逻辑

需求来源		时栅 需求来源	需（按日期排序）	现存量	供（按日期排序）	说明
销售订单 / 日期	产品规划 / 日期					
60 2013-01-18	100 2013-01-16	预测订单 + 客户订单不消抵	预测订单 100 销售订单 60	40	预测订单 60 销售订单 60	预测订单扣减 40 库存
60 2013-01-18	100 2013-01-16	预测订单 + 客户订单，反向消抵	预测订单 100 销售订单 60	40	销售订单 60	预测订单被消抵后剩 40，再扣减 40 库存后，则无供
60 2013-01-18	100 2013-01-22	预测订单 + 客户订单，正向消抵	销售订单 60 预测订单 100	40	销售订单 20 预测订单 40	销售订单扣减 40 库存 预测订单被消抵后，还剩 40

8.5.4　MPS 计划作业

1. 维护需求来源

1）预测版本维护

操作步骤：

（1）登录"企业应用平台"，单击"基础设置"页签，选择"基础档案"→"生产制造"→"预测版本资料维护"模块，打开"预测版本资料维护"窗口。

（2）单击"增加"按钮，维护预测版本资料，如图 8-46 所示。

（3）单击"增加"按钮。

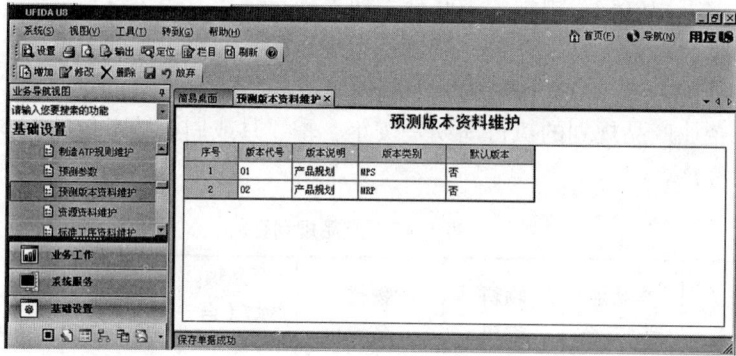

图 8-46　预测版本维护

2）预测订单维护

操作步骤：

（1）登录"企业应用平台"，单击"业务工作"页签，选择"生产制造"→"主生产计划"→"需求来源资料维护"→"产品预测订单输入"模块，打开"产品预测订单输入"窗口。

（2）单击"增加"按钮，表头输入"预测单号：0000000001，单据日期：2013-01-02，单据类别：MPS，预测版本号：01，版本说明：产品规划"。

（3）表体输入"物料名称：商务电脑；预测数量：100"，如图 8-47 所示。

（4）单击"保存"按钮，然后单击"审核"按钮。

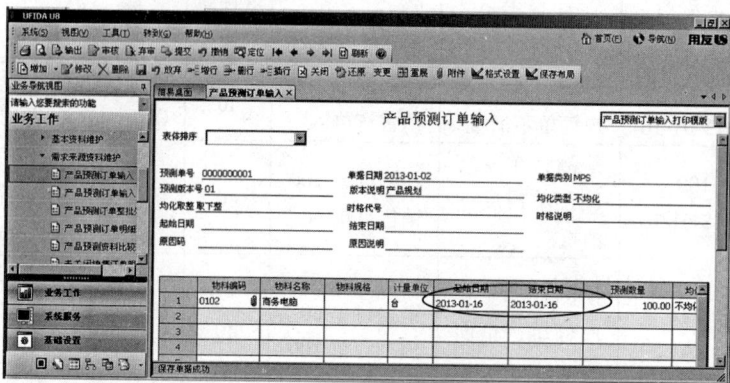

图 8-47　产品预测订单

3）销售订单维护

操作步骤：

（1）登录"企业应用平台"，单击"业务工作"页签，选择"供应链"→"销售管理"→"销售订单"模块，打开"销售订单"窗口。

（2）单击"增加"按钮。

（3）按图 8-48 所示完成销售订单的填制，单击"保存"按钮。

（4）单击"审核"按钮。

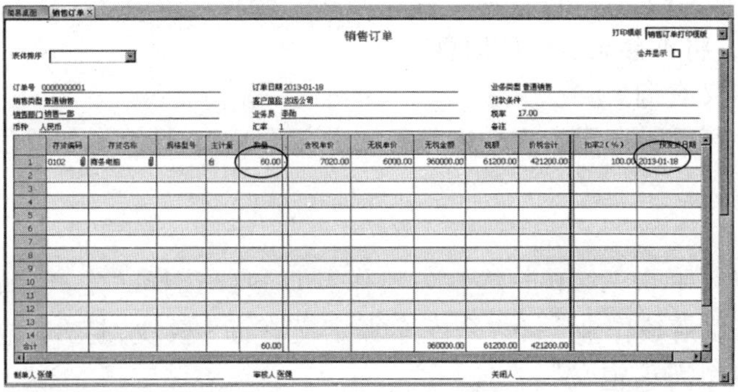

图 8-48 维护销售订单

2. MPS 计划参数维护

操作步骤：

（1）登录"企业应用平台"，单击"业务工作"页签，选择"生产制造"→"基本资料维护"→"MPS 计划参数维护"模块，打开"MPS 计划参数维护"窗口。

（2）单击"增加"按钮，输入"计划代号：201303P，计划说明：产品规划独立需求计划，需求时栅：03，重复计划时格代号：01，截止日期：2013-01-31"，勾选"计划订单、供需追溯、逾期时正向排程、生产订单"复选框，如图 8-49 所示。

（3）单击"确定"按钮。

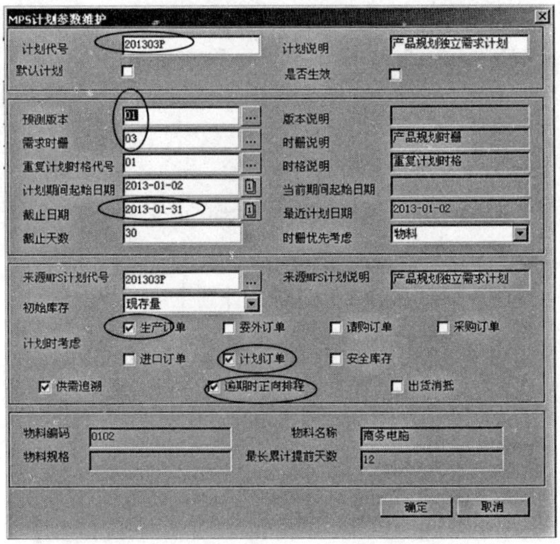

图 8-49 产品规划的 MPS 计划参数维护

3. MPS 计划前稽查

1）库存异常状况查询

在 MPS 计划执行前，须先检查库存中是否有负库存，避免引起 MPS 计算出错。

操作步骤：

（1）登录"企业应用平台"，单击"业务工作"页签，选择"生产制造"→"主生产计划"→"MPS 计划前稽核作业"→"库存异常状况查询"模块，弹出"查询条件选择"对话框。

（2）将"包含非 MRP 仓"设置为"否"，单击"确定"按钮，打开"库存异常状况查询"窗口。若没有异常，将不会显示任何信息。

2）仓库净算定义查询

在 MPS 计划执行前，还需检查仓库是否被定义为 MRP 计算，如果没有，该仓库将不参与 MPS 计划的运算。

操作步骤：

登录"企业应用平台"，单击"业务工作"页签，选择"生产制造"→"主生产计划"→"MPS 计划前稽核作业"→"仓库净算定义查询"模块，打开"仓库净算定义查询"窗口，查询"仓库净需求定义"。

4. MPS 计划运行

1）MPS 计划执行

操作步骤：

（1）登录"企业应用平台"，单击"业务工作"页签，选择"生产制造"→"主生产计划"→"MPS 计划作业"→"MPS 计划生成"模块，弹出"MPS 计划生成"对话框，

（2）输入"计划代号：201303P，重复计划时格代号：01"，如图 8-50 所示。

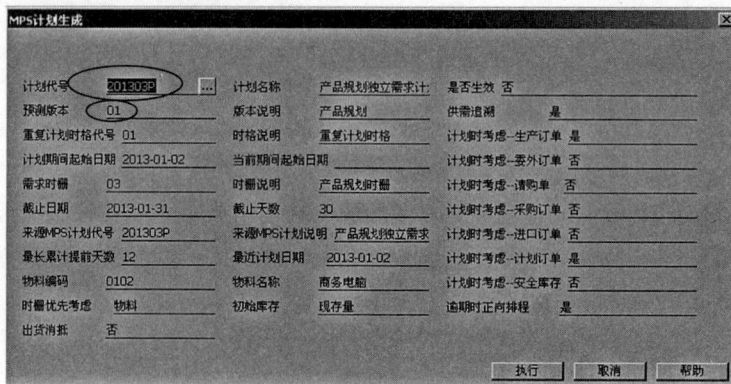

图 8-50   MPS 计划生成

（3）单击"执行"按钮，系统自动执行所定的 MPS 计划。

（4）完成后弹出"［MPS 计划生成］处理成功！"对话框，单击"确定"按钮，完成 MPS 计划的处理。

2）查询 MPS 执行结果

MPS 计划执行完成后，可以通过"供需资料"快速地查询到执行的结果。

操作步骤：

（1）登录"企业应用平台"，单击"业务工作"页签，选择"生产制造"→"主生产计划"→"MPS 计划作业"→"供需资料查询 - 物料"模块，弹出"查询条件选择"对话框。

（2）输入"计划代号：201303P"。

（3）单击"确定"按钮，打开"供需资料查询 -- 物料"窗口，显示物料的 MPS 计划情况，如图 8-51 所示。

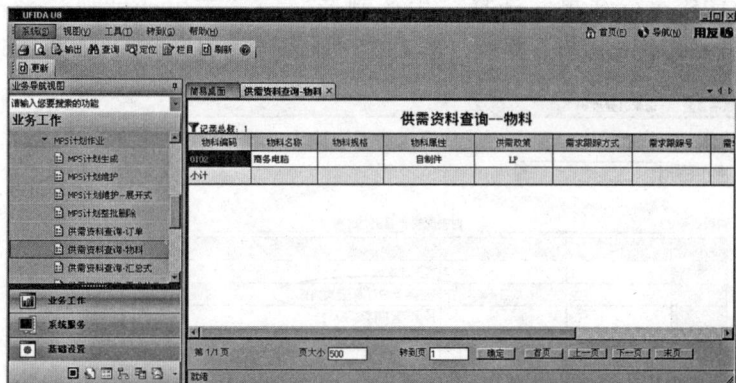

图 8-51　供需资料查询

（4）双击"商务电脑"，打开"供需资料查询 -- 明细（物料）"窗口，如图 8-52 所示。

图 8-52　不消抵处理结果

（5）供需平衡分析。

图 8-51 所示产品规划时栅设置：预测 + 客户订单不消抵。

因此：

① 2013-01-16 审核预测订单 100，扣减库存 40，其规划供应为 60。

② 2013-01-18 审核销售订单 60，其规划供应为 60，参考表 8-14，合计供为 120。

5．调整需求来源

1）调整时栅需求来源

操作步骤：

（1）修改计划时栅。单击"基础设置"页签，选择"基础档案"→"生产制造"→"需求时栅维护"模块，打开"需求时栅维护"窗口；修改"需求来源：预测＋客户订单，反向消抵"；如图 8-53 所示。

（2）执行 MPS 计划运行。单击"业务工作"页签，选择"生产制造"→"主生产计划"→"MPS 计划作业"→"MPS 计划生成"模块，输入"计划代号：201303P，重复计划时格代号：01"，单击"执行"按钮。

（3）查询 MPS 执行结果。选择"生产制造"→"主生产计划"→"MPS 计划作业"→"供需资料查询 - 物料"模块，输入"计划代号：201303P"，如图 8-53 所示。

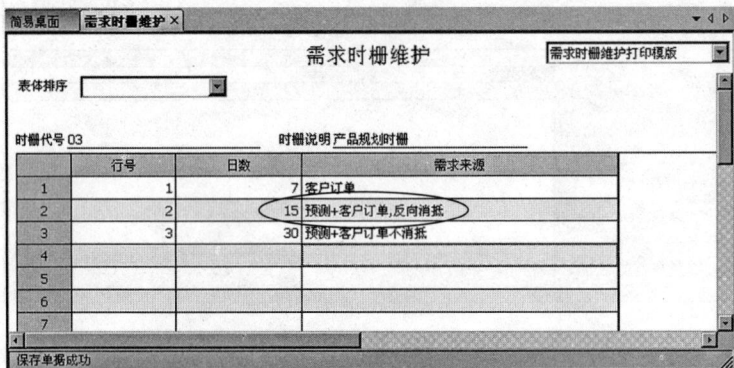

图 8-53　产品规划时栅修改

图 8-54　反向消抵的处理结果

（4）供需平衡分析。

图 8-53 产品规划时栅设置：预测＋客户订单，反向消抵。

因此：

① 2013-01-16 审核预测订单 100，由于销售订单消抵了 60，订单余量 40；又有 40 的库存现存量，则其规划供应为 0，所以预测订单的规划供应数据就没有了。

② 2013-01-18 审核销售订单 60，其规划供应为 60，参考表 8-14，合计供为 60。

2）调整预测订单与时栅

操作步骤：

（1）修改预测订单。选择"生产制造"→"主生产计划"→"需求来源资料维护"→"产品预测订单输入"模块，单击"箭头"按钮，显示预测订单。单击"弃审"和"修改"按钮，修改"起始日期：2013-01-22；结束日期：2013-01-22"，单击"保存"和"审核"按钮，参考图 8-47。

（2）修改产品规划时栅。单击"基础设置"页签，选择"基础档案"→"生产制造"→"需求时栅维护"模块，打开"需求时栅维护"；修改"需求来源：预测＋客户订单，正向消抵"，参考图 8-45。

（3）执行 MPS 计划运行。单击"业务工作"页签，选择"生产制造"→"主生产计划"→"MPS 计划作业"→"MPS 计划生成"模块，输入"计划代号 201303P，重复计划时格代号：01"，单击"执行"按钮。

（4）查询 MPS 执行结果。选择"生产制造"→"主生产计划"→"MPS 计划作业"→"供需资料查询-物料"模块，输入"计划代号：201303P"，参考图 8-51 所示。

（5）供需平衡分析。

图 8-55 所示产品规划时栅设置：预测＋客户订单，正向消抵。

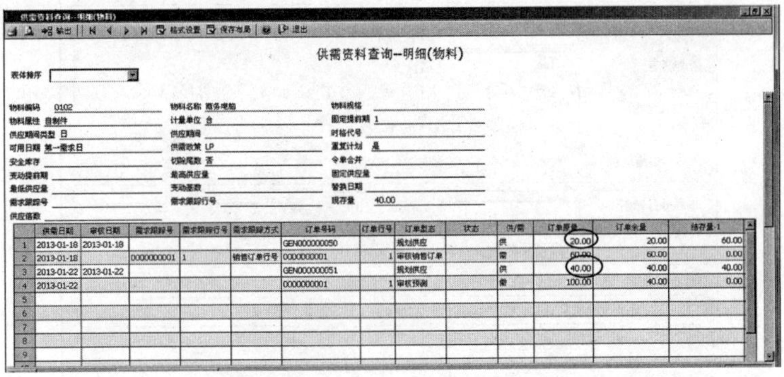

图 8-55 正向消抵处理结果

因此：

① 2013-01-18 审核销售订单 60，扣减库存 40 后，其规划供应为 20。

② 2013-01-22 审核预测订单 100，销售订单正向消抵了 60，其规划供应为 40，参考表 8-14，合计供为 60。

8.5.5 MRP 计划作业

1. MRP 数据分析

2013 年 1 月 18 日，MPS 规划供应 20 台"商务电脑"，那么生产这 20 台"商务电脑"需要用哪些物料？这些物料还有多少库存呢？什么时候需要？

接下来通过 MRP 计划来解决上述的问题。

2. MRP 计划运行

1）MRP 计划参数维护

操作步骤：

（1）登录"企业应用平台"，单击"业务工作"页签，选择"生产制造"→"需求规划"→"基本资料维护"→"MRP 计划参数维护"模块，弹出"MRP 计划参数维护"窗口。

（2）单击"增加"按钮，弹出"MRP 计划参数维护"对话框。

（3）输入"计划代号：201303R；计划说明：产品规划物料需求计划；需求时栅：03；计划期间起始日期：2013-01-02；截止日期：2013-01-31"，勾选"计划订单、供需追溯、逾期时正向排程、生产订单、采购订单"复选框，如图 8-56 所示。

（4）单击"确定"按钮，返回"MRP 计划参数维护"窗口。

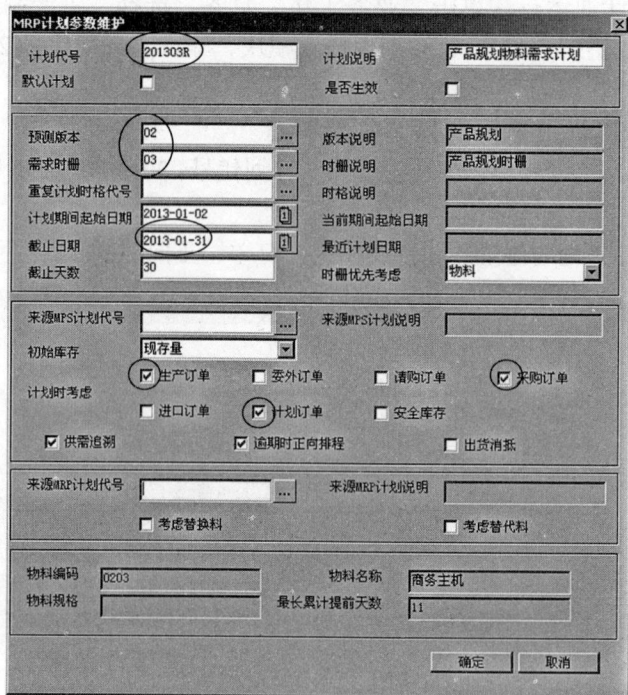

图 8-56　产品规划物料需求维护

2）MRP 计划执行

操作步骤：

（1）登录"企业应用平台"，单击"业务工作"页签，选择"生产制造"→"需求规划"→"计划作业"→"MRP 计划生成"模块，弹出"MRP 计划生成"对话框，输入"计划代号：201303R；重复计划时格代号：01"，如图 8-57 所示。

（2）单击"执行"按钮，系统正在执行 MRP 计划，完成后弹出"[MRP 计划生成]处理成功！"对话框。

（3）单击"确定"按钮，完成 MRP 计划的处理。

3）查询 MRP 执行结果

操作步骤：

（1）登录"企业应用平台"，单击"业务工作"页签，选择"生产制造"→"需求规划"→"计划作业"→"供需资料查询 - 物料"模块，弹出"查询条件选择"对话框。

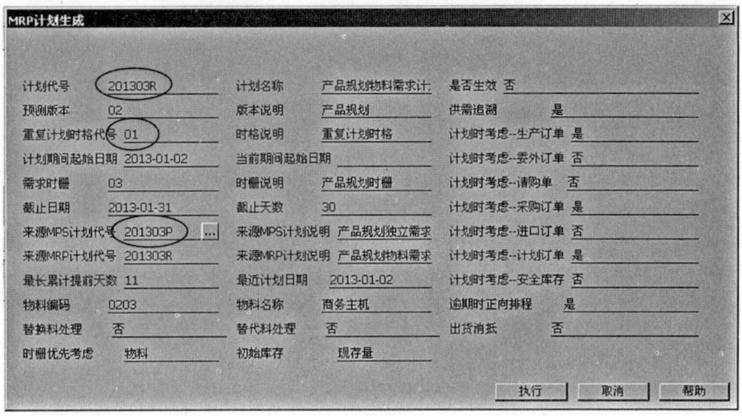

图 8-57 产品规划物料需求计划维护

（2）输入"查询选择：MRP；计划代号：201303R- 产品规划物料需求计划"，如图 8-58 所示。

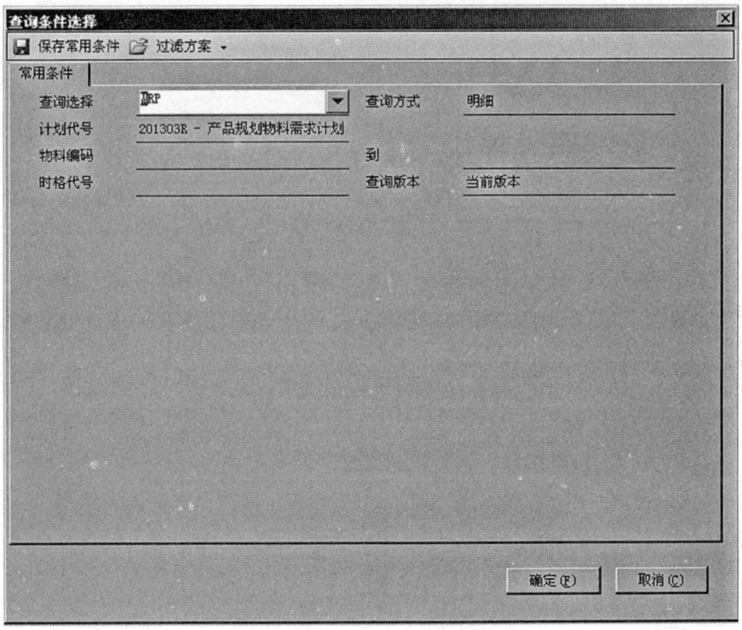

图 8-58 查询 MRP 运行结果

（3）单击"确定"按钮，打开"供需资料查询 -- 物料"窗口，显示物料的 MRP 计划情况。查询一下"商务主机"和"商务主板"的需求信息，如图 8-59 所示。

3. 供需平衡分析

1）供需数据分析

（1）商务主机。例如，图 8-60 所示 2013-01-17 的规划供应的"供 / 需"，因为在 MPS 计划时"商务电脑"规划供应了 20 台, 所以它的子件"商务主机"也需 20 台; 又因"商务主机"

有 4 台的库存，所以系统自动规划供应 16 台。

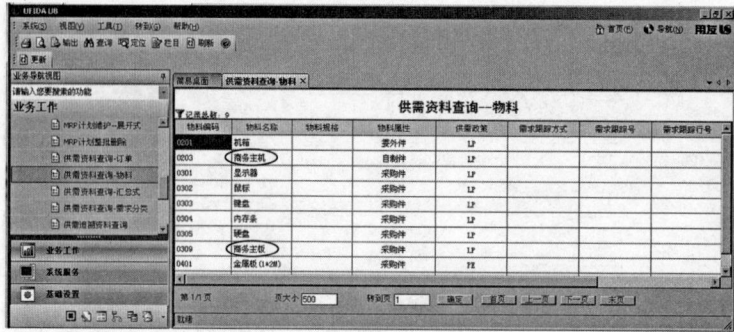

图 8-59　供需资料查询 -- 物料

图 8-60　"商务主机"供需资料查询 -- 明细（物料）

（2）商务主板。图 8-61 中"商务主板"是"商务主机"的子件，因为"商务主板"规划供应为 16 台，所以"商务主板"的规划供应自然也是 16 块，又因"商务主板"是没有库存的，所以它的规划供应为 16 块。

图 8-61　"商务主板"供需资料查询 -- 明细（物料）

2）需求日分析

（1）商务主机。图 8-59 中，因为"商务主机"的母件"商务电脑"的固定提前期为 1，为了保证"商务主机"的生产准备时间，故它的规划供应需求日比"商务电脑"提前了 1 天，为 2013-01-17。

（2）商务主板。图 8-60 中，因为"商务主板"采购固定提前期为 5，当供应规划它为 2013-01-16 时，扣除 5 天的日期，故采购订单审核日应该为 2013-01-11。

4. MPS/MRP 计划报表

在上述的"物料资料查询"中，我们可能发现都是在查询某个特定的物料。但是在实际的应用中，我们可能会先查询多个物料，从中找到某个有价值的物料，然后再去做个案的分析。

因此在数据分析中，报表对我们更有用。下面介绍三个 MPS/MRP 计划常用的报表。

1）MRP 建议计划量明细分析

操作步骤：

（1）登录"企业应用平台"，单击"业务工作"页签，选择"生产制造"→"需求规划"→"报表"→"建议计划量明细表（MRP）"模块，弹出"选择"对话框。

（2）选择"计划订单"，单击"确定"按钮，弹出"查询选择条件-建议计划明细表（MRP）--计划订单"对话框。

（3）输入"计划代号：2013003R"，单击"确定"按钮，显示建议计划明细表（MRP）--计划订单，如图 8-62 所示。

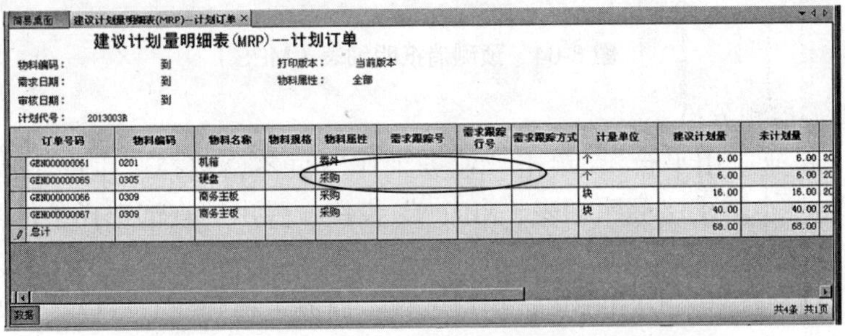

图 8-62 建议计划明细表（MRP）-- 计划订单

或者：

（1）登录"企业应用平台"，单击"业务工作"页签，选择"生产制造"→"需求规划"→"报表"→"建议计划量明细表（MRP）"模块，弹出"选择"对话框。

（2）选择"汇总式"，单击"确定"按钮，弹出"查询选择条件-建议计划明细表（MRP）-- 计划订单"对话框。

（3）输入"计划代号：2013003R，时格代号：01，起始日期：2013-01-02，截止日期：2013-01-31"，单击"确定"按钮，显示建议计划明细表（MRP）-- 计划订单，如图 8-63 所示。

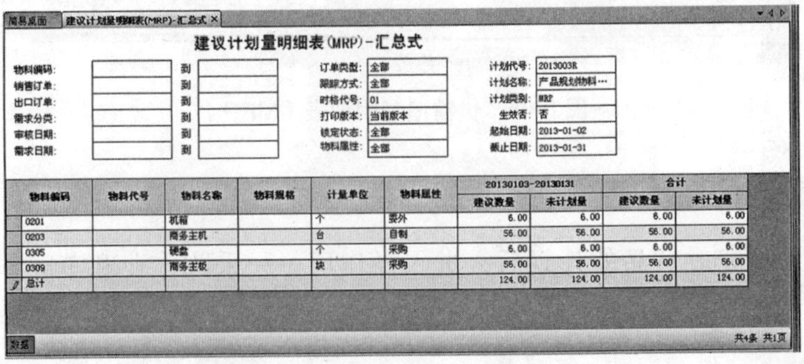

图 8-63 建议计划量明细表（MRP）- 汇总式

2）MPS预测消抵明细分析

（1）登录“企业应用平台”，单击“业务工作”页签，选择“生产制造”→“主生产计划”→“报表”→“预测消抵明细表（MPS）”模块，弹出“查询选择条件-预测消抵明细表（MPS）”对话框。

（2）输入“计划代号：201303P”，单击“确定”按钮，打开“预测消抵明细表（MPS）”窗口，如图8-64所示。

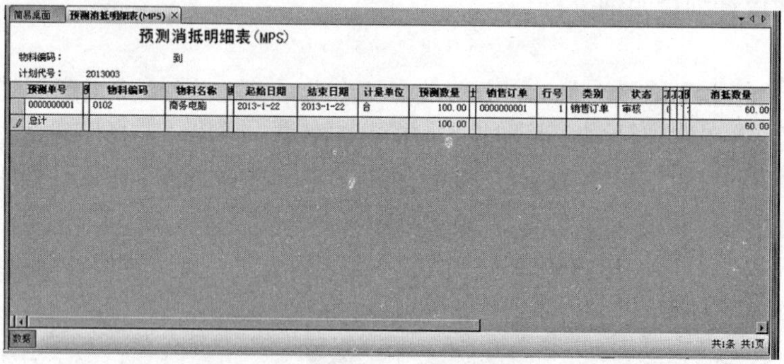

预测消抵明细表(MPS)

物料编码：　到

计划代号：　2013003

预测单号	物料编码	物料名称	起始日期	结束日期	计量单位	预测数量	销售订单	行号	类别	状态	消抵数量
0000000001	0102	商务电脑	2013-1-22	2013-1-22	台	100.00	0000000001	1	销售订单	审核	60.00
总计						100.00					60.00

共1条 共1页

图8-64　预测消抵明细表（MPS）

3）MRP供需追溯分析

（1）登录“企业应用平台”，单击“业务工作”页签，选择“生产制造”→“需求规划”→“报表”→“需求追溯明细表（MRP）”模块，弹出“查询选择条件-需求追溯明细表（MRP）”对话框。

（2）输入“计划代号：2013003R；物料名称：商务主板到商务主板；订单类别：计划订单”，单击“确定”按钮，打开“预测消抵明细表（MPS）”窗口，如图8-64所示，是追溯“商务主板”供需的计划订单轨迹，如图8-65所示。

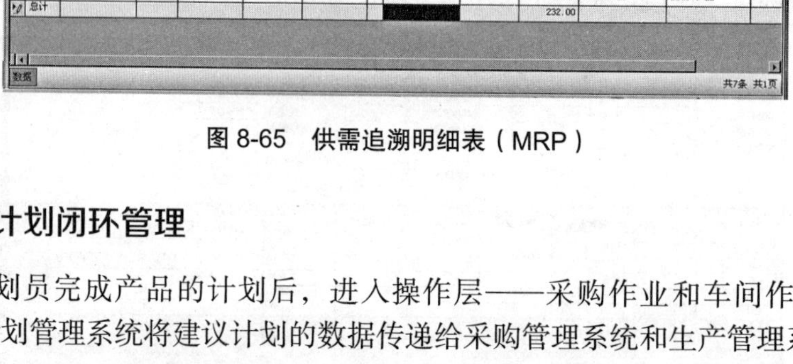

供需追溯明细表(MRP)

订单号码：　到　订单类别：　计划订单

行号：　到

计划代号：　2013003R

阶层	订单号码	行号	订单类别	物料编码	物料名称	物料规格	物料属性	计量单位	数量	审核日期	供给日期	状态
0	GEN000000066		计划订单	0309	商务主板		采购	块	16.00	2013-1-11	2013-1-16	
+1	GEN000000058		计划订单	0203	商务主机		自制	台	16.00	2013-1-16	2013-1-17	
++2	GEN000000050		计划订单	0102	商务电脑		自制	台	20.00	2013-1-17	2013-1-18	
+++3	0000000001	1	销售订单	0102	商务电脑		自制	台	60.00		2013-1-18	审核
0	GEN000000067		计划订单	0309	商务主板		采购	块	40.00	2013-1-13	2013-1-18	
+1	GEN000000059		计划订单	0203	商务主机		自制	台	40.00	2013-1-18	2013-1-21	
++2	GEN000000051		计划订单	0102	商务电脑		自制	台	40.00	2013-1-21	2013-1-22	
总计									232.00			

共7条 共1页

图8-65　供需追溯明细表（MRP）

8.5.6　生产计划闭环管理

当生产计划员完成产品的计划后，进入操作层——采购作业和车间作业环节，参考图1-3。生产计划管理系统将建议计划的数据传递给采购管理系统和生产管理系统。

1. MPS/MRP 计划生效
1) MPS 计划生效
操作步骤：

（1）登录"企业应用平台"，单击"业务工作"页签，选择"生产制造"→"主生产计划"→"基本资料维护作业"→"MPS 计划参数维护"模块，打开"MPS 计划参数维护"窗口。

（2）双击"201303P"计划，弹出"MPS 计划参数维护"对话框，勾选"是否生效"复选框，如图 8-66 所示，单击"确定"按钮。

（3）MPS 计划生成。选择"生产制造"→"主生产计划"→"MPS 计划作业"→"MPS 计划生成"模块，弹出"MPS 计划参数维护"对话框，输入"计划代号：201303P"，单击"执行"按钮。

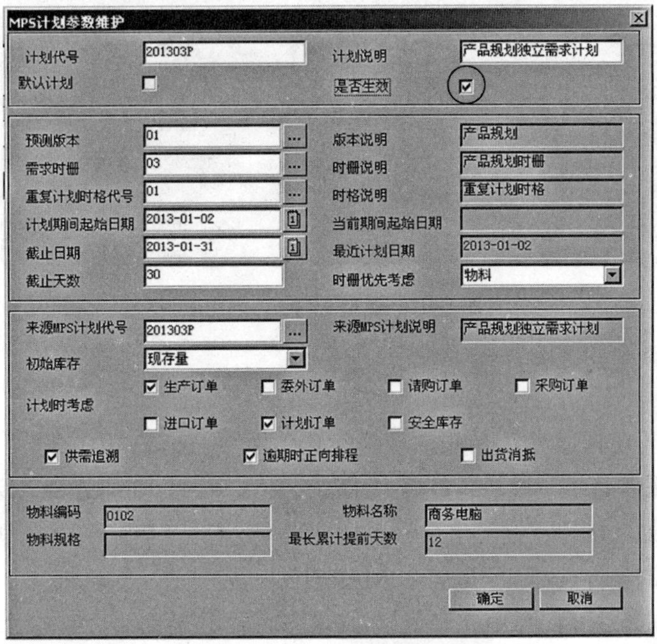

图 8-66　选择 MPS 计划生效

2) MRP 计划生效
操作步骤：

（1）登录"企业应用平台"，单击"业务工作"页签，选择"生产制造"→"需求计划"→"基本资料维护作业"→"MRP 计划参数维护"模块，打开"MRP 计划参数维护"窗口。

（2）双击"201303R"计划，弹出"MRP 计划参数维护"对话框，勾选"是否生效"复选框，如图 8-67 所示，单击"确定"按钮。

（3）MRP 计划生成。选择"生产制造"→"需求规划"→"计划作业"→"MRP 计划生成"模块，弹出"MRP 计划参数维护"对话框，输入"计划代号：201303R"，单击"执行"按钮。

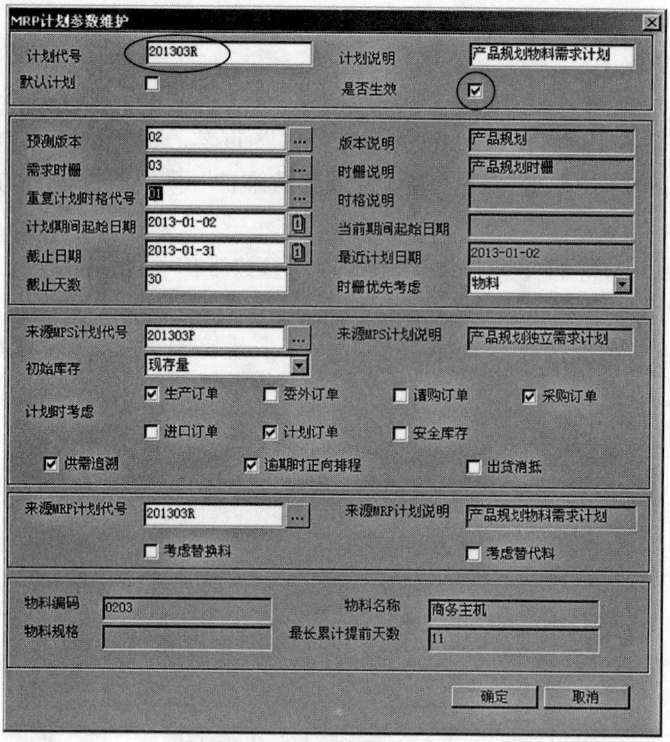

图 8-67　选择 MRP 计划生效

2. MPS/MRP 生成采购订单

操作步骤：

（1）登录"企业应用平台"，单击"业务工作"页签，选择"供应链"→"采购管理"→"采购订货"→"采购订单"模块，打开"采购订单"窗口，如图 8-68 所示。

（2）单击"增加"按钮，在"生单"下拉列表中选择"MPS/MRP 计划"。

（3）弹出"查询条件选择 - 采购订单 MRP 计划列表过滤"对话框。

（4）单击"确定"按钮，弹出"拷贝并执行"窗口，如果选中"商务主板 16 块"的资料，单击"确定"按钮，则数据会自动传递到"采购订单"。

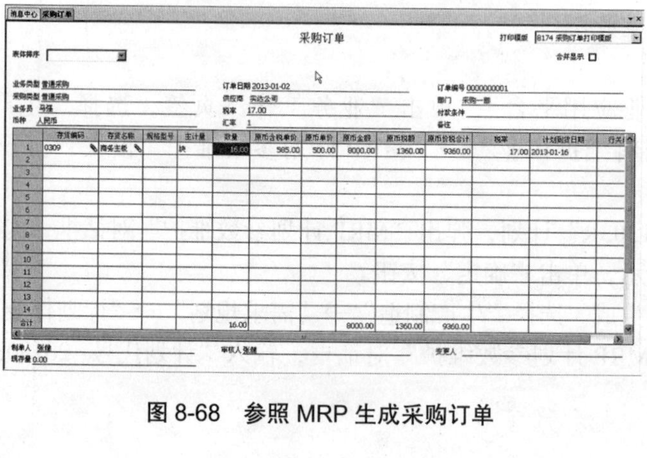

图 8-68　参照 MRP 生成采购订单

（5）输入供应商：实达公司，部门：采购一部，业务员：马强，原币单价：500 元。保存并审核该采购订单。

（6）到货单。实达公司送货，采购部门确认货物后，依据采购订单填制到货单。

（7）采购入库单。仓储部门依据到货单填制采购入库单，数据记入外购仓库的 04 号（其他货架）上，单击"保存"和"审核"按钮。

采购订单执行的实务操作，详细内容请参考本书第 5 章。

3．MPS/MRP 生成生产订单

生成生产订单前，需先查询生产订单类别与物料生产关系维护情况。

1）自动生成生产订单

操作步骤：

（1）登录"企业应用平台"，单击"业务工作"页签，选择"生产制造"→"生产订单"→"生产订单生成"→"重复计划自动生成"模块，弹出"查询条件选择"对话框。

（2）单击"确定"按钮，打开"重复计划自动生成"窗口，MPS/MRP 处理的生产订单数据自动地传递过来。

（3）选择"商务主机"，如图 8-69 所示。单击"修改"按钮，双击"生产类别"，选择"ZC"，即正常生产；双击"预入仓库"，选择"半成品仓库"。

（4）单击"保存"按钮，弹出生产订单成功或失败的提示。单击"确定"按钮，0000000001 生产订单生成。

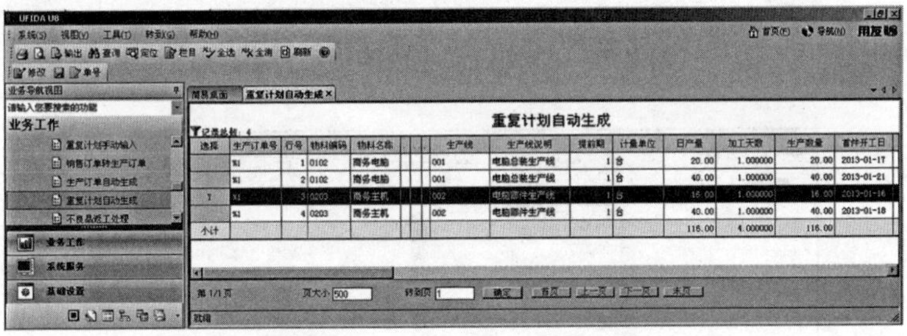

图 8-69　重复计划自动生成

（5）自动生成重复计划的生产订单，它的状态为"锁定"。

（6）继续选择（行号 1）"商务电脑"，单击"修改"按钮，修改"订单类别：ZC；预入仓库：产成品仓库"，0000000002 生产订单生成。

2）审核生产订单

（1）登录"企业应用平台"，单击"业务工作"页签，选择"生产制造"→"生产订单"→"生产订单处理"→"生产订单整批处理"模块，弹出"查询条件选择"对话框。

（2）选择"生产订单类型"为"标准：重复计划"；"开工日期为"2013-01-01 到 2013-01-31"，如图 8-70 所示。

（3）单击"确定"按钮，打开"生产订单整批处理"窗口。单击"ALL"和"审核"按钮。

（4）提示生产订单审核信息，如图 8-71 所示。

3）生产订单查询

操作步骤：

（1）登录"企业应用平台"，单击"业务工作"页签，选择"生产制造"→"生产订单"→"生产订单处理"→"生产订单综合查询"模块，弹出"查询条件选择"对话框。

（2）输入生产订单类型选择"重复计划"，生产订单状态为"未审核"；选择开工日期"2013-01-02"，完工日期"2013-01-31"，单击"确定"按钮。

（3）打开"生产订单综合查询"窗口，如图 8-72 所示。

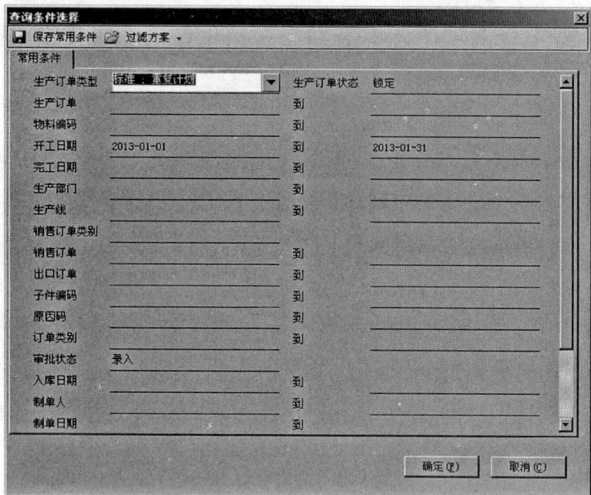

图 8-70　查询自动生成的生产订单

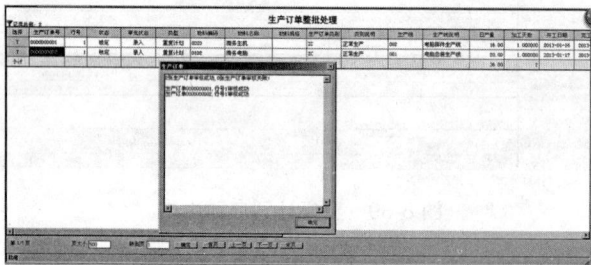

图 8-71　生产订单整批处理

图 8-72　生产订单综合查询

4）生产订单修改

操作步骤：

（1）登录"企业应用平台"，单击"业务工作"页签，选择"生产制造"→"生产订单"→"生产订单处理"→"生产订单整批处理"模块，弹出"查询条件选择"对话框。

（2）"生产订单类型"选择"重复计划"；生产订单状态为"审核"；"开工日期"为"2013-01-02"，完工日期"2013-01-31"，单击"确定"按钮。打开"生产订单整批处理"窗口，如图 8-73 所示。

（3）双击 0000000001 生产订单，打开"已审核重复计划修改"窗口，单击"修改"按钮，便可以修改生产订单，参考图 8-74 所示。

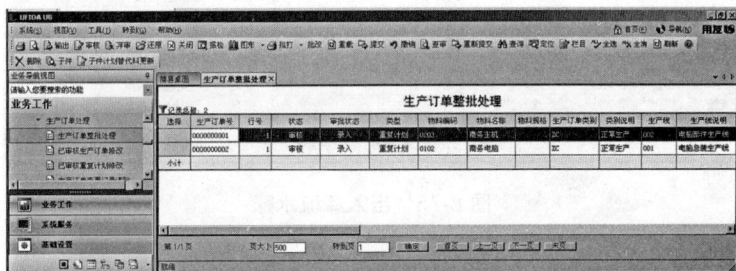

图 8-73　生产订单整批处理

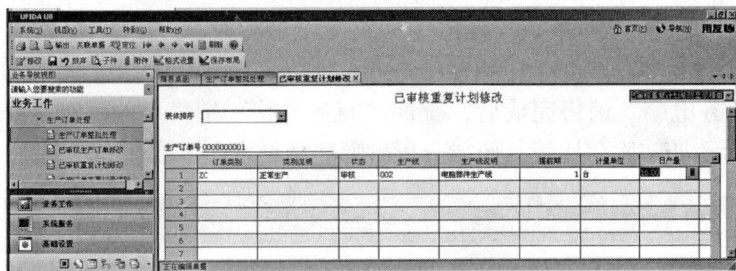

图 8-74　修改生产订单

5）生产订单执行

生产订单执行的实务操作，详细内容请参考本书第 6 章。

4. 执行销售订单

"商务电脑"生产完成后，它的库存量为 60 台，便可以执行销售订单了。

操作步骤：

（1）销售发货。

（2）销售出库。

销售订单执行的实务操作，详细内容请参考本书第 7 章。

5. 生产信息分析

1）物流明细查询

查询库存管理的出入库流水账，可以观察"商务电脑"生产过程中的物流，从而掌握产品生产计划执行的具体情况。

操作步骤：

（1）登录“企业应用平台”，单击“业务工作”页签，选择“供应链”→“库存管理”→“报表”→“库存账”→“出入库流水账”模块，打开“出入库流水账”窗口，如图 8-75 所示。

（2）分析产品的制造物料明细账。

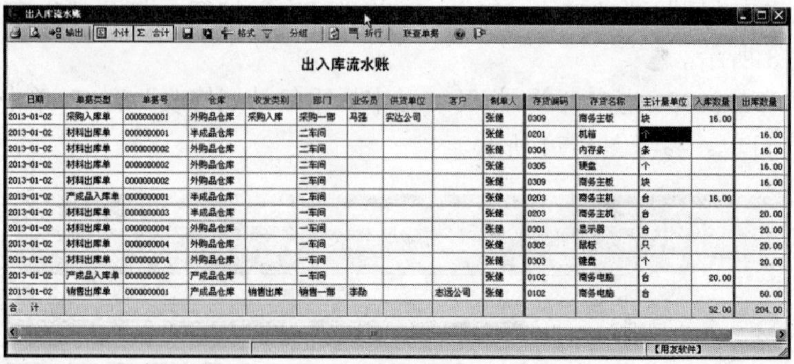

出入库流水账

日期	单据类型	单据号	仓库	收发类别	部门	业务员	供货单位	客户	制单人	存货编码	存货名称	主计量单位	入库数量	出库数量
2013-01-02	采购入库单	0000000001	外购品仓库	采购入库	采购一部	马强	实达公司		张健	0309	商务主板	块	16.00	
2013-01-02	材料出库单	0000000001	半成品仓库		二车间				张健	0201	机箱	个		16.00
2013-01-02	材料出库单	0000000002	外购品仓库		二车间				张健	0304	内存条	条		16.00
2013-01-02	材料出库单	0000000002	外购品仓库		二车间				张健	0305	硬盘	个		16.00
2013-01-02	材料出库单	0000000002	外购品仓库		二车间				张健	0309	商务主板	块		16.00
2013-01-02	产成品入库单	0000000001	半成品仓库		二车间				张健	0203	商务主机	台	16.00	
2013-01-02	材料出库单	0000000003	半成品仓库		一车间				张健	0203	商务主机	台		20.00
2013-01-02	材料出库单	0000000004	外购品仓库		一车间				张健	0301	显示器	台		20.00
2013-01-02	材料出库单	0000000004	外购品仓库		一车间				张健	0302	鼠标	只		20.00
2013-01-02	材料出库单	0000000004	外购品仓库		一车间				张健	0303	键盘	个		20.00
2013-01-02	产成品入库单	0000000002	产成品仓库		一车间				张健	0102	商务电脑	台	20.00	
2013-01-02	销售出库单	0000000001	产成品仓库	销售出库	销售一部	李勋		志远公司	张健	0102	商务电脑	台		60.00
合　计													52.00	204.00

【用友软件】

图 8-75　出入库流水账

2）库存信息查询

通过库存管理的现存量查询，可以观察产品生产及销售前后的库存变化情况，从而控制库存。

（1）登录“企业应用平台”，单击“业务工作”页签，选择“供应链”→“库存管理”→“报表”→“库存账”→“现存量查询”模块，打开“现存量查询”窗口。

（2）当“商务电脑”销售完成后，查询“商务电脑”销售后的库存变化，如图 8-76 所示。与图 3-40 所示期初库存比较，便能分析出哪些物料发生了变化。

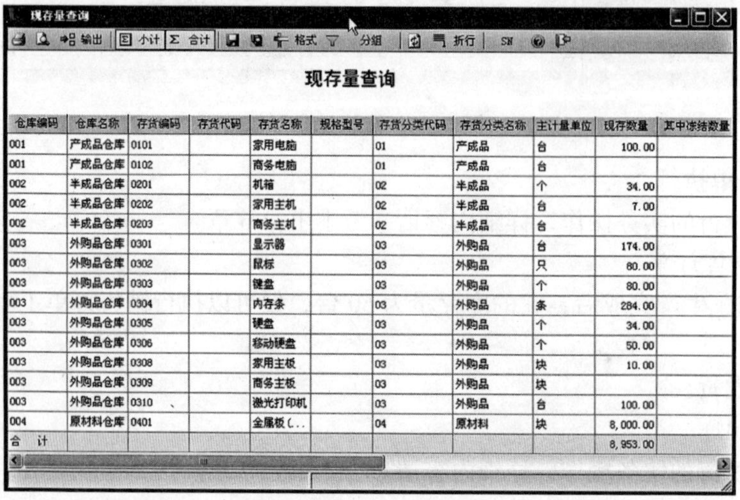

现存量查询

仓库编码	仓库名称	存货编码	存货代码	存货名称	规格型号	存货分类代码	存货分类名称	主计量单位	现存数量	其中冻结数量
001	产成品仓库	0101		家用电脑		01	产成品	台	100.00	
001	产成品仓库	0102		商务电脑		01	产成品	台		
002	半成品仓库	0201		机箱		02	半成品	个	34.00	
002	半成品仓库	0202		家用主机		02	半成品	台	7.00	
002	半成品仓库	0203		商务主机		02	半成品	台		
003	外购品仓库	0301		显示器		03	外购品	台	174.00	
003	外购品仓库	0302		鼠标		03	外购品	只	80.00	
003	外购品仓库	0303		键盘		03	外购品	个	80.00	
003	外购品仓库	0304		内存条		03	外购品	条	284.00	
003	外购品仓库	0305		硬盘		03	外购品	个	34.00	
003	外购品仓库	0306		移动硬盘		03	外购品	个	50.00	
003	外购品仓库	0308		家用主板		03	外购品	块	10.00	
003	外购品仓库	0309		商务主板		03	外购品	块		
003	外购品仓库	0310		激光打印机		03	外购品	台	100.00	
004	原材料仓库	0401		金属板(...		04	原材料	块	8,000.00	
合　计									8,953.00	

图 8-76　库存现存量查询

思考题

1. 什么是独立需求？什么是相关需求？
2. 什么是毛需求？什么是净需求？
3. 简述供需策略的概念及方法。
4. 简述安全库存、MTO、产品规划计划的不同之处。
5. 安全库存需要准备哪些资料？
6. MTO 计划需要准备哪些资料？
7. 产品规划需要准备哪些资料？
8. 安全库存、MTO 计划需要做需求来源消抵处理吗，为什么？
9. MTO 计划的需求来源是什么？
10. 简述产品规划的管理意义。

练习题

1. 生产计划资料

（1）物料清单及累计提前期如表 8-15 所示。

表 8-15　"家用电脑" BOM 与存货资料设置

阶码	物料编码	物料名称	计量单位	用量	存货属性	重复计划	MPS	供需政策	固定提前期	累计提前期
0	0101	家用电脑	台	1	内销，自制	是	是	LP	1	?
1	0301	显示器	台	1	外购，生产耗用	否	否	LP	6	
1	0303	键盘	个	1	外购，生产耗用	否	否	LP	6	
1	0302	鼠标	只	1	外购，生产耗用	否	否	LP	6	
1	0202	家用主机	台	1	自制，生产耗用	是	否	LP	1	?
2	0304	内存条	条	1	外购，生产耗用	否	否	LP	6	
2	0305	硬盘	个	1	外购，生产耗用	否	否	LP	6	
2	0308	家用主板	块	1	外购，生产耗用	否	否	LP	6	
2	0201	机箱	个	1	委外，生产耗用	否	否	LP	6	?
3	0401	金属板（1*2M）	片	1/3	外购，生产耗用	否	否	PE	6	

（2）时栅资料如表 8-16 所示。

表 8-16　产品规划时栅

行号	日数	需求来源
1	7	客户订单
2	15	预测 + 客户订单，先正向再反向消抵
3	30	预测 + 客户订单，不消抵

（3）生产计划资料如表 8-17 所示。

表 8-17　产品规划"需求来源"资料

序号	预测订单量	预测订单日期	销售订单量	销售订单日期
1	50	2013-01-15	150	2013-01-16
2	50	2013-01-17		
3	50	2013-01-27		

2．模拟企业生产计划练习

按照"表 8-1 生产计划管理模拟企业岗位分工"做多用户的生产计划管理系统练习。

1）要求

（1）岗位策划。按照图 8-2，做 MPS/MRP 计划执行，学会分析最终产品的"供需平衡"信息，学会分析相关需求的"供需平衡"信息，感受企业真实的主生产计划执行过程，体会企业的团结、协同、高效作业的快乐。

（2）环境准备。设置系统日历为 2013 年 1 月 2 日；指定信息主管的主机为服务器；引入 D：\ 生产制造管理账套 -2；按照表 8-1 资料增加用户、角色并授权。

2）岗位分工操作

（1）生产计划部门生产计划员：按照表 8-15 和表 8-16 所示资料设置，累计提前天数推算，MPS/MRP 计划参数设置，维护生产订单类别，维护物料的生产关系。

（2）生产计划部门生产计划员：按照表 8-17 所示输入预测订单。

（3）销售部销售业务员：按照表 8-17 所示输入销售订单"家用电脑、单价 5 000 元、客户：敏捷公司"。

（4）生产计划部门生产计划员：MPS/MRP 计划执行、建议计划分析，MPS/MRP 计划生效。

（5）采购部业务员：参照 MPS/MRP 生成采购订单。

（6）二车间部装生产线班组长：参照 MPS/MRP 生成部件生产订单。

（7）一车间部装生产线班组长：参照 MPS/MRP 生成产成品生产订单。

（8）生产计划部门的生产计划员：审核一车间和二车间的生产订单。

（9）二车间物料员：查询车间的生产订单领料单，到仓库领料。

（10）一车间物料员：查询车间的生产订单领料单，到仓库领料。

（11）仓储部外购品仓管员：材料出库。

（12）仓储部半成品仓管员：产成品入库，材料出库。

（13）仓储部产成品仓管员：产成品入库，销售订单发货，销售出库。

3）生产信息分析

（1）分析生产订单的执行结果，对生产订单的关闭信息截图。

（2）分析投入产出物料信息，对库存管理的出入库流水账截图。

第9章 综合管理实务

9.1 背 景 知 识

9.1.1 综合实务简介

综合实务将带领大家在［666］ABC 电脑制造公司的账套上，体验一个全新产品的生产过程，包括基础数据维护、产品资料维护、主生产计划管理、采购管理、生产管理、销售管理，以达到整合本书所有技能，帮助读者加深理解 ERP 生产制造管理系统的目的。

综合实务设定的管理目标为"零"库存管理。综合实务可从以下几个方面去理解。

1. 产品计划管理

产品计划管理由市场驱动。例如，市场需要一个新的产品，产品与工艺设计工程师按客户要求完成设计后，要在 ERP 系统中维护新产品的基础数据，包括存货档案、BOM 数据、产品与生产线的关系等数据准备工作。主生产计划要考虑预测它们的市场前景，指定预测计划。销售部门接收客户订单，编制销售订单，并密切关注产品的生产进度，执行 MPS 计划。采购部门、车间依据 MPS/MRP 采购原材料，并进行产品生产。所有的企业业务信息都集中在 MPS/MRP 供应链节点上，交给计算机系统去处理。

2. MPS/MRP 执行

每当有了客户的产品订单后，运行 MPS/MRP 计划时，ERP 系统后台就会自动获取产品的生产计划，快速连接它的数据（产品 BOM）、库存等信息，计算出物料需求计划，提交给管理者们进行决策。

3. 生产管理

产品的生产管理需要参照 MPS/MRP 的执行结果，它将影响采购作业和车间作业。当执行 MPS/MRP 计划后，一方面可以自动生产采购订单，控制采购物料的品种、数量和到货时间；另一方面可以自动地生成生产订单，控制将要投产的产品、数量和时间。推行此功能，可以实现准时生产、按时交货的"零"库存管理目标，从而降低生产成本，规避库存风险。

通过综合实务，读者可以体会到产品销售、制造、采购与生产计划的关系，体会到闭环 MRP 信息集成、共享、资源计划算法的工作原理，体会到先进的准时制生产（Just In Time，JIT）的工作原理，从而深刻地理解产品制造的过程及业务流程重组与 ERP 系统的密切联系。

9.1.2 综合实务应用模式

综合实务的应用模式如图 9-1 所示。

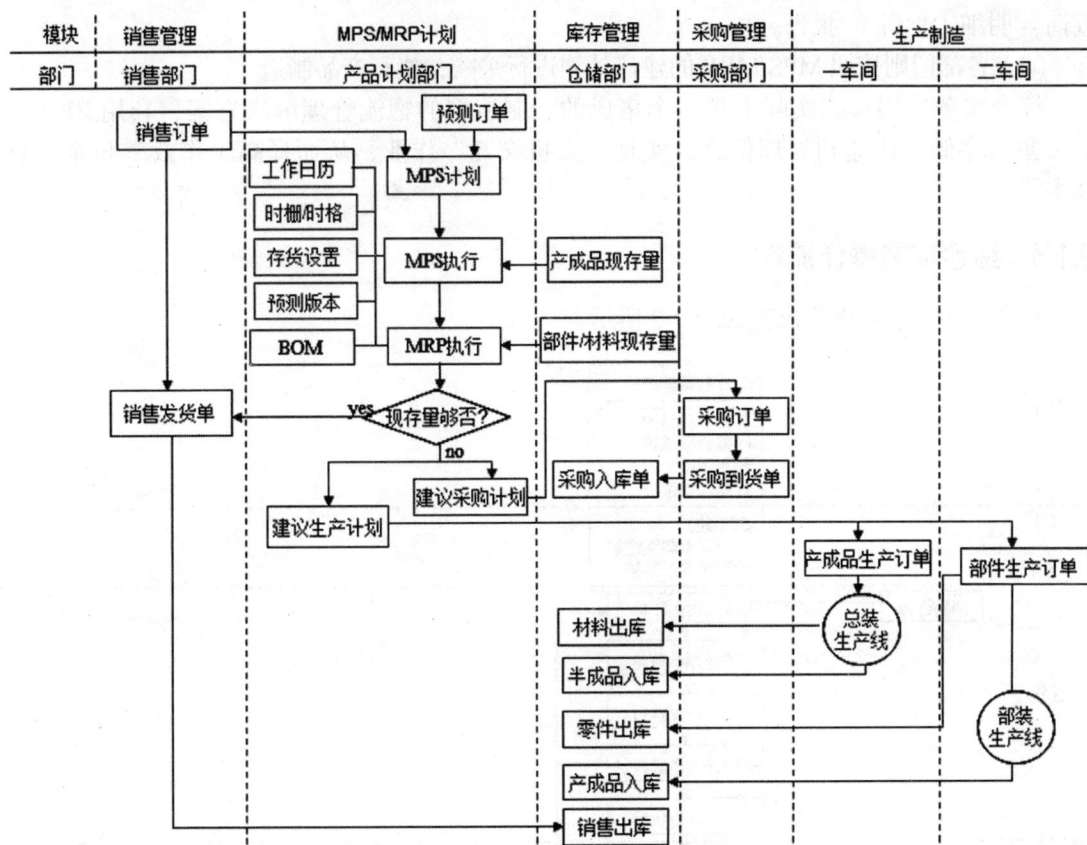

图 9-1　综合实务应用模式

综合实务应用模式的特点如下。

1. 运行前期准备

维护生产管理的基础数据，例如时栅资料和时格资料、工作日历、预测版本、计划代码；维护产品的存货档案，修改存货档案的订货策略、MPS/MRP 计划需求、固定提前期；维护产品的 BOM、推算累计提前期、维护生产订单类别、维护产品生产线关系，维护 MPS/MRP 计划参数。

2. 维护需求来源

MPS 的需求来源有两个：预测订单和销售订单。预测订单一般是定期维护的，而销售订单则根据客户需求随机维护。

3. 运行 MPS/MRP 计划

（1）企业定期执行 MPS/MRP 计划。首先由生产计划部门开始执行 MPS 计划。后台 ERP 系统自动连接预测订单、销售订单及产品的库存信息；计算出资源需求计划后，各业务部门才开始运作。

（2）生产计划部门对其报告进行"供需平衡"分析，如果不需要生产与采购，则进入销售管理业务的执行。否则，提交产品的"供需资料查询 -- 明细（物料）"报告。

（3）生产计划部门继续执行 MRP 计划。后台 ERP 系统自动分解产品的 BOM，并自动连接采购订单、生产订单、部件的库存信息；计算出相关需求，并提交部件的"供需资料

查询 -- 明细（物料）"报告。

（4）各部门则按照 MPS/MRP 的建议计划进行采购，执行产品制造。

综合实务应用模式实际上是一个集成的、制造型的物流管理解决方案，利用 ERP 系统采集、存储、传递和处理信息，实现"人机交互"作业，从而提高工作效率与企业管理水平。

9.1.3 综合实务操作流程

综合实务的业务操作流程如图 9-2 所示。

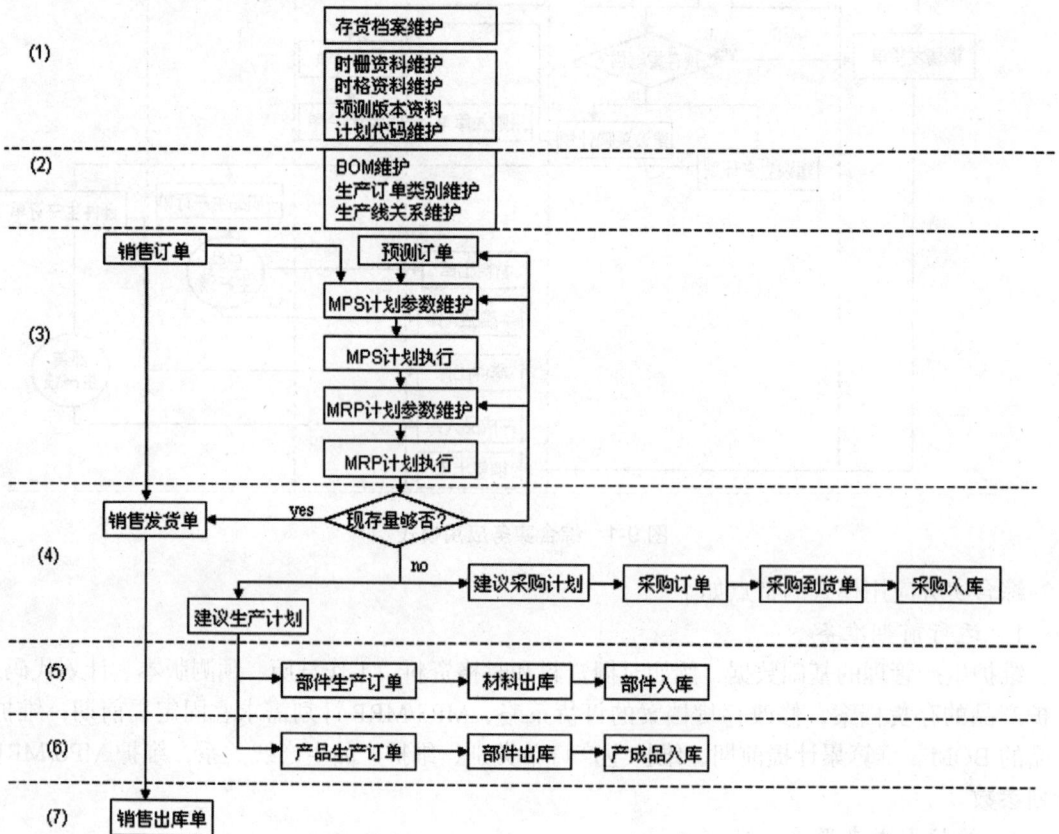

图 9-2 综合实务的业务操作流程

操作步骤：

（1）新产品基础数据维护。通常，企业在运作时，新产品是层出不穷的。在企业决定经营新产品时，首先要在生产制造管理系统中维护好存货档案。

（2）新产品的 BOM 维护。当新产品的工艺路线设计完成后，需要维护标准类物料清单，并运行累计提前期。维护产品与生产线的关系，将产品的工艺路线与生产线连接起来（重复计划产品的工艺路线默认 BOM）。维护生产订单类别。

（3）MPS 计划与需求来源维护。在 ERP 供应链管理系统中，企业的生产计划是通过MPS/MRP 计划实现的。执行 MPS/MRP 计划要维护好产品相应的参数和需求来源。

① MPS 计划的需求来源有两个：预测订单和销售订单。其中预测订单（图 1-3 中的产品规划）是企业里的一个长期计划；销售订单是客户的需求，由市场决定，随机产生。

② 企业资源计划的计算。MPS/MRP 计划是供应链管理的一个节点。该节点应该是企业资源信息最集中的地方，这样才能保证企业资源信息的完整性、可共享性、高效性。

③ 建立企业的供应链节点必需的条件：一是要求企业的资源信息集中，二是具备资源需求的计算能力，三是有 MPS/MRP 的功能。一旦销售订单上要求的产品出现库存不足的现象，则 ERP 系统立刻提出建议生产订单的信息。

④ MRP 执行，ERP 系统提出建议采购计划和生产订单的信息。

（4）MPS/MRP 执行完成后，如果产品的现存量足够，便可以直接进入第（7）步；如果不够，系统自动产生建议采购计划。采购部门依据 MPS/MRP 生成采购订单，进行采购。

（5）部件车间依据 MPS/MRP 建议计划，自动生成部件生产订单，进入部件生产的投料、产出环节。

（6）产成品车间依据建议计划，自动生成产品生产订单，进入产成品生产的投料、产出的环节。

（7）当生产部门完成产品的加工后，便可以按客户的要求销售出库。

图 9-2 描述了一个典型的产品制造的业务流程，企业按此流程运作。借助 ERP 系统，读者能够体会生产制造管理系统是如何运行的，离散型的生产制造企业是如何生产产品的。

9.2 实务实操指导

9.2.1 实操内容

（1）产品数据维护。

（2）销售管理。

（3）生产计划管理。

（4）采购管理。

（5）生产管理。

9.2.2 实操要求

1. 技能要求

在 ERP 系统平台上进行综合实务实操。

（1）学会一个完整的新产品资料维护的技能。

（2）学会闭环 MPS/MRP 逻辑处理的基本技能。

（3）理解 ERP 生产制造管理解决方案的基本技能。

2. 环境要求

在单用户（或多用户）环境下，按表 9-1 所示资料、图 9-2 所示综合实务操作流程，模拟多岗位进行实操。

表 9-1   综合实务模拟企业岗位分工

用　户	角　色	部　门	岗　位	操　作　内　容
admin	信息系统人员	信息部门	信息主管	引入 D：\ 电脑制造公司 -1，维护新产品的基础数据
1001	生产计划员	产品计划部门	产品计划员	设置时栅，时格，工作日历，存货设置，预测版本，计划代码，生产订单类别，维护预测订单，MPS/MRP 计划执行，分析物料供需报告
2000	物料计划员	工艺技术部门	工艺员	维护 BOM，物料与生产线资料维护
4001	销售业务员	销售部门	销售业务员	填制 / 审核销售订单，填制 / 审核发货单
3001	采购业务员	采购部门	采购业务员	参照 MPS/MRP 计划生成采购订单，填制到货单
1002	生管人员	一车间	班组长	参照 MPS/MRP 计划生成产品的生产订单，填制领料单
1004	生管人员	二车间	班组长	参照 MPS/MRP 计划生成部件的生产订单，填制领料单
6000	仓库主管	仓储部门	仓库管理员	填制 / 审核采购入库 填制 / 审核部件生产订单的材料出库，填制 / 审核部件入库单 填制 / 审核产品生产订单的材料出库，填制 / 审核产成品入库单 填制 / 审核销售出库单

9.2.3　实操准备

1．引入账套

系统日历为 2013-01-02，以 admin 的身份登录"系统管理"平台，引入 D：\ABC 电脑制造公司 -1 账套。

2．登录"企业应用平台"

以操作员"1000，张健"账套主管的身份登录，输入密码：无；选择账套：[666] ABC 电脑制造公司；登录"企业应用平台"，进行普通采购业务的实务实操。

3．MPS/MRP 计划设置

（1）时栅设置。参考表 9-2 设置时栅资料。

表 9-2　标准时栅资料

行　号	日　数	需求来源
1	7	客户订单
2	15	预测 + 客户订单, 反向消抵
3	30	预测 + 客户订单, 不消抵

（2）维护时格资料，参考图 8-8。

（3）维护预测版本资料，参考图 8-45 预测版本资料。

9.3　综　合　实　务

9.3.1　典型案例

2013 年 1 月 2 日，本地新客户华日公司与 ABC 电脑制造公司签署了一份销售订单，要求购买新产品"智能电脑"50 台，无税单价为 5 000 元。ABC 电脑制造公司产品规划 2013 年 1 月 14 日生产 40 台，但是客户要求 2013 年 1 月 16 日发货，执行主生产计划。

9.3.2　基础数据管理

系统日历: 2013 年 1 月 2 日。

为了确保生产制造管理系统的安全，信息系统人员增加用户并对其业务操作人员进行授权处理。参考表 9-1 中岗位、操作内容，增加用户并授权。

1.　新产品基础数据维护

参考表 9-3 维护智能电脑、智能主机、智能主板的存货档案。

维护它们的仓库与货位对照表。

参考表 9-3 维护智能电脑的 BOM。

推算累计提前天数，填写表 9-4 中的累计提前期。

维护华日公司的客户档案。

表 9-3　"智能电脑"的 BOM 与存货资料设置

阶码	物料编码	物料名称	计量单位	用量	存货属性	重复计划	MPS	供需政策	计划方式	固定提前期	累计提前期
0	0103	智能电脑	台	1	内销, 自制	是	是	R	LP	1	?
1	0301	显示器	台	1	外购, 耗用	否	否	R	LP	6	?
1	0303	键盘	个	1	外购, 耗用	否	否	R	LP	6	?
1	0302	鼠标	只	1	外购, 耗用	否	否	R	LP	6	?
1	0204	智能主机	台	1	自制, 耗用	是	否	R	LP	1	?
2	0304	内存条	条	1	外购, 耗用	否	否	R	LP	6	?
2	0305	硬盘	个	1	外购, 耗用	否	否	R	LP	6	?
2	0307	移动硬盘	个	1	外购, 耗用	否	否	R	LP	6	?
2	0312	智能主板	块	1	外购, 耗用	否	否	R	LP	6	?

续表

阶码	物料编码	物料名称	计量单位	用量	存货属性	重复计划	MPS	供需政策	计划方式	固定提前期	累计提前期
2	0201	机箱	个	1	委外，耗用	否	否	R	LP	6	?
3	0401	金属板（1*2M）	片	1/3	外购，耗用	否	否	R	PE	6	?

表 9-4 人工计算"智能电脑"BOM 与 MPS/MRP 相关信息

阶码	物料编码	物料名称	现有库存量	计量单位	累计提前期	销售订单	发货日期	预测计划量	预测日期	建议计划量	建议日期
0	0103	智能电脑	0	台	?	50	2013-1-16				
								40	2013-1-14		
1	0301	显示器	194	台	?						
1	0302	鼠标	100	只	?						
1	0303	键盘	100	个	?						
1	0204	智能主机	0	台	?						
2	0304	内存条	300	条	?						
2	0305	硬盘	50	个	?						
2	0312	智能主板	0	块	?						
1	0201	机箱	50	个	?						
2	0401	金属板（1*2M）	8 000	片	?						

2. 维护生产资料

（1）维护生产订单类别。

（2）"智能电脑"的物料生产线关系资料维护。

9.3.3 产成品生产计划

系统日历：2013 年 1 月 2 日。

1. 生产部门维护预测订单

行 1：物料编码：0103，物料名称：智能电脑，起始日期与结束日期：2013-01-15，预测数量：40 台。参考图 8-50。

2. 销售部门维护智能电脑销售订单

客户：华日公司，数量：50 台，原币单价：5 000 元，要求发货日期：2013-01-16，参考图 8-27。

3. MPS 执行

（1）MPS 计划参数维护，参考图 8-52。

（2）MPS 计划执行。

（3）分析产成品的"供需资料查询-明细"，填写表 9-4 的建议计划量与建议日期。

4. MRP 计划执行

（1）MRP 计划参数维护，参考图 8-59。

（2）MRP 计划执行。

（3）分析部件与采购材料的"供需资料查询 - 明细"，填写表 9-4 的建议计划量与建议日期。

9.3.4　采购管理

采购部门根据 MRP 的建议计划日期，处理智能主板的采购订单，选择的供应商是实达公司，原币单价为 500 元，并按交货日期处理到货单。

9.3.5　生产管理

1. 部件生产订单

二车间：根据 MRP 建议计划日期，自动生成"智能主机"的生产订单。车间依据领料单到原材料仓库领料。

原材料仓库：编制 / 审核材料出库单，发料给二车间。

二车间：领回材料，进行加工生产，部件生产完成后，送到半成品仓库。

半成品仓库：编制 / 审核部件的入库单，接收部件入库，暂存起来。

2. 产成品生产订单

一车间：根据 MRP 建议计划日期，自动生成"智能电脑"的生产订单。依据领料单到半成品仓库领料。

半成品仓库：编制 / 审核材料出库单，发料给一车间。

一车间：领回材料，进行加工生产，产成品完成后，送到产成品仓库。

产成品仓库：编制 / 审核产成品入库单，接收产成品入库，暂存起来。

9.3.6　销售管理

系统日历：2013 年 1 月 16 日。

（1）销售部门：查询产品仓库的现存量，了解到华日公司的"智能电脑"已经有了库存。填制 / 审核发货单。

（2）仓储部门：收到发货单后，填制并审核销售出库单。

练习题

1. 基础数据维护

（1）"智能电脑"的存货属性是什么？简述它们的用途。

（2）"智能电脑"为什么要设置"MPS"和"供应策略"？它们的作用是什么？

（3）为什么要设置"固定提前期"？它的作用是什么？

（4）时栅的作用是什么？

（5）时格的作用是什么？

（6）预测版本资料的用途是什么？

2. 产品资料维护

（1）是先维护 BOM，还是先进行累计提前的推算？

（2）累计提前的推算作用是什么？在哪里能查询到累计提前推算的结果？

（3）重复计划生产订单的产品工艺路线是标准物料清单吗？

（4）生产线关系维护的作用是什么？

3. 销售管理

（1）填制销售订单时，为什么要维护需求日期？需求日期的作用是什么？

（2）本实务实操中产成品仓库是在发货单时记账的，还是在销售出库单时记账的？

（3）没有审核的销售订单参加 MPS/MRP 运算吗？

4. MPS/MRP 计划执行

（1）MPS 计划执行是针对独立需求计算物料资源计划吗？

（2）MRP 计划执行是针对相关需求计算物料资源计划吗？

（3）MPS 计划需求来源有哪两种？在存货档案中有哪些参数会影响到 MPS 计划的执行？

5. 采购管理

（1）执行 MPS 计划后，采购部门可以依据什么数据生成采购订单？

（2）本实务实操中采购入库是在采购管理系统操作，还是在库存管理系统操作？

6. 生产管理

（1）执行 MRP 计划后，生产部门可以依据什么数据生成生产订单？

（2）部件生产的材料出库单与产品生产订单的材料出库单有区别吗？使用的单据相同吗？

（3）部件生产入库与产成品入库操作有什么区别？使用的单据相同吗？

（4）简述生产制造物流运动的规律。

参 考 文 献

［1］陈启申. ERP：从内部集成起步. 2版. 北京：电子工业出版社，2005.

［2］陈孟建. 企业资源计划（ERP）原理及应用. 北京：电子工业出版社，2007.

［3］陈庄. ERP原理与应用教程. 北京：电子工业出版社，2006.

［4］温艳岗. ERP工程师职业能力认证培训教材：用友ERP-U8供应链管理. 北京：电子工业出版社，2006.

［5］温艳岗. ERP工程师职业能力认证培训教材：用友ERP-U8生产制造管理. 北京：电子工业出版社，2006.

［6］郑荆陵. ERP供应链管理实训教程. 北京：清华大学出版社，2013.

［7］郑荆陵. ERP生产制造管理实训教程. 北京：清华大学出版社，2014.

参考文献